刘电芝 1955年生，河北文安人。现任苏州大学教授、博士生导师、应用心理学研究所所长。曾任苏州大学教育学院院长。兼任全国教育专业学位研究生教育指导委员会专家组成员、中国心理学会理事、中国心理学会心理学质性研究专业委员会主任、中国教育学会教育学分会课程专业委员会常务理事、《心理科学》编委等。享受国务院颁发的政府特殊津贴，荣获全国优秀博士学位论文奖、中国心理学会学科建设成就奖、苏州市“十大女性创新人才奖”、苏州大学教学名师奖等。长期从事学习心理学与教育研究。在 *Scientific Reports*、*Frontiers in Behavioral Neuroscience*、《心理学报》、《教育研究》、《心理科学》等杂志上发表论文三百多篇，独著或主编学术著作、教材二十多部，主要代表作有《学习策略研究》《儿童发展与教育心理学》《教育与心理研究方法》等。

本书系
教育部人文社会科学研究规划基金项目
“认知负荷与情绪调节对学习策略使用的影响机制研究
——以估算策略学习为例”（项目批准号：18YJA190008）
成果之一

中小学生学科学习策略的诊断与培育

刘电芝 等 著

人民教育出版社
·北京·

图书在版编目（CIP）数据

中小学生学科学习策略的诊断与培育 / 刘电芝等著. —北京：人民教育出版社，2020.5
ISBN 978-7-107-34531-9

Ⅰ. ①中… Ⅱ. ①刘… Ⅲ. ①中小学生—学习方法—研究 Ⅳ. ①G632.46

中国版本图书馆CIP数据核字（2020）第069156号

中小学生学科学习策略的诊断与培育
责任编辑 曾红梅
装帧设计 房海莹

出版发行 人民教育出版社
（北京市海淀区中关村南大街17号院1号楼 邮编：100081）
网　　址 http://www.pep.com.cn
经　　销 全国新华书店
印　　刷 北京新华印刷有限公司
版　　次 2020年5月第1版
印　　次 2020年5月第1次印刷
开　　本 787毫米 × 1 092毫米 1/16
印　　张 19.25
插　　页 1
字　　数 288千字
定　　价 46.00元

前言

我与学习策略研究结下不解之缘，始于1988年我的硕士学位论文《小学数学应用题解题思路训练提高小学生解题能力的实验研究》的完成。该研究大幅提升了学生的解题能力与数学兴趣，特别是使中等生受益显著，其结果大大出乎我的意料。该论文在心理学前辈、北大教授王甦先生主持的我的毕业论文答辩会上获得好评。迄今为止，我在学习策略研究领域耕耘了三十多年。虽然在此后的研究生涯中也曾涉及内隐学习、性别角色、心理韧性等方面的研究，但学习策略始终是我不离不弃的研究领域。我在黄希庭老师指导下完成的博士学位论文《小学儿童数学学习策略的发展与加工机制研究》也是探讨学习策略的，并于2005年入选"全国优秀博士学位论文"。在这三十多年中，我与团队进行的学习策略研究从小学延伸到中学乃至大学，从数学拓展到英语、语文、物理、化学学科，从外显策略扩展到内隐策略，从现状调查发展到实验培育，从行为研究深入到脑机制探索，有如石块沉底那样不断深入，又如水波涟漪那样不断扩展。

本书所涵盖的内容是本团队近八年来进行学习策略研究的主要成果，也是对本团队近期学习策略研究的一次全面总结。本书具体分为四大部分。第一部分为理论篇，为读者提供学习策略研究的总览视角，由第一、二、三章组成。第一章主要阐述学习策略的教学价值及发展特征等；第二章总结了现有的学习策略选择与发展模型（其中包括笔者提出的学习策略多重加工模型）；第三章通过文献梳理，总结了学习策略的影响因素。第二部分为诊断篇，由第四、五章组成，通过对小学生语文学习策略、英语学习策略、数学学习策略和初中生语文学习策略、英语学习策略、数学学习策略、物理学习策略、化学学习策略的调查来揭示中小学生策略掌握的现状与特征，为教师的策略教学提供参考。第三部分为影响篇，由第六、七章组成，通过对中小学生策略意识和策略情感的调查与分析，揭示此二者对学科学习策略掌握的影响与预测作用。第四部分为培育篇，由第八、九章组成。第八章由四个有关策略教学的实验组成，涉及的学科有数学、英语和语文。第九章从学习策略教学的有效性出发，除了系统地回顾并总结前人的研究外，对本团队三十多年来的学习策略教学研究进行了梳理与提炼，为学习策略的有效教学提供路径指导。

本书涉及的调查和实验花费了我相当多的时间和精力。还记得与我的学生一起设计问卷、修改问卷，数次到深夜；为保证问卷回答的真实性，与他们一道深入课堂发放问卷、答疑解惑。不忘与同学们一起走过的研究历程。本书第一章、第八章第一节、第九章由我撰写。我的学生参与了本书的撰写，他们是：陶玲霞（第二章），殷明（第三章），胡玉霞（第四章第一节、第六章第一节），严慧一（第四章第二节、第六章第二节），高岚（第四章第三节、第六章第三节），黄颀（第五章第一节、第七章第一节），牛智慧（第五章第二节、第七章第二节），程昊旸（第五章第三节、第七章第三节），戴惠（第五章第四节、第七章第四节），杨海波（第五章第五节），黄颀、王炫懿（第七章第五节），孙泽军（第八章第二节），洪显利（第八章第三节），袁艳芳（第八章第四节）。彭杜宏博士参与了书稿前期的整理与完善，马姗姗、赵源博士与王炫懿硕士参与了书稿的后期整理、资料的反复核对。在此向他们表示由衷的谢意。人民教育出版社的编辑出版人员为本书的出版付出了辛勤的劳动，特此一并感谢。

最后我不得不说，尽管做了很大努力，数易其稿，力求本书尽可能完善，但难免会有一些疏漏与不当之处，恳请读者批评指正。

刘电芝

2020年2月18日于苏州尚澜湾

目 录

第一部分　理论篇

本部分为读者提供策略研究的总览，包括策略学习的价值、学习策略的分类与发展、学习策略的选择与发展模型和影响学习策略掌握的主要因素等。

第一章　高效学习的追求——策略学习

在人生长河中，学习是不可或缺的内容。如何在最短的时间内高质量、高效率地学习，这是我们必须正视的。当今社会已进入以“互联网 +”为标志的信息时代，一个人的可持续发展能力和竞争能力有多大，很大程度取决于他的学习能力。教师的一个重要任务就是要教会学生高效学习，使他们具备高效学习的能力，最终达到快乐学习、幸福学习的目的。

第一节　策略的课堂教学与思维培养

对于学生来说，课堂是知识学习的主要场所，也是思维能力增长的主要阵地。一个学生的思维能力发展得怎样，很大程度取决于教师教思维的观念与相应的教学行为。

一、教学最重要的任务是教学生思维

教学最重要的任务是什么？早在 1859 年 7 月，英国哲学家、教育家斯宾塞（H. Spencer）在《威斯敏斯特评论》上发表了《什么知识最有价值？》一文，该文于 1861 年收入斯宾塞的《教育论》一书，对世界教育的变革产生了深远影响，引发了教育界对课程内容与教学内容选择的热烈争论。教什么才最有价值呢？我们团队通过三十多年的研究，认为教学生思维是最有价值的。

为什么教学生思维是最有价值的？因为教学生思维是必需的。几千年来累积的知识在课堂上没法穷尽，根本学不完；新的知识现在每天甚至每时每分都在铺天盖地地涌来，也学不完。戴维森（C. N. Davidson）在《现在你看到了：科技与脑科学将如何改变21世纪的学校和商业》一书中写道：大概有2/3的小学生在将来会从事目前尚未发明出来的工作。这意味着，现在他们还在接受“过去的教养方式”，却要面对未来的问题。而我们的课堂学习时间有限，离开了学校，离开了教师，他们要能够胜任社会的要求，适应新的工作岗位，必须有自学的思维能力。学生依靠自己的思维能力，就能根据自身需求，迅速地掌握所需要的知识。

只读了三天博士课程的马斯克（E. Musk）通过自学成才，完成了SpaceX（美国太空探索技术公司）旗下的新型火箭，也是世界上现役运载能力最强火箭——“重型猎鹰”运载火箭的首次成功发射，并成功完成两枚一级助推火箭的完整回收。2015年10月22日，马斯克与时任清华大学经济管理学院院长钱颖一教授在清华管理全球论坛上的对话中分享的学习秘密是：自学的速度要比正规学习快得多，看书可以很快地学习，因为所有的信息都在那儿。

联合国教科文组织最近公开出版了第三次研究报告《反思教育：向“全球共同利益”的理念转变？》，明确提出“超越识字和算术，以学习环境和新的学习方法为重点”。针对课程目标忽略知识获得的过程与方法，我国教育部2001年印发的《基础教育课程改革纲要（试行）》明确强调，新课程的培养目标要使学生“具有适应终身学习的基础知识、基本技能和方法”，第一次明确将学习过程和学习方法列为“三大目标”之一，凸显了学习方法的价值与重要性。学习与掌握良好的学习方法，其实质就是对思维能力的培养。

思维的方法可教吗？已有大量的研究表明，思维的方法与知识一样，通过传授可以获得，思维教学可以大面积、大幅度提高学生的智力水平与学习成绩，特别是中等生受益最大（刘电芝，1989；张庆林，刘电芝，连庸华，1997）。进一步的脑电研究也发现，解决同一问题，采用策略的简算和不采用策略的精算两者脑电位分离，且前者的工作记忆负荷小（Luo et al.，2009）。这从脑机制上证实了策略学习的有效性。

现实情况是：教师天天都在讲知识，却很少有教师想到教思维的方法。教师天天要求学生背课文、公式、定律，却不教他们记忆的方法。如果学生背不出来，教师通常认为是学生努力不够，需多加练习，却很少从方法上进行指导；学生解题遇到困难，教师也很少从学生的解题思路上分析原因。其实，思维的方法就如同知识一样，不教，大部分学生是难以靠自己的力量获得的。除了个别优秀学生有自我领悟、自我琢磨、自我总结的能力外，大部分学生需要通过教师教学的外部促进，才能学会学习、学会思考。

大部分教师会教知识，这是毋庸置疑的，但会教思维方法的教师微乎其微。我们团队通过多年深入课堂的观察，发现绝大部分的教师从来没有想过在课堂上教学生思维的方法，脑子里从来没有这根弦。甚至有个别教师自己的学习方式就是死记硬背，哪能教学生思维的方法呢？苏州一个著名的特级教师曾说："最怕的是一群兢兢业业的愚蠢教师！"这种认真负责的"笨"教师会把学生引向弯路、歧路，这种教师"越认真""越负责"，对学生带来的伤害会越大。遗憾的是，这样的教师常常自己浑然不觉，甚至洋洋自得。例如，笔者在一次随机听课的过程中，亲眼看见一个小学低年级数学教师正在教如何解"一个数比另一个数多几或少几"的应用题，在题下对应写上"见多就加，见少就减"，让学生死记硬背。当笔者与这个教师交换意见时，他竟然说"我这种教法很好呀！因为班上学生的考试成绩经常比平行班要高两三分"。这种教法可以急功近利地获得成效，但它是以牺牲学生的可持续发展能力为代价的，剥夺了学生发展能力的机会，更重要的是把学生教"死"了，学生不会思考了。我们身边这样的教师还真不少！2018 年 5 月 12 日，在华东师范大学举办的"脑科学与教育创新"大型公益论坛上，北京师范大学校长、国家脑科学与认知科学创新引智基地负责人董奇说：每个教室都是脑科学实验室，教师在用自己的大脑塑造每个学生的大脑。我们的课堂需要的是智慧型教师对学生大脑的塑造。

二、学思维的效果与意义

（一）学思维的效果实例分析

笔者曾经辅导过一个一年级的中等生，他学习很努力，但学习效果不理想。我们来看一看他是如何数图 1-1 所示的方块的。他是这样做的：从最下层往上数，最后得到 9 个方块。出现的错误有两处：（1）最下层隐藏的 1 个方块漏掉了；（2）数到最上层，忘记了最下层的方块数，又重数。孩子的妈妈说，虽然一遍遍地让他重新数，但这次数对了，下次做这种类型的题又错了。为什么孩子频频出错，问题在哪儿？即便你的孩子是高中生，我们仍然可以通过此题的解答来看他是否在方法上存在问题。解答此题的科学方法是这样的（刘电芝等，2018）：

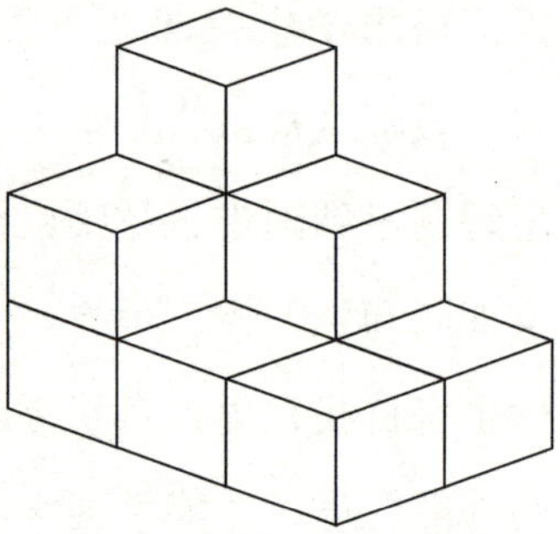

图 1-1 方块

（1）从最简单的地方入手，从最上层往下数。

（2）培养对应的思想。如果孩子能够准确地数出第二层是 3 个方块，那么直接引导其观察与第二层对应的底层有几个方块（3 个），从而让他“看到”底层隐藏的方块。

（3）充分运用上一步的结果，经济地数。无须每层都从 1 开始数。如发现与第二层对应的底层有 3 个方块，再接着数未隐藏的——4、5、6，共 6 个方块，而不是每层都从 1 开始数。

（4）标注中间结果。当数出第二层是 3 个方块时，在旁边写上“3”；当数出最底层是 6 个方块时，标注“6”。这样可大大减少大脑记忆的负担，把大脑的资源全部用在思考上。

孩子掌握了上面的科学方法，做这类题就再也不会出错了！只要我们善于学习、善于总结，学习还真不难！

根据上述分析可知，掌握一些常用方法对于提高学习质量与效率是必要的，而且越早越好。方法的学习应与知识的学习同步，这样才能产生更好的效果。这是由于：（1）孩子越小，可塑性就越强，越容易接受新东西；（2）孩子如果具备学习方法的意识与习惯，每次解决问题就可以少走弯路，终生受益。

（二）学思维的意义

对于学生来讲，学思维的意义有以下几点。

（1）学思维可以使人变得聪明。聪明的实质就是思维好，思维有深度与广度，且科学合理。思维有深度，体现在能深入事物的本质，看到别人看不到、想不到的东西，能听到弦外之音，能理解言下之意；思维有广度，表现在思维发散，能从一个问题出发联想到不同的解答方案。学思维就是学会如何有效地去思考，是一个使人越来越聪明的过程。

（2）学思维可以促进高效学习。通过学思维，学生学会不走弯路，而是走直路、近路。如上例数方块，通过标注，不再重复数两次；通过充分运用已有的结果，不再每次都从 1 开始数。

（3）学思维可以产生快乐学习。快乐学习的前提是高效学习，只有高效学习，学生才能体会到学习的乐趣。现在，少慢差费的学习、不堪重负的学习，导致一些孩子不快乐了，甚至抑郁了。

对于教师来讲，进行思维教学是必要的。

（1）进行思维教学，可杜绝苦干加蛮干的教学，可减少少慢差费的教学。许多教师每天都在做重复的低级劳动，如反复讲、反复要求学生练。教师如果能把一部分时间和精力用在教思维上，就能减少这种低级劳动。

（2）新知识观要求教师教思维。当代认知心理学把知识划分为三类：陈述性知识、程序性知识、策略性知识（皮连生，1997）。陈述性知识是对客体属性的静态描述，主要回答“是什么”的问题；程序性知识是对具体操作过程的动态描述，回答如何操作的程序问题；策略性知识是关于如何学习、如何思考的方法性知识，回答如何做的问题。三类知识都是不可缺少的。而综观课堂教学，每个教师都教了陈述性知识，有部分教师教了程序性知识，只有极少的教师教了策略性知识。不完整的知识教学，算不上是良好的教学。新知识观明确了策略性知识的地位与作用，这对教师的教学提出了新的要求。

（3）教育的真谛就是培养学生的思维。在“脑科学与教育创新”大型公益论坛上，复旦大学脑科学研究院学术委员会主任杨雄里在发言一开始就提出：教育从本质上是对大脑的塑造。华东师范大学教育学部主任袁振国在该论坛上也强调："人的发展，是脑不断建构的过程，教育就是在塑造学习者的脑。"通过教师的智慧型教育，学生的大脑才可成为智慧型大脑。

如何有效地构建人的智慧型大脑？我们团队持续了三十多年的研究，在不同年龄段、不同学校开展了以教策略的形式教思维的实验，结果表明：①策略的教与不教，学习效果不一样。无论在哪个年龄段，教了思维，学生成绩都有明显的提高；无论在哪类学校，教了思维，学生的成绩与学习兴趣都有明显的提高。②系统地教和零星地教，教学效果不一样。实验班教师是按要求与计划系统地进行思维教学，对照班教师即使进行思维教学，也是偶尔为之。③有意识地教和无意识地教，学生掌握程度不一样。实验班教师是明确地、有目的地进行思维教学，而对照班教师在教学中只是有时无意识地渗透了思路与方法。我们通过不同学科的策略教学，发现实验班学生的学习成绩、学习兴趣都有明显提高（刘电芝，1989；田良臣，刘电芝，2002a；刘电芝，孙泽军，2004）。在刘电芝（1989）进行的"解题思维训练提高学生的学习成绩"的教学实验中，实验班学生平均成绩比对照班高 17.87 分，特别是中等生受益显著，比对照班中等生平均成绩高 24 分。不仅学生成绩明显提高，教师的教学能力也显著增强。参加实验的教师由于专门进行策略的教学，教策略的意识大大增强，从不教策略或者是零星地、无意识地教策略转变为有意识地教策略。例如，一个数学教师在谈到自己一年来的实验体会时说：自己在学校里一直是数学骨干教师，平时教学主要是教知识，教策略仅是零星地教、偶尔地教、想到就教。通过参加策略教学实验一年来，教策略已成为一种习惯，一教知识就能同时想到教策略，不仅在自己的数学课上能随手就来，对非数学内容也会将知识上升到方法与思路层面。一次进教室上数学课，他看到思想政治教师上节课讲的三大规律还在黑板上：①社会科学的发展规律；②自然科学的发展规律；③思维科学的发展规律。他问学生：为什么思想政治教师讲三大规律，而不是两大规律或者四大规律呢？学生已经习惯了教师讲什么就听什么、记什么，很茫然，没有一个能回答。这时数学教师揭晓答案：这是数学完全归纳法的体现，三大规律穷尽了万事万物的所有规律，所以只能且必须讲三大规律！一句话就从知识层面上升到了方法、思路层面，这才是培养学生思维的智慧型教师！学生不仅仅知道了三大规律，更重要的是知道了组织材料的好方式，这对学生思维能力的培养有大大的促进。遗憾的是，绝大多数教师都像那个思想政治教师一样，讲的是知识点，却不能在知识的教学基础上进一步上升到策略层面，提高学生的思维能力。能将知识与策略随时结合的教师，才是未来需要的好教师。

第二节　学习策略的界定及分类

如何教思维呢？我们团队是以教学习策略的形式进行思维教学的。

一、什么是学习策略

学习策略是指学习者在学习活动中有效学习的程序、规则、方法、技巧及调控方式（刘电芝，1999）。凡是有助于提高学习质量、学习效率的程序、规则、方法、技巧及调控方式，均属于学习策略范畴。学习策略既有内隐与外显之分，又有水平层次之别，学习策略既可能是外显的程序、步骤，也可能是内隐的思维方式。

学习策略有不同的分类。通过对不同分类的了解，我们可以进一步理解学习策略。

二、学习策略的分类

（一）通用学习策略和学科学习策略

按学习策略使用范围不同，我们可以把学习策略分为通用学习策略和学科学习策略。

1. 通用学习策略

通用学习策略是指不与特定学科知识相联系，适合各门学科知识的学习程序、规则、方法、技巧及调控方式（刘电芝，1997）。通用学习策略即是适用于所有学科的通法、通则，包括信息选择策略、记忆策略、组织策略、精加工策略等。

（1）信息选择策略。信息选择策略是指学习者将注意力集中于相关学习信息或重要信息上，对有关学习资源保持高度觉醒或警觉状态的学习策略。

研究发现，优秀生、中等生、后进生在学习信息的选择上存在差异。例如，我们曾经对中学生进行了下面两道题的调查：

在课堂上，你是如何注意的？

A. 自始至终注意　　B. 对感兴趣的内容注意

C. 对重难点内容注意　　D. 对陌生内容注意

在课堂上，你是如何记笔记的？

A. 一字不漏地记　　B. 按教师的要求记

C. 有选择地记　　D. 记不下来，不记

学生的选择是这样的：大部分中等生依次选择 A、B，大部分优秀生在两道题上都选择 C，大部分后进生依次选择 B、D。中等生虽然很努力，很认真，但学习很被动。自始至终注意，这种方式不科学，因为我们做不到。心理学的研究表明，成人全神贯注的时间大约三十分钟，中学生只有二十五分钟左右，小学生只有十多分钟。作为中学生，一节课是不可能自始至终注意的。一旦超过大脑能够注意的时间，大脑会自动关闸，用这样的方式学习，无关紧要的注意了一大堆，该注意时大脑却疲劳了。自始至终注意也是没必要的，教师的话不是句句都重要。每个教师上课时都会说一些无关紧要的内容，或者不那么重要的内容。我们只需要像优秀生那样学习，有选择地注意重要内容，其他时间处于一种可以随时集中注意的监视状态即可。后进生第一道题选择 B，表明他们在开始吸收信息时就出现了注意的偏差，比较枯燥、乏味的重难点内容往往被忽略了。

如何提高学生信息选择的水平？首先，教师应该教会学生识别重要信息。中等生之所以平均使用力量，采用眉毛胡子一把抓的方式学习，主要是因为他们不

知道如何选择信息。教师要教会他们选择，不仅要讲清楚什么是重点、难点，更要讲清楚为什么是重点，从哪些关键字词或句子上能看出来。其次，教师在讲重要信息前应给予提示，而不是放“马后炮”，讲完了才告诉学生“这个是最重要的”。最后，根据不同对象、不同背景、不同内容，教师恰当运用不同的提示方式，才能取得良好的效果。例如：在教室很安静时，教师突然提高嗓门可以起到提示作用；当教室似小茶馆时，教师戛然而止才能引起学生的注意。也可以运用多媒体，把静变为动，动变为静，以引起学生的注意。

（2）记忆策略。记忆是保证学习效果的重要元素，逐字逐句地背诵与有策略地记，效果是完全不同的。记忆策略包括关键词记忆策略、试图回忆策略（在基本熟悉内容后尽量采用回忆的方式来进行记忆）、谐音联想策略、复述策略等。

如何提高记忆的效果？①在学习过程中，要做有心人，不断地总结有效的记忆策略。②积累的记忆策略要不断地使用，才能熟能生巧，形成习惯。③有意识利用过去经验，把需记忆的内容尽量与过去经验相联系，使其中一部分变成自己熟悉的内容，以减少记忆的负担。如记忆新单词 playground，仔细观察，其就是以前学过的 play 和 ground 的组合，即“玩的场地”就是操场，这样轻而易举就可记住。④注意观察事物特征，不要盲目地记，通过观察抓住特征，根据特征来记就容易多了。

（3）组织策略。组织策略是指对材料进行加工，按照材料的特征或类别进行整理、归类或编码的学习策略。组织的具体方式、方法或途径就是组织策略。组织策略是将信息由繁到简、由无序到有序，系统有效地编排。组织策略是信息加工的重要形式，它不仅有利于材料的识记与提取，也能有效地加强与提高对材料的理解与表述。

组织策略可分为三大类。①归类策略，指按照材料的特征或类别进行整理、归类的策略。归类策略有利于学习者将新学的知识、零星的知识相互联系，构成一个整体，形成一种结构。②概括策略，指以摒弃枝节、提取要义、逐步提炼的方式组织信息。布朗和戴（Brown & Day，1983）曾将概括从易到难分为五步：a. 略去枝节，省略不那么重要的材料；b. 删掉多余，对已涉及的内容不再重复，尽管前后在形式上稍有不同，也应如此；c. 代以上位，以上位概念代替下位概念，如以“花”代替“水仙”“玫瑰”“牡丹”；d. 择取要义，指找出一个主题句；e. 自述要义，指对无现成主题句的段落，自己概括主题句或中心思想。择取要义和自述要义是更高级的概括。③网联策略，指通过连线，从纵向与横向多角度把相关的知识点联系起来，形成知识点的空间结构。这种策略有助于我们对知识整体结构形成良好的表征。

如何提高学生的组织水平？教师可以这样做：①教给学生组织材料的方法与途径。②培养学生的概括能力。如果每个教师都能结合所教学科，根据上述的五步概括法，按照学生的年龄特征培养他们的概括能力，学生的组织水平就会大大增强。

（4）精加工策略。精加工策略是指为了更好地理解和记住学习内容而做的充实意义的添加、构建或者生发，以促进新知识理解的学习策略，也称为深加工策略。精加工策略是高效率地获得陈述性知识的基本条件之一。已有较多研究表明，能否使用精加工策略是成功学习者与非成功学习者的重要区别。

精加工策略主要有以下几种。①自我提问，即学习者依据材料的进展不断向自己提出问题并在材料中找到答案，从而加深对新知识的理解与掌握。自我提问是最常用也是最方便有效的精加工策略。②扩展与引申。如学习等位基因的概念时，一种方式是反复一字不差地背诵课本中的定义“在一对同源染色体的同一位置上控制着相对性状的基因，叫作等位基因”。我们也可以对该定义进行三个方面的扩展分析：从数量上看，等位基因是成对的基因；从性质上看，成对基因的遗传效应具有对应关系；从存在上看，位于同源染色体的同一位置上。这样不用背，也能用自己的话表述等位基因的概念了。对新知识进行扩展与引申是深化理解新知识的重要途径，因为扩展与引申的过程就是思考的过程。此外，扩展与引申后的知识比原知识具有更丰富的信息与外延，更易与有关知识经验联系起来，理解会更深刻。③类比，即根据两个或两类对象之间在某些属性上的相同或相似所做的类推。类比是精加工的有效方式，通过类比将抽象的内容具体化、形象化，深奥的道理可以明白简单地揭示出来，能有效帮助我们深入理解新知识。

如何提高学生的精加工水平？第一，课堂教学速度要适当。太快，像放连珠炮，学生没有加工的时间，难以进行精加工；太慢，原地踏步地反复咀嚼，学生会丧失学习的兴趣，也不会进行精加工。第二，课堂教学中随时注意新旧知识的联系。学生进行精加工，必须与原有知识建立联系，但多数学生自己是难以主动建立联系的，需要教师铺路搭桥，帮助学生建立联系。第三，课堂教学内容多与日常生活建立联系。这需要教师做日常生活的有心人，注意收集有关信息。第四，培养学生自我提问的能力。自我提问既是一种主动学习，也是精加工的最有效的方法。提递进性的问题，可以发展思维的深度；提扩散性的问题，可以发展思维的广度。自我提问是一种最方便也是最有效的培养思维深度与广度的方法。

教师该如何培养学生的提问能力呢？第一，给学生预留回答问题的时间。每当提出有一定难度的问题时，需要等一等、看一看，等大部分学生都进入了思维状态，看大部分学生都有了初步结果，再抽学生回答；否则，思维反应快的学生会代替大部分学生的思维，更糟糕的是久而久之，大部分学生就等优秀学生公布结果，放弃思维了。第二，鼓励学生提问。哪怕学生提的是低水平的简单重复性问题，教师也应持宽容态度，绝不讽刺打击，保护学生提问的积极性。第三，教会学生提问。绝大部分学生开始不会针对重要内容提问，教师可通过把大小标题、黑体字的陈述句变为疑问句的方式，让学生领会哪些是重要内容，从而让学生逐步学会自己提问。第四，给学生预留提问时间，即采取双向提问。每堂课教师不仅向学生提问，还应让学生自发提问，提出自己不理解的问题、困惑的问题、有想法的问题。双向提问，既可以让教师及时发现学生存在的问题并进行及时补救，也可以培养学生提问的习惯。第五，鼓励学生提出与他人不同的问题。教师要鼓励学生提出与他人不同的有价值的问题，培养学生的创造性。

2. 学科学习策略

学科学习策略是指与特定学科知识相联系，适合特定学科知识的学习程序、规则、方法、技巧及调控方式。笔者的团队曾与中小学教师一起，总结、提炼了小学语文、数学和中学语文、数学、英语、物理、化学的学习策略。例如，小学数学学习策略由概念学习策略、计算学习策略、几何知识学习策略、解题策略四部分组成，主要的策略有：重点字词理解策略、正反例证强化策略、概念结构图解策略、拆整和凑整简算策略、几何图形移动策略、图解策略、联想策略等。小学语文学习策略由字词句学习策略、听说策略、巧背诵策略、阅读训练策略、作文提高策略五部分组成，主要的策略有：形象识字策略、巧看图说话策略、手舞足蹈背诵策略、快速阅读策略、范文启发策略等。中学英语学习策略由词汇学习策略、语法学习策略、听说学习策略、阅读学习策略、写作学习策略五部分组成，主要的策略有：词汇联想记忆策略、歌谣学语法策略、构词法学词汇策略、语法公式化学习策略、巧听策略、细节检索策略、词义猜测策略、写作要素策略、范文临摹策略等。

通用学习策略运用范围广，但研究者（Bransford，1986）认为不与专门知识结合的一般思维训练对于日常生活问题的解决有良好的效果，对于学生学科学习的效果不明显。而学科学习策略由于紧密结合学科内容，可以较大程度地帮助学生提高学业成绩。两者可以相互转化，通用学习策略与具体学科知识结合即成为学科学习策略；学科学习策略提炼上升，扩大普适性，即转化为通用学习策略。

（二）降低或提高认知负荷的学习策略

认知负荷理论是在国外发展迅速的理论之一，也是众多认知心理学家关注的重要问题。澳大利亚学者斯韦勒（Sweller，1988）最早提出了认知负荷理论。认知负荷是指人在信息加工过程中所必需的心理资源总量。认知负荷理论是根据资源有限理论来解释人类的学习和问题解决。资源有限理论认为人的认知资源（主要表现在工作记忆容量上）是有限的，而任何学习和问题解决活动都需要消耗认知资源，都有可能造成认知上的负荷。如果某种信息加工所需要的认知资源超过了人本身所拥有的认知资源总量，就会造成认知超负荷，从而影响学习效果。根据认知负荷的来源，认知负荷分为三种：内在认知负荷（intrinsic cognitive load）、外在认知负荷（extraneous cognitive load）和相关认知负荷（germane cognitive load）。任何学习，包括认知图式构建和问题解决活动都要消耗认知资源，都会造成认知负荷。

根据认知负荷理论，我们在教学过程中要控制认知负荷，即尽量降低阻碍学

习的认知负荷，同时优化促进学习的认知负荷，使学习者合理利用有限的认知资源，达到最好的学习效果。

从某种意义上来说，学习策略的应用能够降低学习者在学习过程中的外在认知负荷和内在认知负荷，使其能够拥有充分的认知资源来应对学习信息的获取、加工、存储，即学习策略有助于认知资源的最优化配置与使用。另外，某些学习策略的应用可以提升学习者的相关认知负荷，促使其将剩余的认知资源应用于对学习内容的深度加工，从而提高学习效果。从学习策略对认知负荷的影响来看，学习策略可以分为降低外在认知负荷的学习策略、降低内在认知负荷的学习策略和提高相关认知负荷的学习策略。

1. 降低外在认知负荷的学习策略

外在认知负荷一般与学习材料的组织和呈现方式有关。比如，学习材料中包含文字和图解，如果这些文字和图解的内容或者顺序不完全一致，便会给学习者造成外在认知负荷。外在认知负荷需要的认知资源可能超过人的认知资源总量，所以会阻碍学习，影响学习效果。

如何降低外在认知负荷，提高学习效果呢？运用学习策略中的简化策略、图解策略、组织策略等，可以降低外在认知负荷。简化策略，就是通过删掉学习材料的枝节、修饰等无关紧要的内容，达到删繁就简，降低外在认知负荷的目的，从而突出主题。图解策略，就是用图画的形式来呈现材料。图画不仅形象直观，且有高度浓缩信息的功能，一幅图可涵盖众多信息，把题目的内容以图画的形式展示出来往往有利于学习者找到解题的思路。组织策略就是按材料的特征对材料进行一定的归类与整理，减少认知资源的耗费，从而提高学习效果。

2. 降低内在认知负荷的学习策略

内在认知负荷主要由学习材料的复杂性和学习者较少的先前知识经验引起。一方面，学习者所学材料的信息要素越多，信息之间的交互作用越多，则学习者的内在认知负荷就越高；相反，学习材料越简单，信息要素越少，信息要素之间的交互作用越少，则学习者的内在认知负荷就越低。另一方面，学习者先前的知识经验越丰富，则所引发的内在认知负荷就越低；反之，则越高。这就是学习同一内容，每个人的认知负荷不一样的原因。帕斯等人（Paas et al.，2003）认为，学习材料所包含的信息要素以及信息要素间的交互作用是学习材料本身所固有的，或者说是客观存在的，这是无法通过操纵教学而加以改变的，换句话说，只要学习材料一定，内在认知负荷就是固有的、稳定的。其实并不如此，采用合适的学习策略，内在认知负荷同样是可以降低的。由于内在认知负荷主要是由材料的复杂性与信息要素的数量决定的，因此我们只要减少材料的复杂性与信息要素的数量，就可以降低内在认知负荷。例如，将解决问题的中间过程记录下来，可以大大减少大脑记忆负担，降低内在认知负荷。又如，每个人的身份证号码由18位数组成，要素多，难记，但采用组块记忆，把18位数分解成3个组块，中间8个数字是每个人自己的出生年月日，无须记，只要记前6位数与最后4位数，这样轻而易举就记住了。对信息进行重组，也可以减少信息元素，同样可以降低内在认知负荷。

3. 提高相关认知负荷的学习策略

相关认知负荷也称有效认知负荷，指在完成某一任务过程中，当学习者把未用完的剩余认知资源用于与学习直接相关的加工时产生的认知负荷。与外在认知负荷相同的是，相关认知负荷也会占用认知资源，会对正在进行的学习产生额外的负荷。但与之不同的是，相关认知负荷不但不会阻碍学习，反而会促进学习，因为相关认知负荷占用的认知资源主要用于更高级的有意识的认知加工（如抽象、归纳、比较和推理等），从而支持加工活动与认知结构的构建，提高学习效果。

瓦尔克（Valcke，2002）提出了元认知负荷（meta-cognitive load）的概念。他认为元认知负荷是一种相关认知负荷，是一种特殊的相关认知负荷，是学习者在监控认知活动中所占用的心理资源。研究（龚德英等，2008）表明，相关认知负荷的高低是以内在认知负荷及外在认知负荷的高低为前提的，只有在两者都相对较低的情况下，学习者才能有多余的资源用于内容的深度加工。在学习者认知负荷较高的情况下，提高相关认知负荷的效果不明显。这一结论揭示，元认知并不是在任何时候介入都有效。

提高相关认知负荷的学习策略主要有精加工策略、元认知策略等。学习的有效性很大程度上取决于这些策略使用的频率。根据三种认知负荷可加性的特点，相关认知负荷的高低主要受制于认知负荷的总量和内在认知负荷、外在认知负荷的高低。在认知负荷的总量很大，而内在认知负荷和外在认知负荷又很低的情况下，相关认知负荷就很高。如果内在认知负荷和外在认知负荷都很高，两者之和接近认知负荷的总量，那么学习者就没有多少可剩资源能用于相关认知负荷。

由于每个个体的认知资源总量是一定的，所以三种认知负荷之间是此消彼长的关系，即一种负荷高了，另外两种负荷必然降低。如果三种负荷都高，那么学习就无法进行了。因此，要保证有效学习，就需要通过有效的学习策略降低外在认知负荷和内在认知负荷，同时保证在有足够剩余资源时，提高相关认知负荷。更为重要的是，当了解了认知负荷与学习策略两者的关系之后，我们不仅能知道学习策略有效促进学习的背后原理，更能根据此原理，创造更多的有效学习策略。我们只要在学习中留意，就可以找到这样或者那样更多、更有效的学习策略。

（三）促进学习的新策略——体感学习策略

具身认知（embodied cognition）也译作涉身认知。近十多年来，具身认知代表了认知心理学研究中的一个新取向。具身认知理论对传统认知主义发起了强烈的挑战，因而被称为“第二代认知科学”（李其维，2008）。这是一种完全不同于信息加工模型的认知观点，具身认知的观点认为学习是全身心参与的过程，而不仅是在大脑内进行的（殷明，刘电芝，2015）。也就是说，身体在认知过程中发挥着关键作用，认知是通过身体的体验及活动方式而形成的（叶浩生，2011）。

具身认知理论包括身体观和模拟观。身体观是指实际的身体状态（如身体的各种感知觉体验、姿势、动作等）会影响高级认知加工（Larsen et al.，1992；Strack et al.，1988），而模拟观则是指高级的认知加工会激活先前经验所涉及的感知觉、运动、内省系统（Barsalou et al.，2003）。这两种观点并不对立，而是相辅相成的，并且从不同侧面印证了身体体验和高级认知加工之间的紧密关系。身体观强调自下而上的加工路径，而模拟观则强调自上而下的加工路径。

具身认知的身体观揭示肢体动作在认知过程中起着重要的作用。戈尔丁－梅多和辛格（Goldin-Meadow & Singer，2003）在实验研究中要求被试边做数学题边记忆一系列单词或字母，当配合手势时任务完成的效果更好。这同时体现在成人被试和儿童被试身上。库克等人（Cook et al.，2008）发现，儿童在学习新的数学概念时，如果伴随着手势，则知识的保存时间更长。相比之下，孩子仅通过语言来学习时，并不能有效地巩固学习效果。研究还发现，学习者通过回看自己学习单词时的动作录像，可以大大提高学习量，延长保持时间（Frick-Horbury，2002a，2002b）。进一步的研究还表明，想象的动作（Denis et al.，1991；Nilsson et al.，2000），甚至观看别人的动作也可以在一定程度上提高自己的记忆效果（Cohen et al.，1987；Mulligan & Hornstein，2003）。这是由于手势会激活镜像神经元系统，该系统会影响动作的理解和模仿，在学习的生成和模仿中起促进作用。

肢体动作在认知过程中的作用体现在不同类型的学习上。已有较多的研究表明，无论是数学学习还是语言学习，肢体动作都可以起到促进作用。有关数学等式问题的研究发现，只有手势组才能概括所学知识，能迁移性地解决问题（Novack et al.，2014）。布罗德斯等人（Broaders et al.，2007）在实验中要求儿童解答数学问题时，鼓励一半儿童边解释思路边使用手势。结果发现，被鼓励使用手势的儿童采用了一些新的解题策略，未被鼓励使用手势的儿童则没有采用这些新策略。重要的一点是，使用手势并增加独特新策略的儿童在相似的数学问题上表现出更高的解题水平。肢体动作还可以促进语言学习。在马切多尼亚和克利梅施（Macedonia & Klimesch，2014）的研究中，两组被试分别以不同的方式学习外语单词。一组仅听、说、读单词，另一组除听、说、读以外，还配上象征语义的手势。结果，加上动作的学习方式要比仅仅听、说、读更有效，而且记忆保持的时间更长。马切多尼亚和克里格施泰因（Macedonia & Kriegstein，2012）倡导将身体动作作为一种教学工具整合到外语教学中，来促进成年人的外语学习进程。手势的具身作用也可以运用在儿童的母语学习上。

手势对语言学习的促进作用可应用到不同的人群中，无论是儿童还是大学

生，无论是正常群体还是学习有障碍者。格伦伯格等人（Glenberg et al.，2004）发现，儿童用实物和肢体动作把故事演绎出来比单纯阅读故事有更好的语言理解效果。对于语言能力低的儿童来说，手势能为他们提供额外的非语言线索，可有效地巩固记忆。对大学生的研究（金黛茜，2017）则发现，手势的具身作用不仅存在于语言学习的记忆编码阶段，也存在于提取阶段。在回忆语言学习内容时，加入手势促进了大学生的回忆效果。此外，克伦克等人（Kroenke et al.，2013）对失语症患者的研究显示，手势的具身作用有助于患者的语言康复，因此他们建议将手势运用于失语症的康复治疗之中。

肢体动作可以帮助人们跟踪那些承载认知负荷的信息，并在必要时更新信息。在讲话中添加手势可以释放工作记忆中的内存资源（Ping & Goldin-Meadow，2010）。在问题解决的执行上，手势可以帮助减轻抑制和转移成分中优势维度对非优势维度的压抑，减少认知消耗（O'Neill & Miller，2013）。按照认知观，肢体动作通过身体行为增进了感受，促进了理解、记忆与抽象思维。

可见，肢体动作作为身体行为可以促进和塑造持续的认知活动，从而影响人的学习及其效率。肢体动作包括手势与身体姿势。有研究（Novack et al.，2014）表明，在一些学习情境下，手势比身体姿势更有效。例如，对于多模式的视频—语音刺激，手势与语音相结合的模式比身体姿势与语音相结合的模式更易促进人的理解。手势作为最方便使用的辅助学习工具，在学习与教学中可以有意识地推广使用。肢体动作的具身作用受学习材料和动作类型的影响，当学习材料与动作高度匹配时，促进作用最为显著。

将手势作为一种体感学习策略运用于语言学习时，必须满足以下条件（黄春露，刘电芝，2017）：

第一，手势必须是有意义的动作，而非无意义或与语义不一致的动作。手势对语言学习的促进作用依赖与语义信息相匹配的动作表征。脑成像研究显示，在学习单词时使用象征性手势会激活背侧前运动皮质，而使用无意义手势仅激活认知控制的脑区。

第二，手势必须是自发的而非被动的。学习者只有自发地做出手势，才更容易保持习得的内容。有意义的自发手势能够促进深层次的语义加工，被动或无意义的手势则不能。

第三，手势和语义编码必须具有时间同步性。象征性手势与其对应的语言有着共同的神经基础，主要在左半球的前后外侧裂周区。在学习语言时，只有同步输入语言和执行动作，才能大幅促进学习效果。

第四，手势必须简单、明确，过于复杂的动作反而会降低学习效果。

肢体动作促进学习的现象被称为具身操作效应。凡是有助于提高学习质量、学习效率的方法均属于学习策略范畴（刘电芝，1999）。在学习中合理利用肢体动作的具身作用可有效地促进学习效果。这种利用具身作用来促进学习效果的方法可作为学习策略的一种新类型，研究者称其为体感学习策略（embodiment-based learning strategy）。肢体动作，特别是手势，是最方便的学习与教学工具，如何促进这一工具在学习领域的使用与完善，是学习策略的新兴研究领域。

第三节　学习策略的发展

在人的一生中，学习策略是不断发展和完善的。在学习策略的发展过程中，会出现哪些问题？学习策略的发展具备哪些特征？本章拟就这些问题进行探讨。

一、儿童策略发展中的利用性缺陷

在有关策略获得与运用的研究中，研究者发现，个体获得策略并不意味着会有效使用策略并受益。米勒（Miller，1990）提出了儿童策略发展的四个阶段，其中就明确提到获得策略而不受益的利用性缺陷（utilization deficiency）。米勒认为：第一阶段为无策略阶段，即儿童根本不会使用策略；第二阶段为有时使用策略或策略的某一变式的阶段；第三阶段为使用策略但不受益的阶段，这一阶段儿童能够在各种场合使用某一策略，但策略的使用并没有导致成绩的提高，这一阶段的典型特点是出现利用性缺陷；第四阶段为使用策略且受益的阶段，该阶段儿

童使用策略，并且策略的使用还会导致成绩和策略有效性的提高。这四个阶段反映了儿童的策略从自发产生到有效使用的发展过程，其中利用性缺陷是策略发展的关键阶段，引起了国外一些研究者的浓厚兴趣，并对此进行了深入研究。利用性缺陷是如何产生的，如何避免和防止利用性缺陷，是加强策略训练有效性需解决的重要问题。

（一）什么是利用性缺陷

米勒（Miller，1990）在研究记忆策略时发现了利用性缺陷，并对此进行了系统研究。他把利用性缺陷定义为：当儿童自发使用策略，但由于缺乏经验，没有从任务操作中获益或受益小于同样使用该策略的年长儿童时产生的现象。米勒和赛尔（Miller & Seier，1994）对儿童自发使用策略的记忆研究进行评估，在 59 个研究中有 56 个（95%）研究提供了部分的或清楚的证据，即利用性缺陷广泛存在于各种任务、策略和不同年龄儿童中。

以比约克隆等人（Bjorklund et al.，1997）为代表的研究者在策略训练研究中也发现，至少超过 55% 的研究发现了利用性缺陷。可见，利用性缺陷不仅会在自发策略的获得中产生，而且更容易在策略训练中产生，因此利用性缺陷已成为策略发展中的一个普遍现象。

（二）利用性缺陷产生的机理

利用性缺陷已成为策略发展的重要障碍，因此，探讨其发生的机理，有助于我们有针对性地克服和预防利用性缺陷。

1. 年龄因素

年龄越小的儿童产生利用性缺陷的可能性越大，利用性缺陷在 4~7 岁的年龄组中最为普遍。比约克隆等人（Bjorklund et al.，1997）对三组儿童（7 岁及更小的儿童，8~10 岁儿童，11 岁至更大的儿童）进行分类实验，发现 7 岁及更小的儿童比其他两组儿童更频繁地出现利用性缺陷，年龄差异显著，而两组较年长儿童的利用性缺陷没有显著差异。科伊尔和比约克隆（Coyle & Bjorklund，1996）的研究支持米勒的策略获得四阶段说，策略的有效性随年龄的增长而增长。一种新近被训练的策略，在较年幼的儿童身上发挥的作用较小。这可能是年幼儿童的理解力较弱，或者拥有更少的相应知识，元认知能力贫乏等所导致的。

2. 认知操作的局限

（1）认知资源的有限性。在策略使用初期，个体由于操作不熟练，通常要花费较多的认知资源。有的儿童难以运用或不能正确运用策略是由于其心理资源有限。正如高尔特尼等人（Gaultney et al.，2005）所指出的，策略的利用性缺陷是工作记忆容量不足的副产品，不仅仅儿童常常会产生，成人在完成一项超过其认知资源的任务时，也会产生策略的利用性缺陷。因此，可以说个体认知资源不足是导致策略的利用性缺陷的一个根本性因素。

（2）难以抑制习惯性的优势反应。比约克隆等人提出工作记忆的无效抑制模型，认为儿童神经系统的发展使抑制加工过程的有效性增加，将任务无关的信息排除在工作记忆之外的能力也会增强。米勒和塞尔（Miller & Seier，1994）认为，要产生有效的策略，儿童不但要产生更完善的策略，而且要抑制原有不完善的策略。儿童习惯性的优势反应已自动化，会优先蹦出来。年龄越小的儿童抑制功能越差，因此即使获得了新策略，由于其抑制功能的缺陷，新策略也难以有效运用。

（3）多种策略整合上的困难。解决一个较复杂的问题，往往需要多种策略的综合使用，甚至同一策略重复使用。很多年幼儿童在使用多种策略的问题上，可能不知道选择什么样的策略以及如何对策略进行有效的整合。这可以部分解释后进生在较复杂的问题解决中，策略训练效果差，但在较简单的问题解决中，策略训练效果则较好的现象。因此，缺乏选择与整合能力也会导致策略的利用性缺陷。

3. 使用策略的有关知识不足

（1）缺乏相应的背景知识。儿童虽然获得了策略，但由于知识背景的缺乏，在运用策略的过程中也会产生这样或那样的障碍，一旦遇到障碍，儿童往往归因于策略的无效，而容易放弃策略的使用。刘电芝（2007）在简算策略的研究中就发现，儿童在策略使用过程中，一旦遇到知识障碍就会倒退到不用策略阶段。米勒和塞尔（Miller & Seier，1994）也提出，只有在任务内容是熟悉的情况下，幼

儿和一年级儿童在记忆任务中才会使用合适的策略。对于他们不熟悉的内容，教师则需要提供有关背景知识。

（2）缺乏相应的策略性知识。研究者认为，具有适应性的策略学习者必须具有三类策略性知识：①陈述性策略知识，知道策略是什么；②程序性策略知识，知道怎样使用策略；③条件性策略知识，知道何时使用策略。利用性缺陷的产生往往体现在缺乏相应的条件性策略知识，即误用策略或者策略使用不当。西格勒（Siegler，2005）认为，对问题因果关系的深度理解对于学习可能是非常重要的。儿童如果理解一个特定策略为什么会对完成某一项任务起到积极作用，就会更倾向于选择有效的学习策略，避免尝试错误。相反，如果错误理解因果关系，儿童可能会难以确定什么样的策略对任务的完成是有效的，导致策略的利用性缺陷。

4. 缺乏策略使用的相应情感和信念

（1）主体体验。主体体验是指学习者在学习过程中，对策略有效性、意义及应用的认同、内省与体悟。田良臣和刘电芝（2002b）认为，主体体验不足或缺乏会制约学习策略教学有效性的发挥。儿童如果不能认同策略对解决问题是有效的，就不会自觉主动地使用策略；儿童只有从策略使用中获益，才能认同策略的有效性并且有策略使用的意愿，而这种认同感和意愿又会反过来促进儿童更好地使用策略。

（2）自我效能感。它是指个体在执行某一行为操作之前对自己能够在什么水平上完成该行为所具有的信念、判断。有研究（田良臣，刘电芝，2002b）表明，自我效能感与策略的使用之间有很高的相关。低自我效能感的学生不愿尝试使用新的策略，并且对已习得的策略的使用也缺乏信心。即使拥有良好策略，儿童可能由于缺乏信心而导致策略的无效使用或者不使用。

5. 训练效应

米勒最初强调的是儿童策略发展过程中自发产生的利用性缺陷。近几年来，随着策略训练研究的开展，研究者更多关注儿童是否能够从策略训练中获益，或者是否能有效使用策略的问题。比约克隆等人（Bjorklund et al.，1997）发现，超过半数的儿童，尤其是年幼儿童不能从策略训练中获益。在策略训练中，训练的程序、数量等都是影响利用性缺陷产生的因素。

比约克隆等人（Bjorklund et al.，1997）的研究还发现：如果使用言语指导儿童完成某项任务，儿童在训练后独立进行作业时更少产生利用性缺陷；如果一边向儿童示范策略的使用，一边使用言语讲解策略的原理，儿童则更容易产生利用性缺陷，年纪较小的儿童更加明显。这表明训练元素的数量影响利用性缺陷的产生。当训练元素只有一个时，利用性缺陷出现的可能性较小；当训练元素有多个时，利用性缺陷出现的可能性较大。年龄不是一个使结果混淆的因素，因为无论在哪个年龄段，利用性缺陷的产生在多种条件下都比单一条件下更为普遍。儿童在接受训练的过程中，如果训练元素复杂且数量多，儿童则需要消耗大量的心理资源对策略本身进行加工，因此用于完成任务的认知资源有限而导致利用性缺陷的产生。在年幼儿童身上表现得更为明显，可能是由于年幼儿童本身的心理资源就少，因此年龄与训练条件之间产生了交互作用。

（三）如何避免和防止策略发展中的利用性缺陷

利用性缺陷是影响策略发展的一个重要因素，特别是在策略训练的过程中，能否避免和防止利用性缺陷是策略训练成功的关键。研究者（Welch-Ross & Miller，2000）认为策略的利用性缺陷不是策略训练中必须经历的，也不认为所有儿童在第一次使用一个策略的时候都会产生利用性缺陷，在一些任务上儿童可以直接从策略使用中获益，不产生利用性缺陷。刘电芝等人（2008）的简算策略训练研究也表明，只要教学方法得当，策略得以充分巩固，策略的利用性缺陷就可以避免。

对教师来说，如何才能消除或者避免学生出现策略的利用性缺陷呢？教师可以从以下几方面入手。

1. 帮助学生学会抑制习惯性的优势反应

学生产生策略的利用性缺陷的一个重要原因是没有对习惯性反应进行抑制，使得旧有策略成为优势反应而限制了新策略的提取。因此，一方面，在学生使用新策略初期，教师要有意识地给他们提供一些提示或者线索，帮助他们更快地提

取新策略；或者在布置任务之前，明确要求学生使用新学的策略，让学生有更多的练习和使用新策略的机会。另一方面，教师要对学生的抑制能力进行训练，提高他们的抑制能力。抑制是执行功能的重要组成部分，执行功能是问题解决的高级功能，极大地影响策略使用的有效性。因此，从执行功能的角度来完善学习策略的研究，将是未来研究的新方向。

2. 确保学生的背景知识以及教授条件性知识

在教授策略之前，教师要确保学生拥有使用这种策略的背景知识，以减小策略使用的难度，同时也避免学生由于认知负荷过高而影响问题的解决。如何了解学生是否具有必要的背景知识？教师可以在教授策略之前让学生进行摸底练习或者测验。如果学生缺乏相应的背景知识，教师在教授策略之前，应进行相应知识的补救教学。在教授策略过程中，教师应使学生明白为何和何时使用获得的策略。刘电芝（2006）认为，讲解策略使用的条件与范围能帮助学生缩小策略的搜索范围，有助于学生迅速提取正确的策略。同时，教师还应给学生提供各种新的问题情境，鼓励学生发现可用策略的线索，找到解决问题的规律，以便于学生从真正意义上理解策略使用的条件，以促进策略的迁移。

3. 给学生准备一些属于其最近发展区的任务

最近发展区的任务有利于激发学生对策略的使用，巩固新的学习策略。对于难度较低的任务，学生往往优先使用以前的策略而不尝试新的策略，这样就会使得新的策略得不到练习。韦尔奇（D. Welch）认为，新策略在熟练运用之前，会增加学生的认知负荷。在学生具有高认知负荷情况下，策略虽好，却发挥不了作用，学生也会产生利用性缺陷。为促使学生更多地使用新策略，教师应给予他们有一定挑战性但又在其能力范围之内的任务。当一项策略被熟练使用后，学生的认知负荷会逐步减少，策略使用的有效性也就会随之增加。

4. 重视学生的情感和信念因素

首先，教师应该特别重视学生运用策略成功解决学习问题的积极情感体验，使学生认识和体验到运用策略的价值，从内心里真正认同和接受策略，积极将策略知识转化为策略行为。其次，在策略教学过程中，教师要帮助学生形成良好的自我效能感。自我效能感依赖于有效使用策略的经验和正确的归因。因此，对于自我效能感低的学生，教师要给他们提供正确使用策略的机会并且要对这种积极的经验及时进行强化，让他们感受到自己有能力使用有效策略来解决问题。当他们在策略使用过程中遇到挫折或者不能有效利用策略时，要引导他们进行正确的归因。自我效能感低的学生最大的特点是喜欢将失败归因于自己能力不足，这将影响他们以后使用策略的信心。正确的归因方式对于形成高自我效能感十分重要。学习策略的成功教学不仅能提高学生的学习效率，而且能让学生从中获得身心的愉悦，在此基础上，学生的学习动机将会进一步被激发出来，对策略与策略学习持积极、肯定的态度。必须指出的是，在现实的学习策略教学中，情感因素依旧是一个被忽略的因素，课堂教学中缺少积极情感体验的环节，学生即使获得了策略也难以进一步内化。

5. 注重学生的个体差异

不同的学生在认知资源总量上有差异。有的学生接受知识的速度很快，甚至可以同时进行多种策略的学习，而有的学生学习一种策略则要花费大量的心理资源和时间。对不同个体而言，掌握新策略或者减少策略的利用性缺陷的最佳方法也有差异。有的学生适合通过大量的练习来巩固新的策略；有的学生愿意自己探索新的策略，自己探索的路径对他们来说更容易掌握；还有一些学生，对他们而言，理解策略的原理可能更重要。对于不同的个体，教师要先弄清楚他们的认知能力和学习风格，然后有针对性地采用不同的方法。

利用性缺陷尽管是策略发展中的一种重要障碍，但也有研究（Coyle & Bjorklund，1996）表明，部分产生利用性缺陷的儿童比无策略同伴表现出较好的记忆能力。利用性缺陷并非儿童记忆表现中偶然的错误或变异，而是所有儿童在使用策略时经历的一个策略发展阶段（Miller & Seier，1994；Cassel & Bjorklund，1995），这个阶段对于年幼儿童来讲，则属于策略发展的高级阶段，相对于大多数已能有效使用策略的年长儿童来讲，则是属于策略发展的低级阶段（Bjorklund et al.，1997）。因此，正确地认识策略的利用性缺陷对策略研究者与教学者均有极大的意义。

二、学习策略发展的基本特征

学习策略是如何获得的？这个问题涉及学习策略的生成与掌握。学习策略的生成是指学习者依靠自己的努力发现学习策略。学习策略的掌握是指学习者能熟练运用学习策略。所谓掌握具有两层含义：一是指完全学会并能较为熟练地运用自我生成的新策略，二是指通过他人教授而获得策略并能运用。对该问题的探讨不仅有助于我们深入了解学习策略的发生与发展，而且有助于教师对学生进行学习策略的培养。

（一）学习策略生成的特点

1. 学习策略生成的意识性与无意识性

有关学习策略的生成是有意识的还是无意识的这个问题一直存在争议。埃里克森和西蒙（Ericsson & Simon，1993）认为，可以报告的信息是被留意的信息，因此他们认为策略的发现是有意识的。西格勒和斯特恩（Siegler & Stern，1998）通过 $a+b-b$ 简算策略实验发现，有些儿童不能报告自己使用的简算策略，但解决这类问题的时间少于 4 秒，与报告使用了简算策略的儿童解决问题的速度相同。这表明策略的生成可以是内隐的。

关于策略选用的联结分布和元认知两种机制的研究表明策略加工既存在有意识加工，也存在无意识加工。研究者（Crowley et al.，1997）认为，至少在某些情境下，主体对策略的选用并不像我们通常认为的那样是自上而下的加工，即不是所有的选择都与明确的元认知有关。当儿童面临需要理解的任务、具有丰富的认知资源及需要启用具体的解决相似问题的经验时，元认知机制在选用和发现策略中发挥作用，即学习者在使用策略时是有意识的；当儿童面临的问题由一系列连锁的有关任务、活动和结果组成时，联结分布机制在策略的选用中发挥作用，即学习者在使用策略时是无意识的。通常，元认知机制对显性的、变化的和存在问题的那部分提供认知加工，联结分布机制则对隐性的、快速的和无变化情境的那部分提供认知加工。在元认知控制下获得的策略，一旦经过足够的练习，可以不再由元认知加工支配而自动激活；儿童对于通过重复试误而获得由联结分布机制支配的策略，可进行一种“重复表述”的加工，这样就把先前的隐性策略转变为由元认知控制的显性表征。由此可见，策略的加工可能是有意识的，也可能是无意识的，有意识的可转变为无意识的，无意识的也可转变为有意识的。

我们通过多年的策略研究也发现，策略意识性的发展一般经历了以下过程：无意识→前意识→有意识→无意识（自动化）。策略的发展从无意识层面开始，然后经过前意识层面的应用，即自己不能用言语报告，逐步过渡到元认知控制的有意识层面，即能自我报告使用的策略，随着策略练习的增加和熟练化，再逐步过渡到自动化运用的无意识阶段，即高水平的运用阶段。此阶段的“无意识”与开始阶段的“无意识”有质的差异，处于这一阶段的学习者在需要报告时仍可以回到意识层面，进行报告。这个策略发展历程不能逆转，但不同的个体在起点上有差异。策略意识强的个体，可直接进入意识性阶段，有意识地发现策略；智力较高的个体可以跳过某阶段，如从无意识阶段直接进入意识阶段。西格勒和斯特恩（Siegler & Stern，1998）的 $a+b-b$ 简算策略实验就发现，部分儿童在使用了策略之后就能直接将它报告出来。

2. 策略生成的渐进性和突变性

策略的生成是渐进的还是突变的是学界长期以来关注的重要问题。皮亚杰主义者认为，儿童的认知发展是分阶段的，从一阶段向另一阶段的过渡是突变的，因此儿童在不同阶段使用的策略具有质的区别。

西格勒提出，儿童策略的生成是渐进的，渐进的步骤依次是：（1）接受新策略；（2）应用新策略的频率增加；（3）对于策略的应用日益有效；（4）能选择更恰当的策略。

我们认为，策略生成的渐进性和突变性同时存在，至于何时产生渐变或者突变，取决于个体的策略经验和领悟力，经验越多、领悟力超强的个体产生突变的可能性越大。

（二）学习策略掌握的特征

1. 策略掌握的速度

大多数儿童在学习中总是以中等速度学会规则的，反复次数少则几次，多则二三十次。这个速度似乎就是人类获得新规则或新策略的典型速度。

儿童发现新规则通常只是学习的开始。甚至当同样的问题出现时，他们掌握规则的速度也非常缓慢。例如，在西格勒（Siegler，1995）的研究中，被试在两节课后被给予同样的问题，运用“转换类型”刚能解决数字守恒问题（number-conservation problem）的人中，只有 43% 的人再次使用此转换方法。因此，不要指望所有儿童在获得了策略之后就能立即运用策略。

笔者（刘电芝，2008）在策略的教学过程中，专门增加了儿童对策略的反思环节，包括复述策略的使用步骤，解释策略的使用为什么有效，以及说明策略还可用于其他什么地方。这样有助于儿童回顾整个策略运用的过程，增进对新策略的积极体验，进行策略的迁移。

上述研究告诉我们，学生获得策略并不意味着掌握策略。学生在获得策略后，还要进一步理清策略运用的过程与思路。教师要启发学生琢磨策略的有效性，激发他们对策略的内心认同与积极的情感体验，让他们更快、更好地掌握策略。

2. 策略运用的单一性和多样性

策略运用的单一性指学习者在解决同一问题时往往运用一种策略。策略运用的多样性指学习者在解决同一问题时运用不同的策略或在解决不同问题时运用同一策略。

儿童可以运用多种策略来解决问题，这些策略是同时存在的，获得一种策略并不意味着其他策略不存在（Siegler & Ebrary，1996）。多种策略并存是长期的现象，经验会导致新策略的产生，这是儿童获得高级策略的途径。绝大多数儿童在完成较简单的熟悉任务时，至少运用三种不同的策略，且策略运用的这种多样性有其活跃期。例如，儿童初学一位数加法时，均以数手指的策略解决问题；当对问题完全熟悉时，儿童会采用提取策略即自动化方式，直接从长时记忆中提取答案；在过渡阶段，儿童可能采用数手指、从较大的加数数起、凑整数、提取答案等多种策略。我们的策略教学研究也表明，从解决同一问题的策略的数量来看，通常策略发展要经历下面的路径：无策略→单一策略→多种策略→单一策略。运用多种策略解决同一问题是策略发展从初级阶段向高级阶段过渡的中间环节。策略发展路径中的两个单一策略性质完全不同：前一个单一策略是策略发展的最初阶段，是策略量少的体现；后一个单一策略则是竞争与适应的结果，是最佳策略的脱颖而出，即策略使用高水平的体现。

由此可见，策略运用的多样性为高水平策略的产生提供了可能性。策略运用的多样性是产生高水平单一策略的基础，高水平单一策略是策略运用适应性的结果，可使问题解决更快、更准确。

3. 策略运用的挑战性和惰性

学习者在获得新策略后，即使能够意识到新策略的优点，开始也仅仅是偶然地使用它（Karmiloff-Smith，1979；Graham & Perry，1993）。当儿童面临挑战性问题，且原有策略无济于事，而采用新策略又能解决该问题时，对这些挑战性问题的解决能提高儿童对策略的掌握速度。

我们的研究（秦安兰，刘电芝，2011）表明，儿童在需要使用策略时往往想不起自己已获得的策略。在策略教学实验中，当儿童获得了10以内数的 $a+b-b$ 简算策略后，我们先后呈现10以内与100以内数的算式，发现儿童在解答已有知识背景中的10以内数的算式时，仍然使用原有的非简算计算方法，而在解答超越自己已有知识背景中的大于10的数的算式时，则更多地使用了新获得的 $a+b-b$ 简算策略。这表明儿童在掌握新策略的初期往往有相当大的惰性，仍然习惯于使用原有的旧策略，当任务具有挑战性时，儿童才会迅速使用新策略。可见，放弃旧策略与使用新策略，对于儿童来说同样具有挑战性。

怎样促使儿童尽快运用获得的新策略呢？上述研究启发我们：在儿童获得新策略后，教师不仅需要呈现相关的练习题来巩固儿童获得的新策略，而且需要设计只有运用新策略才能解决的挑战性练习题。这样可以打破儿童思维的原有惯性与惰性，加快儿童使用新策略的速度。

4. 策略选择的竞争性与适应性

儿童拥有多种策略，在解决问题时就会面临策略选择的竞争性问题。策略选择的适应性是指儿童所选择的策略与问题和情境的匹配程度。

策略选择的适应性取决于运用策略解决问题时的有效性和速度，以往策略的加工特征——有效性和速度都储存在“数据库”中，最有效的策略会被优先选择（Yaniv & Meyer，1987）。

对于某个特定任务，学习者或许并不知道运用哪个策略最恰当，但是他们往往会根据适应性原则在他们所知道的策略中进行选择。策略使用的经验，会使得策略的选择更加具有适应性。比如说，从有玩滑梯经验开始，婴儿将会调整他们的下滑策略以应付滑梯的坡度。当坡度不够陡峭时，婴儿会选择快速而且有一定危险性的移动方式（例如，身子直立）；当坡度较陡时，他们则会使用较慢但是比较安全的移动方式（例如，躺在滑梯上，脚先下滑）。随着年龄和玩滑梯经验的增长，婴儿的策略会变得更加契合坡度的要求。学习有多种不同的类型，所取得的进步与特定情境有关，与经验的积累有关。策略选择的适应性提示我们：（1）学习者要明确策略运用的适宜条件，只在适宜的条件下运用策略。（2）学习者要体会策略运用的有效性。学习者如果能体会到运用策略解决问题的速度与正确性，则会倾向于运用策略来解决问题。

第二章　学习策略的选择与发展模型

学习策略的选择与发展是怎样发生的？研究者从不同角度提出了不同的模型。了解这些模型可以帮助我们更好地理解策略选择与发展的机制。

第一节　理　性　观

儿童进行策略选择时，是理性的还是非理性的？是绝对理性的还是相对理性的？一些研究者就此提出了相应的模型。

一、元认知模型

元认知模型是最早发展起来的一种策略选择模型，强调清晰的、可陈述的元认知知识（有关策略、问题及两者之间关系的知识）在策略选择中的决定作用（Kuhn，1984）。该模型展示了元认知知识和元认知经验参与认知加工过程的情况，认为策略选择过程中存在一个决策加工系统，决策加工系统依据元认知知识对策略的选择做出具体的调控。根据元认知模型可知：儿童策略使用的多样性是以丰富的元认知知识为基础的；儿童基于元认知知识对策略做出适应性选择，即选择最合适的策略来解决问题；儿童元认知知识的不断丰富将使儿童的策略使用能力不断增强。

元认知模型初步揭示了儿童的策略选择是依据元认知知识而进行的一种理性选择过程，但过于简单，存在一些缺陷（刘电芝，杨会会，2008）。首先，元认知模型缺少策略选择过程的解释机制，它只对策略选择做了概括性的描述，对策略的具体选择及其变化的过程没有说明。其次，元认知模型过于强调清晰可辨的元认知知识对策略选择的决定作用。研究（Schneider，1985）表明，意识层面的元认知知识与认知活动的相关并没有元认知模型所假设的那样显著。有许多研究者认为元认知应该包括意识和无意识两种成分，它既不是完全可意识的，也不是完全内隐的，而是两者的结合（Koriat，2000；Sun，2000）。一些研究者已证明成功的策略选择在许多情况下并不需要清晰的意识思考和判断，但同时又发现策略选择过程的确是在元认知监测下进行的。他们对此的推论是，不同的任务情境所激活的元认知的意识程度不同，意识和无意识的元认知过程都可能参与了策略选择过程。由此看来，元认知模型的观点有些片面，忽略了无意识成分。

二、适应性决策者模型

佩恩等人（Payne et al.，1993）提出了适应性决策者（adaptive decision maker，ADM）模型，该模型参考了决策理论中的绝对理性假设，将儿童视为绝对理性的，即儿童会按照收益最大化原则选择相应的策略。为了保证收益的最大化，儿童会从三个方面来分析可供选择的策略：（1）每种策略获得的可能性；（2）每种策略可能会产生的相应结果；（3）每种策略结果的相应价值。儿童根据以上三点进行权衡比较，最终确定最佳策略选择方案，以保证策略选择结果的收益最大化。该模型假设儿童会根据某种策略在使用过程中需要自己付出的努力程度，以及使用该策略可能让自己准确完成学习任务的程度进行权衡，即在心理努力和准确性之间权衡，以最小的努力获得最高的准确性，从而最终确定选择哪种策略。

在实际选择过程中，儿童的决策分析过程是沿着当前学习任务所处的情境以及学习任务最终要达成的目标状态来推进的，最终目标是以最小的成本代价——儿童在时间和努力程度上消耗最少，获得最高的收益——能够大幅度提高学习任务完成的准确率，同时加快完成的速度。但是在实际操作过程中，儿童不可能穷尽所有的策略，只能够在了解或熟知的有限学习策略范围中选择相对最佳的策略（殷明，陶玲霞，刘电芝，2018）。

三、思维适应性控制—理性模型

洛维特和安德森（Lovett & Anderson，1996）提出了思维适应性控制—理性模型（adaptive control of thought-rational model，ACT-R model）。该模型强调学习过程中过往成功经验的信息与学习目标在策略选择过程中的融合。该模型认为儿童头脑中具有两种信息：过去使用策略的信息以及当前问题情境中的信息。过去成功解决问题的经验存储在儿童的大脑中，以往使用最为成功的策略最有可能被选择。这里的成功经验信息包括以往使用该策略成功案例的数量以及以往失败案例的数量，但不包括当时成功或失败的具体问题和相应的问题背景。问题情境中的信息描述了当前状态与目标状态之间的差异，儿童采用简单爬山算法（simple hill-climbing）来测算每种解决问题的策略，从中选择最可能缩小两者之间差异的策略。一般而言，儿童如果使用某种特定策略解决某类问题失败后，就会减少该策略在所有类型问题上的使用。

根据该模型，儿童的成功经验对于策略选择非常重要，它在对以往策略进行均衡评估的基础上，预示着采用某种策略成功完成任务的可能性。与适应性决策者模型相比，适应性控制—理性模型更符合人类的认知加工，将人视为理性的，但这种理性是相对的，儿童决策的依据是已有的经验信息，而不是穷尽所有的可能。策略选择的结果可能不是绝对最优，而是在儿童经验范围内的相对最优（殷明，陶玲霞，刘电芝，2018）。

四、认知龛模型

马鲁斯基和斯库勒（Marewski & Schooler，2011）提出了关于策略选择的更为复杂的生态模型——认知龛（cognitive niches）。所谓认知龛指的是策略可以使用的情境，在此情境之下相关的策略才有可能发挥作用，它体现了使用策略的可能性。由于认知系统能同时加工的策略有限，所以儿童并不会从所有可能的策略中进行选择，而是根据情境缩小选择范围来简化选择过程，儿童的策略选择是一个相对理性的过程。

认知龛模型可以用来预测在策略、认知能力以及环境三者的相互作用之下，儿童如何选择某种策略来解决给定的任务。在策略的选择过程中，儿童决策的依据是记忆的可获得性以及对于环境的知识背景。

由于儿童的认知加工能力（如记忆力、时间感知能力等）有限，中央执行系统在同一时间能够处理的策略数量受到工作记忆容量的限制，因此儿童需要缩小可用的策略范围来简化策略选择过程。认知龛模型就是以量化的方式说明在认知系统和环境相互作用下，儿童选择某种策略的可能性。当认知龛中没有与当前问题相匹配的情境，即没有能够解决当前问题的特定策略时，儿童会采用启发式方法来使用策略；当认知龛中存在与当前问题相重合的情境时，儿童会通过权衡执行策略所需的努力程度以及使用策略的速度和准确性，来估计策略的可用性。

第二节　学　习　观

学习观强调儿童会根据策略选择的结果，不断积累经验并不断学习。不同的认知加工会产生不同的策略选择，从而导致不同的结果，这些结果反过来又会影响之后的认知加工，策略选择是不断学习、与自我预期相符的过程。

一、表征—建立—选择—学习模型

表征—建立—选择—学习（represent-construct-choose-learn，RCCL）模型由洛维特和舒恩（Lovett & Schunn，1999）提出。该模型包括以下四个步骤：首先，对所要解决的问题进行内部表征；其次，建立起一套与内部表征相一致的行为策略模式；再次，根据以往成功解决问题的概率从中选择一种最适合解决当前问题的策略，如果成功概率过低，则重新对问题进行新的表征；最后，根据这次问题解决的结果获得该策略新的成功概率。该模型对儿童结合以往的经验以及当前问题表征来进行策略选择进行了解释，同时解释了策略选择的动态性。问题成功解决后获得的新经验将纳入已有经验，进而影响以后的策略选择过程。表征—建立—选择—学习模型流程如图 2-1 所示。

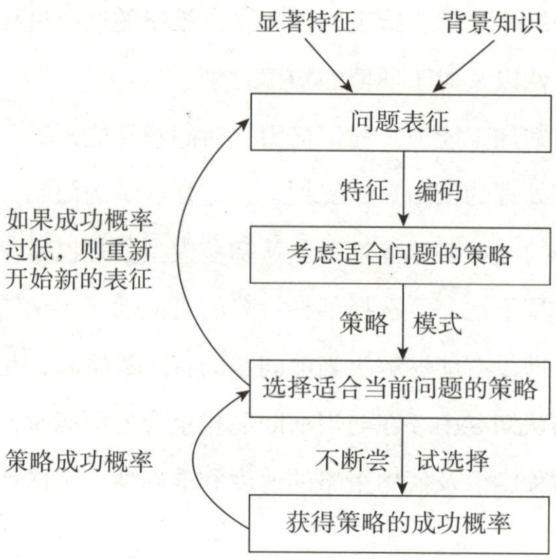

图 2-1　表征—建立—选择—学习模型流程

该模型将策略选择的结果对认知的反作用纳入了理论框架中，强调儿童的经验积累和不断学习。但该模型仅把策略选择的结果视作经验的获得，并没有给予人类主观能动性足够的重视。

二、策略选择学习模型

策略选择学习（strategy selection learning，SSL）模型是在表征—建立—选择—学习模型的基础上发展而来的，该模型认为儿童的策略选择不仅受到经验的影响，并且受到主观能动性的影响（Rieskamp & Otto，2006）。该模型主要强调主观期望在策略选择过程中的重要作用，认为儿童对自己所具备的策略会形成主观期望，会部分根据自己的主观期望来进行策略选择，并且这种期望会随着儿童经验的不断增加而更新。对于儿童来说，使用策略所获得的经验并非直接影响策略选择，而是通过改变对策略的期望进而对策略选择产生影响，成功使用某策略将会增加未来对该策略使用的主观预期。具体来说，根据联结学习理论，如果初始策略使用的有效性较高，儿童就会受到正强化，提升对此策略的期望值，并且继续采用该策略；反之，如果初始策略使用的有效性较低，甚至阻碍了问题的解决，那么儿童会进行调整，采用更加准确、更加快速的策略。

该模型提出了主观期望这个主体变量，这个主体变量在一定程度上和主体的个体特征存在关联。有研究（Luwe et al.，2005；张荣华，刘电芝，2012）发现，即便还有其他更适合当前情境的策略，儿童也会倾向选择某一特殊策略或者始终使用某种策略。因此，该模型认为儿童的选择倾向带有个体特征，儿童具有主观能动性。儿童往往喜欢选择他们认为能够有效解决问题，即符合其主观期望值的策略（殷明，陶玲霞，刘电芝，2018）。

第三节　发　展　观

儿童的策略选择是发展变化的，而不是一成不变的。发展观一方面强调儿童多种策略的发展，另一方面也强调儿童策略选择能力的不断发展。

一、联结分布模型

西格勒和施拉杰（Siegler & Shrager，1998）在联结主义模型的框架内，采用计算机模拟的研究方法，提出策略选择的联结分布模型（distribution of associations model）。该模型展示了在缺少元认知成分参与的情况下如何进行策略选择，即问题与答案之间的联结强度决定选择哪种策略：两者联结强度强，儿童采用提取策略，如直接回忆现存答案；两者联结强度弱，儿童采用支持性策略，如数手指。联结分布模型假设问题与多种可能答案之间存在联结，由于联结强度不一致，于是问题与多种答案之间在联结强度上形成一种联结分布。而某个问题与多种可能答案之间的联结分布即被看作是对问题的表征。

基于联结分布的策略适应性选择过程分为三个阶段：提取阶段、表征精细化阶段和支持性策略的使用阶段。答案可能产生于三个阶段的任何阶段，策略选择过程随答案的产生而终止。提取时有两个重要参数，一个是置性标准，另一个是搜索长度。置信标准是个“门槛值”，指问题和答案的联结强度必须超过这个值，儿童才能直接提取答案。搜索长度是指儿童在停止检索提取前所做努力的最大值。当答案与问题的联结强度超过置信标准时，儿童直接提取答案；反之，儿童不提取该答案，再次提取可能超过置信标准的答案。当提取次数达到搜索长度时，答案仍没产生，儿童则转向策略选择的第二阶段。在提取答案失败后，儿童会对问题的表征进行精细化。表征精细化过程为再次提取答案提供线索支持。例如，在简单加法运算中，儿童可能伸出手指以代表相应的加数。当联结强度超过置信标准时，儿童再一次运用提取策略，如果还是不能提取答案，儿童就进入策略选择的第三阶段。如果对问题的表征精细化仍不能帮助儿童产生答案，儿童就直接采用支持性策略解决问题。例如，儿童可能直接用数手指的方式产生答案。策略选择的联结分布模型流程如图 2–2 所示。

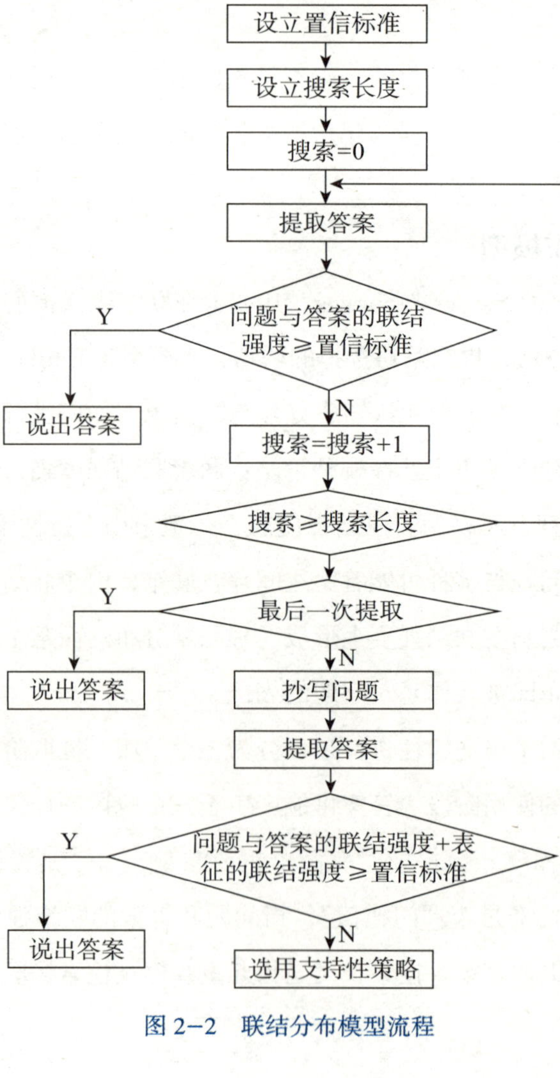

图 2–2　联结分布模型流程

联结分布模型不仅对提取策略与支持性策略之间的适应性选择做了解释，它所具有的联结学习机制还解释了儿童策略选择能力的不断发展。每当儿童使用一种适应性策略得到问题的答案后，该答案与问题的联结强度就会得到加强，问题的联结分布形态随之改变，大脑中有关问题的表征得到修正，基于问题表征的策略选择也相应变化。答案多次产生后，与问题联结的强度得到增强，这又促进了儿童更快更准地运用策略，最终导致儿童策略选择能力的提高。

联结分布模型对策略选择的过程做了具体清晰的描述，成功解释了儿童怎样选择策略及儿童策略选择的发展变化，但联结分布模型仍有一些不足（刘电芝，杨会会，2008）:（1）程序固化。联结分布模型认为策略选择过程有一个固定的程序，总是先考虑提取策略，然后是表征精细化，再考虑支持性策略。但实际上儿童的策略选择过程比该模型描述的要更灵活，每种策略都有可能被优先考虑（Reder & Ritter，1992）。（2）不具体。联结分布模型只对提取策略与支持性策略之间的选择做出了解释，并没有说明策略选择是怎样在各种策略之间进行的。（3）不灵活。联结分布模型没有反映出儿童策略选择中经验的迁移现象。即使是婴儿，他也有把在解决某个问题时的经验运用到另一个问题的解决过程中的能力（Roveecollier，2010），而联结分布模型只解释了儿童针对某一特定问题的策略选择能力的提高。

二、适应性策略选择模型

西格勒和勒迈尔（Siegler & Lemaire，1997）提出的适应性策略选择模型（adaptive strategy choice model，ASCM）是对联结分布模型的发展，在其基础上增加了策略加工特征（策略的速度与准确性）的信息库，从而克服了联结分布模型的诸多理论缺陷。

适应性策略选择模型假设策略选择的过程不仅取决于特定问题的答案，还受策略加工特征的影响，儿童会根据策略的速度和准确性做出具体的策略选择。当强调速度时，儿童采用提取策略；当强调准确性时，儿童采用支持性策略。儿童总是在速度和准确性之间做出有效的权衡。提取策略和支持性策略各有各的优点，提取策略能保证快速获得答案，当儿童不能提取时，支持性策略能保证答案的准确。在策略选择中存在一个问题：在现有策略有效的情况下，是什么促使儿童选择新策略？新策略被赋予新异性的特征，在缺少有关其加工特征的情况下，新策略所具有的新异性特点使其在已有信息库中仍能被采用。随着策略的每一次使用，策略的新异性逐渐下降，但儿童获得了有关新策略加工特征的信息，即新策略运用的速度和准确性，这些信息的增加就有可能进一步提高该策略被使用的可能性，这样新策略就被推广运用到其他问题情境中。适应性策略选择模型的加工流程如图 2–3 所示。

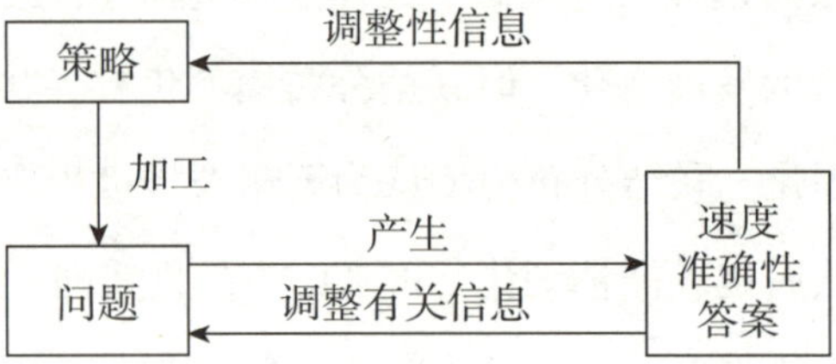

图 2–3　适应性策略选择模型流程

适应性策略选择模型的适应性策略选择机制可以同时解释提取策略与支持性策略，以及各种支持性策略之间的适应性选择。在联结学习机制上，该模型不仅具有对问题表征的修正机制，还具有对策略加工特征的修正机制。产生答案的过程也带来了有关策略加工特征的信息，这些信息不断反馈给信息库，信息库中有关策略加工特征的信息就会不断加以调整，儿童据此进行的策略选择也就更加具有适应性，策略选择的能力也在不断发展。该模型增加了有关策略加工特征的信息，在策略选择的顺序上具有灵活性，策略选择的适应性可以推广到各种支持性策略之间。但该模型的一个不足是它并不能揭示新策略的发现过程与机制（刘电芝，杨会会，2008）。

三、策略选择及发现模型

施拉杰和西格勒（Shrager & Siegler，1998）在联结分布模型和适应性策略选择模型的基础上提出了较为完善的策略选择及发现模型（model of strategy choice and discovery simulation，SCADS）。策略选择及发现模型对适应性策略选择与新策略的发现做出了解释。先前的策略选择模型并未对新策略的产生予以关注，随着研究的深入，一些研究者认为在已有策略中进行适应性选择和发现新策略是两个不同的过程：策略选择的变化是一个渐进的过程，体现策略发展中的量变；新策略的发现是一个突变的过程，体现策略发展中的质变。适应性策略选择与新策略的发现密不可分，没有新策略的发现就没有多种可供选择的策略，策略的适应性选择又为策略发现提供基础（Crowley et al.，1997）。

策略选择及发现模型用联结机制解释策略选择，用元认知机制解释策略发现。该模型联结机制中的速度和准确性这样的策略加工特征决定了儿童将会选择何种策略。该模型用元认知系统来解释策略的发现。元认知系统包括三部分：注意集中、策略发现探索和目标方案过滤器。该模型认为：一方面，注意集中会使儿童将大部分注意资源集中于运用较差的策略上，以保证操作的正确性；另一方面，策略运用得越熟练，儿童投入到该策略上的资源就越少，也就有更多的注意资源投入到新策略的发现中。先前执行策略所积累的经验也使注意资源得到释放，因而激发了策略的发现探索，这就是元认知系统的第二个成分。策略的发现探索根据先前解题的加工痕迹来操作，表现在两个方面：（1）如果发现策略操作中有多余步骤，那么将删除这些步骤；（2）如果一个策略在一个特定的顺序上表现了极高的速度和准确性，那么就得到了常用的策略顺序模式。策略的发现探索会使元认知系统提出多种策略，一些是有效的，一些是无效的。为避免执行无效的策略，元认知系统的第三个成分——目标方案过滤器为新策略的评价提供了标准，只有符合标准的新策略才能被采用。策略选择及发现模型的流程如图 2-4 所示。

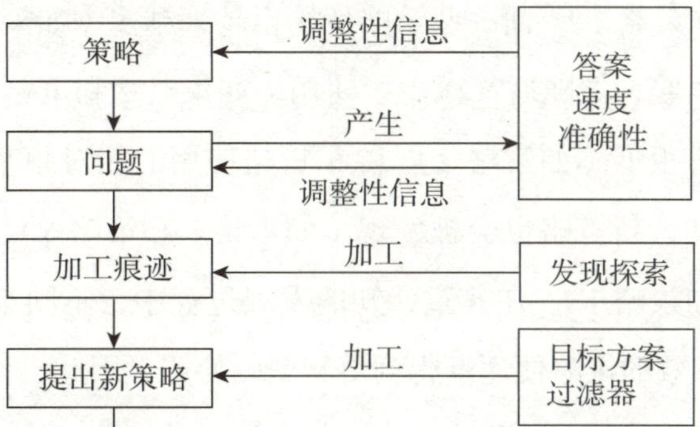

图 2-4　策略选择及发现模型流程

策略选择及发现模型同时描绘了策略选择中的量变与质变过程，更加全面地解释了儿童大脑中复杂的策略选择过程。该模型表明，联结机制和元认知机制都能使策略选择和发现具有适应性，也即儿童在联结和元认知两种机制的相互作用中适应性地选择和发现策略，反映出儿童策略使用能力的发展（刘电芝，2003）。但即使最复杂、最完善的策略选择及发现模型也并不能概括儿童策略选择的全貌，有待解决的理论问题仍然存在，如旧策略与新策略是怎样并行发展的（刘电芝，杨会会，2008）。

四、叠波模型

西格勒提出了叠波模型（overlapping waves model），基于策略的多样性、适应性和变异性来解释策略的发展。先前传统的模型把认知发展比喻为楼梯模式，这种比喻表明儿童在一段很长的时间内以一定的方式思考，他们的思维突然向上发展，以与以前不同的方式解决问题，然后又经历很长时间，如此循环。这种解释忽略了策略使用的多样性、适应性和变异性，低估了儿童的认知能力（王英华，刘电芝，2005）。

西格勒提出的叠波模型把儿童策略运用的发展看作一系列旧策略消失、新策略不断产生的相互重叠的波浪，认为儿童会使用多种而不是一种策略去解决问题，儿童在任何一个时间维度上通常都在同时使用着几种不同的策略。随着年龄和经验的增加，每种策略使用的相对频率在变化，如图 2–5 所示：一些策略使用得越来越少（如策略 1），而一些策略使用得越来越多（如策略 5）；一些策略一开始使用得很频繁，但随后又减少了使用（如策略 2 和策略 4）；还有一些策略使用的频率一直很低（如策略 3）。除了策略使用的相对频率在变化外，随着年龄和经验的增加，新策略也会被发现（如策略 3 和策略 5），同时一些旧策略也会停止使用（如策略 1）。在儿童认知的发展过程中，不同策略之间具有相互竞争的关系，较有效的策略便逐渐得到更频繁的使用。因此，认知发展是策略库不断更新的过程，新的策略并不是简单取代旧策略并且使旧策略就此消失，而是新、旧策略并存，其使用的频率各自产生了不同的变化，并且策略执行的准确性和速度也发生了变化，这一系列的改变最终表现出儿童策略选择的变化和发展。

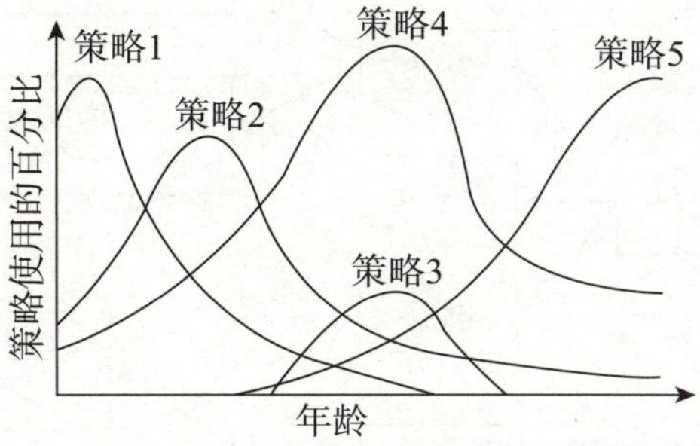

图 2-5　叠波模型示意图

五、学习策略多重加工模型

刘电芝（2003）在自己的研究和前人的研究基础上，提出了学习策略多重加工模型，以系统解释儿童策略的发展与变化。该模型流程如图 2-6 所示。该模型认为儿童的策略加工是一个动态变化的过程，是新策略不断产生、旧策略不断被代替或消失、现有策略不断变化的一个新陈代谢的过程。新策略产生、旧策略消失、现有策略的变化三种加工方式同时并存，从而改变着儿童策略使用的情况（故称为多重加工模型）。同时，这三者也是相互影响的：现有策略的变化情况会影响新策略的获得，现有策略如果向积极方向发展，则促使新策略产生，现有策略如果向消极方向变化，则会阻碍新策略获得；现有策略向高一级策略发展，会促使旧策略消失；新策略的有效获得一方面会促进现有策略的发展，另一方面也会影响旧策略的变化，与旧策略存在种属关系的高一级策略的获得会使旧策略逐渐消失。

现有策略的变化有三种情况：发展、不稳定和倒退。发展有两种趋势：一是向高一级水平的纵向发展，包括向邻近水平发展的渐进式和越级发展的跳跃式；二是横向发展，从只能用单一策略发展到可用多样化的策略解决同一问题，再到策略运用的综合化，即组合多个策略解决问题。策略的不稳定指一会儿运用策略，一会儿不用策略。策略运用的不稳定是策略掌握不熟练向熟练发展的过渡状态。策略的倒退指运用策略时遇到障碍，则倒回到运用新策略前的起始状态。出

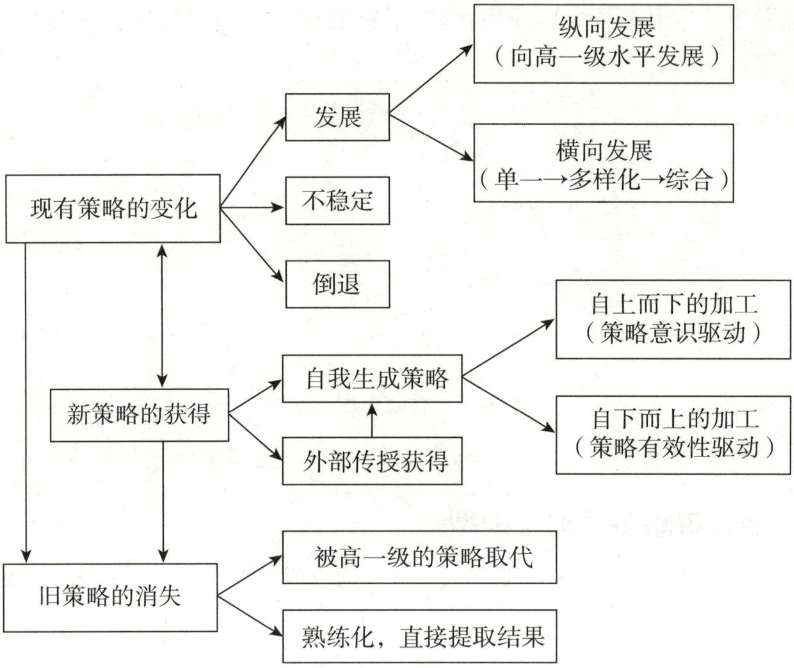

图 2-6　学习策略多重加工模型流程

现策略倒退的儿童一般处于策略运用的初期状态。

新策略的获得包括自我生成和外部传授获得两条途径。自我生成包括两种加工：一种是自上而下的加工，即由强烈的策略意识驱动而获得策略；另一种是自下而上的加工，即偶然运用策略，觉察到有效性，因此重复使用，并且有意识使用。自下而上的加工取决于策略运用的有效性，即运用的速度和正确性的提高。自我生成策略者往往是学习比较优秀者。通过教师、书籍等外部传授获得策略也是一条重要的途径，只要传授方法得当，学生就能在短时间内获得常用策略，并增强策略的意识，形成自我生成策略的能力。学生只有形成了强烈的策略意识，关注策略使用的有效性，才能获得可持续的策略发展能力。无论是自我生成的策略还是外部传授获得的策略，从低级向高级水平发展的动力主要来自策略意识的驱动或策略运用的有效性驱动。

旧策略的消失主要有两种情况：一是被高一级的策略所取代；二是策略的运用因不断重复而高度熟练化、自动化，个体可以直接提取结果解决问题。如儿童初学加法时，可能采取数手指和从最大数加起的最小化策略等，而经过多次练习后，就发展到直接从脑中提取现成结果。

学习策略多重加工模型从现有策略的可能变化、新策略的获得及旧策略的消失三方面解释了策略的发展与变化，为更深入理解学习策略的发展提供了借鉴。

综上所述，学习策略的选择是一个复杂的过程。多年来，研究者从多种角度提出了学习策略选择的模型，以期解释学习策略选择的机制。研究者在不断探索的过程中，对于学习策略选择机制的理解也在不断地发展。学习策略的选择与发展模型可分为理性观、学习观和发展观三大类。理性观强调儿童的策略选择是一个理性的过程，主要模型有元认知模型、适应性决策者模型、思维适应性控制—理性模型和认知龛模型；学习观强调儿童会根据策略选择的结果不断积累经验并不断学习，主要模型有表征—建立—选择—学习模型和策略选择学习模型；发展观则从发展机制上对策略的发展变化进行了解释，强调儿童多种策略的发展以及策略选择能力的发展，主要模型有联结分布模型、适应性策略选择模型、策略选择及发现模型、叠波模型和学习策略多重加工模型。对于不同模型的了解可以帮助我们更好地理解儿童学习策略选择与发展的机制，进而从不同角度促进儿童学习策略的发展。

第三章　影响学习策略的主要因素

影响学习策略的因素包括内部因素和外部因素。外部因素主要集中在教师特征、教学方法、学习环境等方面。内部因素可以分为个体的背景变量及心理变量，背景变量包括前期知识水平、年龄因素、学习方式等，心理变量包括学习动机、期望等。

第一节　影响学习策略的外部变量

比格斯和柯比（Biggs & Kirby，1984）认为，影响学习策略的因素可综合为人格、情境和情感等方面。如果将人格、情感等归纳为学习主体的内部因素，那么还有教师特征、教学方法、外在学习环境等这些因素则是独立于学习主体而存在的。这些因素的存在也能够影响学习主体从而间接影响学习策略的运用，这类因素可以称为外部变量。

一、教师特征

学习策略的掌握与运用，很大程度上依赖于指导学习的教师。一位优秀的教师善于将知识的教学与策略的教学相联系，引导学生在学习知识的过程中掌握学习策略。第一，优秀的教师善于识别重要的学习策略，他们在教学活动中，能清楚地认识哪些学习策略对某一年龄阶段的学生是至关重要的，哪些学习策略对某类材料的学习是不可缺少的，从而能根据学生的年龄特征和任务的需要，行之有效地教给学生适宜的策略。第二，随着理论研究的深入和教学实践经验的总结，学习策略本身也在不断地被创新、被发现，有经验的教师能根据教学所需不断地探讨、寻求新的学习策略，并及时提供给学生，使他们掌握更多的学习策略。第三，优秀的教师能够选择便于学生理解和接受且贴近学生认知和个性特点的教学内容。同时，选择的材料还具有典型性，既能充分说明所训练的学习策略，又能激发学生的学习兴趣。第四，优秀的教师善于将教学内容的“隐含”要求转化为显现要求，将策略明确地、有意识地教给学生。第五，优秀的教师能适时地运用教学的外部要求，提高学生学习和掌握策略的意识水平（刘电芝，王德清，1997）。

二、教学方法

教学方法会影响学生学习策略的掌握与运用。这里的教学方法所针对的不是一般的学科知识，而是学习策略。教师如果能选择恰当的教学方法，则能够将学习策略更为有效地传递给学生，并提高学习策略的使用效率。第一，如果教师能在关键的环节和关键的时候给学生授以必要的策略，学生就能够在问题情境与某些特定的学习策略之间建立有效的联结，避免在诸多策略之间进行不必要的选择。讲解策略使用的条件与范围有助于学生缩小提取策略的搜索范围，缩短盲目尝试的过程，有助于学生迅速提取正确的策略，尤其是中等生受益最大（刘电芝，1989；洪显利等，2003）。第二，教师在策略教学中要采用启发式教学，不包办代替，不采用填鸭式和注入式教学，只在某些关键节点稍加点拨，引发学生思考，从而起到举一反三的作用。例如，教师鼓励学生在新的情境中寻找可使用策略的线索，促进策略的迁移。第三，运用适当的教学方法能够有效展示内隐学习策略的外显思考过程。教师运用适当的教学手段，可以把抽象的内容具体化、形象化，把连续的思考过程步骤化，使学生有实例可仿、有程序可依，便于学生学习与掌握。褚勇杰等人（2011）的研究表明：内隐学习策略经过不断的练习，可以从无意识层面逐渐上升到意识层面，最终成为外显学习策略。第四，教师能够根据学生年龄特征、认知水平以及教学任务，采用多样化的教学方法，提高策略教学的效果（刘电芝，王德清，1997）。刘电芝等人（2013）在对国内初中生物理学习策略掌握情况的一项调查中发现：女生对学习策略的掌握水平随年级升高而降低，初二女生在总问卷及各分问卷上均处于最好水平，然而随着年级升高呈显著下降趋势，男生则无显著变化。这说明，教师需要采用多样化的教学方法，针对不同特征的学生群体进行有效的策略教学与引导，提高学生对学习策略掌握与运用的效果。

三、学习环境

个体所处的学习环境包括家庭环境、班级氛围、同伴接触、学校条件与网络环境等。从目前的研究结果来看，传统的外界物理环境以及人际环境等因素对于学习策略的运用影响并不显著，不能有效提高主体学习的效果（王静琼等，2010）。刘电芝、戴惠和惠晓红（2013）通过问卷调查发现：传统上认为学校是影响学习主体学习策略运用的一个重要外部因素，但是在实际学习过程中其影响力是有限的——中等学校和好学校的学生在各类策略的使用上差异并不显著，即学校环境达到一定水平后，对学生学习策略的影响逐渐减弱，不再起决定性作用。

随着网络的普及与应用，越来越多的虚拟网络环境开始影响学习策略的运用。从具身认知的角度并结合延展认知的观点来分析，身体和环境已经紧密不可分并且成为个体认知的一部分，两者共同承载了大脑中央执行系统一部分的功能。按照研究者（Chemero，2013）的主张，认知应该是一个环境动力系统，而不是心理表征和计算操控，并且人类智能的一部分功能已经从大脑卸载到了身体和环境中。如果说传统的书籍和计算工具所承载的人类智能有限，而且受时空限制的话，那么日益广泛的虚拟网络环境则突破了时间和空间的限制，提升了信息获取的便利性，使人类认知能力得到扩展。一方面，云存储的出现使人类的一部分记忆能力得到了无限扩展，另一方面，云计算的应用又大大拓展了人类的计算分析能力，因此，人类的认知加工能力得到了提升。这种特殊的学习环境在一定程度上改变了学习的主体，从而间接影响了学习策略的运用。但是，学习者在使用网络资源上还是存在着巨大的个体差异。比如，刘电芝等人（2013）在调查初中生物理策略的掌握状况时发现，初中生极少使用网络来获取知识和帮助。

第二节 影响学习策略的背景变量

在影响学习策略的内部因素中，学习者的前期知识水平、年龄因素、学习方式等是相对稳定的因素，也称为背景变量。

一、前期知识水平

学习者的前期知识水平对于学习策略执行的效果有较为明显的影响。面对相同的学习材料，不同的学习者由于具备不同的前期知识水平，因而采用相同的学习策略也会产生不同的结果（Callender & McDaniel，2009）。所以，一个适合前期知识水平高的学习者的学习策略，对前期知识水平低的学习者未必适用，某些时候甚至会阻碍其学习（Kalyuga et al.，2003），反之亦然。因此，学习策略的使用有其特定性，受制于学习者的前期知识水平。

前期知识水平可以分为三类：第一类是前期通识性知识水平；第二类是前期专业性知识水平；第三类是前期策略知识水平。知识的掌握与学习策略的掌握和运用是相辅相成、相互促进的。学习策略的掌握和运用是以对知识的掌握为基础的，即学生的知识越丰富，学习策略的掌握和运用就越容易。因此，从这个意义上来说，前期通识性知识水平越高，对于学习策略的掌握与运用越有着促进作用。例如，语义知识是学习者打开问题大门的关键所在，属于一种通用性知识。比约克隆等人（Bjorklund et al.，2010）比较了典型与非典型项目的材料对组织策略的影响，结果表明，儿童如果对项目及其相互关系的熟悉程度高（语义知识基础较好），就能释放容量，减少心理努力，从而有利于策略记忆。刘电芝（2003）通过对小学生简算策略发展的研究发现，小学生所掌握的运算概念、计算公式以及相关的定律在极大程度上影响他们对简算策略的执行，其贡献率为45.3%。这里的运算概念、计算公式以及相关的定律均属于掌握简算策略的前期专业性知识。个体前期策略知识越丰富，对于策略执行越有效，也就越有助于个体解决当前的问题。如果前期策略知识水平较低，那么策略执行就容易受阻，个体会更多地出现策略的利用性缺陷。斯塔尔等人（Star et al.，2009）研究估算策略的运用，发现策略选择与被试是否了解所要求使用的策略执行程序有关。无相应基础的五、六年级学生使用策略无效转换（即不是转换到最佳策略）的频率比有此基础的学生多。无估算知识基础的学生在进行策略转换时关注哪种策略更简单，而有知识基础的学生在进行策略转换时更多是关注哪种策略得出的估算值与真实值最接近。这表明个体所掌握的策略知识对于策略的转换与执行有较大影响。

二、年龄因素

现有的大量研究证明，人口学变量中的年龄因素影响策略的掌握、生成、选择和应用，是贯穿于学习策略加工全过程的一个重要因素。有学者从学习策略适应性的角度来分析年龄因素的差异，要求年轻和年长的成人在强调不同的速度和准确性条件下解决两位数的乘法问题。结果发现：虽然年轻和年长者有着相似的策略偏好，但是年长者选择的策略适应性差，并且准确性差，花费时间长，特别是面临难度大的问题或采用复杂的策略时更是如此（Lemaire et al.，2004）。

年龄的影响还体现在策略的转换过程中。儿童具备中断使用当前策略转而寻求更好策略的转换能力会随着年龄的增长而提高（Ardiale & Lemaire，2013）。一项实验要求年轻成年组和年长成年组被试共同参与一项项目内策略转换（within-item strategy）的估算任务，策略转换能够帮助被试获得更高的准确率。当比较容易判断出适合当前问题的最佳策略时，被试都很容易实现项目内策略转换，但年长成年被试比年轻成年被试的转换频率低，只要条件合适，年轻成年被试的策略转换更为频繁（Ardiale & Lemaire，2012）。另一项实验（Hodzik & Lemaire，2011）比较了年轻和年长成人在解决两位数加法问题和估计两位数乘法问题时的策略使用情况。实验结果表明，年长者使用的策略数目少，也较少选择最佳策略。这种情况可能是由于频繁的策略转换会增加年长者的工作记忆负荷，因此他们更愿意选择先前使用过的策略。

三、学习方式

对学习方式的研究有助于从总体上认识和把握人类学习活动的特点及发展规律。蔡旻君和张筱兰（2007）采用格拉沙和里希曼（Grasha & Riechmann）于1975年编制的学生学习方式问卷，考察了独立型、依赖型、协作型、竞争型、参与型和回避型的学习方式与学习策略的关系。研究发现，各种学习方式与学习策略都存在一定程度的相关，参与型学习方式与学习策略呈现正相关，回避型学习方式与学习策略普遍呈现负相关。因此，教师要积极倡导并鼓励学生采取参与型学习方式，尽量帮助学生减少或者避免回避型学习方式的出现。

四、前期成功经验

前期成功经验会影响个体对学习策略的选择，前期成功经验包括策略使用的速度、准确性等特征。洛维特和安德森（Lovett & Anderson，1996）认为学习者大脑中贮存着大量过往采取某种策略的成功经验，即个体把采用某种学习策略成功解决问题的前期经验作为匹配某类问题的模板并大量贮存于大脑中，以往使用最为成功的策略往往是个体的首选或者最佳选择。这里的成功经验包括使用该策略成功实例的数量以及以往失败实例的数量，不包括当时成功或失败的具体问题以及相应的问题背景。这种以往策略使用的成功经验，预示着采用某种策略成功完成任务的可能性。策略选择的过程是理性的，但这种理性是相对的，决策的依据是个体已有的经验，而不是穷尽所有的可能。因此策略选择的结果可能不是绝对最优，而是在个体经验范围内的相对最优。

五、策略转换成本

策略使用过程中本身存在的转换成本问题也是影响学习策略的一个重要因

素，这个因素过去常被忽略。所谓策略转换成本，是指策略转换中认知加工时间的增加（Taillan et al.，2015），也就是增加了反应时。正是这种转换成本的存在可能在某种程度上削弱一些被试策略转换的能力和意愿，使得其策略转换频率会更低，从而影响了学习策略的运用。

策略转换成本的存在，一方面受任务本身难度的影响，另一方面取决于任务与策略匹配的程度。勒迈尔和勒卡舍尔（Lemaire & Lecacheur，2010）在探索任务因素如何影响策略转换时发现了一些有意思的现象，在任务的难易上，如果以反应时为考察指标，策略转换成本仅仅出现在被试从较难任务转向较易任务的过程中。这一现象表明，并非只有执行较难任务才会影响策略的转换，很多时候执行简单任务也会引发策略转换成本，也就是说策略转换成本还取决于先前策略的复杂性。从工作记忆的角度来看，由于工作记忆的容量是有限的，在执行了较复杂的策略后，剩余可用的工作记忆资源相对较少，从而减慢了下一策略的执行（Uittenhove & Lemaire，2012）。而工作记忆的容量本身和学习者主体特征相关，存在较大的个体差异。可见，策略转换成本的存在也是影响学习策略运用的重要内部因素。

第三节　影响学习策略的可控心理变量

可控心理变量指在学习策略运用过程中，可以由策略主体根据一定条件进行调节和改变的影响因素。它们对学习的改变、策略的掌握有着极其重要的意义。可控心理变量主要包括学习者的学习动机、期望、自我效能感等。

一、学习动机

学习动机是人类诸多动机中的一种，是指引发并维持个体学习活动的心理能量，能够推动并维持人们自主的学习行为。大量研究表明，学习动机和学习策略之间存在密切的联系，学习动机直接影响着学习策略的生成、选择与应用。奥克斯福德和尼科什（Oxford & Nyikos，1989）的研究指出，学习动机在学习者选择学习策略的过程中扮演着重要角色。对英语学习者的定量研究表明：能力水平相同的学生在面对困难时，具有良好动机水平的学生表现出积极的自我监控和自我策略指导，能产生更有效的学习策略，而动机水平较低的学生较少使用有效的策略。整体而言，学习动机作为一个积极因素能够有效地促进学习策略的生成、掌握与应用。

进一步的研究发现，学习动机本身又和诸多因素相关。例如，学习动机对于学习策略的影响还受自我效能感的影响。此外，学生的学习动机随年级的升高而降低，且女生的学习动机往往高于男孩。因此，在考察学习动机对于学习策略的影响时，必须综合考虑诸多因素的共同作用。

近年来，有研究人员做了一些很有意思的研究，探讨外在环境因素对于学习动机以及学习策略的影响，如牛奶摄入量与学习动机、学习策略、学习效果之间的关系（Kim et al.，2016）。2011 年韩国的调查发现，每天喝牛奶的高中生使用学习策略总量的得分（$p<0.05$）在所有学科中都有显著的提高。当研究对象按照性别划分时，牛奶的摄入频率、拥有和使用学习策略的总数、学习成绩三者在男性高中生中呈显著正相关（$p<0.05$），而在女生中没有发现相关性。在男性高中生中，牛奶和奶制品的摄入量与学习动机和学习策略呈正相关。

黄东有（2016）也发现学习动机对于学习策略的影响不仅仅是单一维度的，一方面学习动机会与其他因素一起对学习策略产生作用，另一方面学习动机本身也会受到包括学习策略在内其他因素的影响进而对学习策略的运用产生进一步影响。成人的学习动机、自我效能感、学习策略两两之间呈显著正相关；学习动机既可以通过自我效能感对学习策略产生正向预测作用，也可以直接正向预测学习策略水平。但是在具体策略的运用上，学习动机对于学习策略的影响还存在一定的差别。例如，具有实用型学习动机的成人倾向于采用实用型学习策略，而具有应付型学习动机的成人倾向于采用应付型学习策略，这表明个体学习动机的性质在一定程度上决定了个体使用的学习策略类型。研究还发现，学生的学习动机对学习策略的影响会随年级的变化而发生变化。在高等师范院校的学生中，伴随年级的升高，学习动机会出现降低的情况，即低年级学生对于学习策略的运用比高年级学生更积极。有关中学生的语文策略研究（黄颀等，2016）也发现，好学校和差学校的学生在学习策略的掌握上表现出随年级变化的V字形曲线，即初二学生对于学习策略的掌握情况显著低于初一学生与初三学生（$p < 0.001$，$p < 0.05$）。

总体而言，学习主体的学习动机对于学习策略的影响较为复杂。一方面，学习动机可以直接对学习策略产生作用，也可以通过某些中介变量对学习策略产生影响；另一方面，学习动机也可能成为中介变量，受其他因素的影响而作用于学习策略。学习策略本身也会对学习动机产生影响。一般来说，学习策略运用水平高的学生，容易取得学习上的成功，从而增强自信心，进而提高自己的学习动机水平。

二、期望

与动机相类似，期望也是影响学习策略的一个重要因素。很多与动机相关的心理学研究都会涉及期望的问题，由此形成了一系列关于期望的理论。根据弗罗姆（Vroom，1964）提出的期望理论，我们可以认为期望对于学习策略的影响是以学习动机为中介的，即对于学习主体来说，期望首先对学习动机产生作用，继而影响学习策略。

从认知负荷的角度而言，主体期望水平的提升能够提高其相关认知负荷，即提高主体对于认知加工的投入程度，其实质是影响主体的动机强度和自我效能感，从而影响主体对于学习策略的运用。策略选择学习模型假设学习者对自己所具备的策略会形成主观期望，在策略选择过程中会部分根据自己的主观期望来进行，并且这种期望会根据个体后继经验的不断增加而更新（Rieskamp & Otto，2006）。

三、自我效能感

自我效能感是指人们对自己实现特定领域行为目标所需能力的判断或者信心、

信念。自我效能感与学习策略的相关研究表明，自我效能感作为一个影响因素对于学习策略的运用有着极其重要的价值。伯杰和卡拉贝尼克（Berger & Karabenick，2011）的研究表明，自我效能感能较好地预测学习策略的运用。自我效能感与学习策略运用的效果存在正相关。自我效能感越高的学生，其自主学习策略运用得更好，并且言语及数学计算的学习效果也更佳（Zimmerman & Martinez-Pons，1990）。学习策略的运用本身就依赖于良好的自我效能感，自我效能感高的学生在遇到困难的时候更倾向于长时间坚持使用有效的学习策略。申克和埃特默尔（Schunk & Ertmer，2000）通过干预性实验发现，良好的自我效能感无论在目标规划阶段，还是在自我监控、自我感知及自我评估阶段，都能对自主学习策略的运用产生影响。

自我效能感对学习策略的选择也存在着一定的影响。诺伦（Nolen，1996）在研究中分析了自我效能感与策略选择和运用的关系，自我效能感高的学生比自我效能感低的学生更多地选择与运用深加工认知策略和自主学习策略。自我效能感与元认知策略、自主学习策略的选择与运用相关（Pintrich & De Groot，1990）。进一步的研究发现：学习策略的选择、运用与自我效能感存在交互作用，一方面自我效能感高的学习主体倾向于选择某些特定的学习策略并且坚持运用，另一方面某些特定学习策略的坚持运用也会影响主体的自我效能感。某项研究（Tavakolizadeh & Ebrahimi-Qavam，2011）将某中学二年级 30 名男生分成实验组和对照组（每组 15 人），通过问卷测量学生的自主学习策略和自我效能感。实验组接受了 18 个阶段的自主学习策略培训，对照组不进行培训。结果显示，相较于对照组，自主学习策略的运用训练提高了实验组的自我效能感，说明学习策略的运用对个体自我效能感产生了积极影响。

国内研究人员周勇和董奇（1994）也得出了相类似的结果，学生的自我效能感与学生的自主学习策略存在非常显著的正相关，即学生自我效能感越高，越容易采取自主学习策略，并且相较于主体动机与期望、前期经验等因素，自我效能感的作用最大。自我效能感对于学习策略的影响在小学生（单志艳，2007）、中学生（胡桂英，许百华，2002）、大学生（赵浩，张灵聪，2018）以及特定学科的学习过程中都得到了验证。如对小学数学学习策略的研究发现，自我效能感和归因对数学学习策略的影响均达到极其显著性水平（刘电芝，2002）。

除了上述因素之外，策略意识和策略情感也是影响学习策略的重要因素，本书第三部分“影响篇”会专门对这两个因素进行探讨，故此处不赘述。

第二部分　诊断篇

中小学生学习策略掌握与运用总体状况如何？不同学科学习策略的掌握与运用有哪些差异？我们通过小学生语文学习策略、英语学习策略、数学学习策略和初中生语文学习策略、英语学习策略、数学学习策略、物理学习策略、化学学习策略掌握现状的调查来回答上述问题，并为教师进行策略教学提供参考。

第四章　小学生学科学习策略掌握现状的诊断与启示

小学是人生学习的启蒙阶段，也是基础阶段，很大程度上决定着后续阶段的学习质量。策略学习应该从小学入学就开始。通过策略学习，小学生不仅能养成巧学的习惯，更能体会到学习的轻松而保持学习的兴趣。这对小学生来说是至关重要的。

第一节　小学生语文学习策略掌握现状的诊断与启示

一、问题提出

古语云："学而不思则罔，思而不学则殆。"学习策略便是学与思的结晶，使我们在学习中可以解罔去殆。因此，要高效率、高质量地学习就需要掌握学习策略。学习策略既是高效学习的标志，也是衡量学生认知能力高低的重要指标。已有研究发现，脱离具体学科知识进行学习策略训练的效果甚微（刘电芝，1989）。因此，有必要关注与具体学科相结合的学科学习策略，特别是在我国当前语文学习效率普遍下滑的现状下，研究如何学好语文成了当务之急。

语文学习策略是指与语文知识相联系，适合语文知识的学习程序、规则、方法、技巧及调控方式（刘电芝，2006）。目前对于语文学习策略的探讨主要集中在理论角度（关文信等，1998），或者局限于语文学习策略的某一个方面，如阅读策略（周国韬，郭忠银，1998）、古诗文诵读策略（彭雪卿，2007），研究对象主要是中学生。有关小学语文学习策略的探讨主要是语文教师结合教学实践所做的一些个人经验总结（单朝阳，2010；刘辉平，2004；张海军，2003；张悦群，1997）。相比于外语学习策略、数学学习策略的研究，语文学习策略的研究十分有限，尤其是小学语文学习策略的研究甚少。

小学阶段是个体语文素养与思维发展的重要阶段，是整个语文学习过程的基础阶段，对语文学习策略的掌握应从小学开始。因此，了解小学生语文学习策略的掌握现状与特征，从而帮助他们掌握高效学习的策略，具有重要现实意义。研究表明，策略教学中，教师调控的方式应随学生策略应用的现有水平不同而不同，"在教学前，需对学生运用策略的情况进行评估，采用恰当的调控方式，才能获得最大的教学效益"（刘电芝，张荣华，2005）。因此，深入了解学生语文学习策略的掌握水平可以帮助语文教师在策略教学中进行有效调控。本研究通过自编的小学语文学习策略诊断问卷来全面考察小学生语文学习策略的掌握现状与特点。

二、研究方法

（一）研究对象

我们在苏州和无锡 9 所小学施测，采取整群抽样，随机抽取班级进行测查。本研究抽取测试的学校考虑了不同层次的学校类型。考虑到三年级以下的被试书面理解能力的有限性，为尽可能地保证问卷调查的质量，我们抽取的对象为四年级以上（包括四年级）的被试。共发放正式问卷 870 份，回收 863 份，问卷回收率为 98.2%。经删除填写不符合要求或者明显胡乱作答的问卷后，有效问卷为 846 份。在有效问卷的填写者中，男生 431 人，女生 388 人，未提供性别信息的 27 人；四年级 331 人，五年级 264 人，六年级 250 人，未提供年级信息的 1 人。为了获得重测信度，从原被试中随机抽取 107 名小学生间隔四周后进行重测，其中男生 51 人，女生 56 人。

（二）研究工具

基于麦基奇等人（McKeachie et al.，1990）将学习策略分为认知策略、元认知策略和资源管理策略的分类，自编小学语文学习策略诊断问卷。

首先，对730份初测问卷进行探索性因素分析，以确定问卷结构及题目。元认知策略累计方差贡献率为54.52%；基本认知策略累计方差贡献率为50.37%，具体认知策略累计方差贡献率为52.02%；社会策略累计方差贡献率为58.96%。其次，为测量专家效度，调查从事小学语文教学的高级教师53人，请他们评价题目的适宜性。保留75%以上的专家认可的题目，形成正式问卷。把学生自评平时语文成绩在班级中的排名和自评学习方法的数量作为效标，考察学生的问卷得分与效标之间的相关。学生的问卷得分与语文成绩在班级中排名的相关为0.51（$p<0.01$），与学习方法数量的相关为0.55（$p<0.01$）。这表明问卷的各类效度较好。

本问卷内部一致性信度（克龙巴赫α系数）与重测信度见表4–1。问卷具有良好的同质性与稳定性。

表4–1　总问卷及各分问卷的信度

	元认知策略分问卷	认知策略分问卷	社会策略分问卷	总问卷
克龙巴赫α系数	0.90	0.92	0.67	0.96
重测信度	0.80	0.81	0.60	0.84

用验证性因素分析考察问卷的结构效度，结果见表4–2。问卷模型的拟合情况良好，符合较理想的测量要求。

表4–2　问卷的验证性因素分析

	χ^2	*df*	χ^2/df	*RMSEA*	*CFI*	*GFI*	*NFI*	*AGFI*
总问卷	1 549.89	588	2.64	0.04	0.93	0.90	0.89	0.87

本问卷用于评定小学生的语文学习策略水平，共36题，包括三个分问卷：元认知策略分问卷、认知策略分问卷和社会策略分问卷。

元认知策略分问卷包含计划策略、监控调节策略和评价反思策略三个维度，共 12 题。计划策略指对整个语文学习的有效安排，该维度共 5 题；监控调节策略指对语文学习困难地方的留意及对学习的调控，该维度共 3 题；评价反思策略指在语文学习中，对学习内容的检查、回顾与反思，该维度共 4 题。

认知策略分问卷包含基本认知策略和具体认知策略两个维度，共 20 题。基本认知策略指小学语文所有内容都要用到的通用策略，如记录重点、向自己提问、巧妙记忆等，该维度共 8 题；具体认知策略指促进小学语文具体内容学习的策略，包含字、词、句，听说，阅读，写作的学习策略，该维度共 12 题。

社会策略分问卷共 4 题。社会策略即寻求支持策略，指自己主动寻求资源以解决问题的策略。

本问卷是一个自陈式的 5 级评定量表，选项分别为“我完全是这样、我一般是这样、我有时候这样、我多数不这样、我完全不这样”，依次记为“5、4、3、2、1”分；得分越高，表示小学生语文学习策略运用水平越高。

（三）测验程序

主试由心理学专业研究生担任。施测前，主试已明确测验目的和指导语。施测时，主试发放问卷，说明指导语并回答被试的疑问，在被试完成后统一回收问卷。测验过程约 12 分钟。

（四）统计方法

所有数据使用 SPSS 18.0 录入和分析。

三、研究结果

（一）小学生语文学习策略掌握的现状

小学生掌握语文学习策略基本情况的描述性统计数据见表 4-3。

表 4-3　小学生语文学习策略掌握的基本情况

	策略总体	元认知策略	认知策略	社会策略
M	3.67	3.69	3.70	3.45
SD	0.81	0.86	0.82	0.93

从表 4–3 可知，元认知策略和认知策略的平均分高于社会策略的平均分。除了社会策略的平均分低于 3.5 分之外，小学生在策略总体、元认知策略、认知策略上的平均分都在 3.5 分至 4 分之间。3 分表示“我有时候这样”，4 分表示“我一般是这样”。根据问卷设计时的构想，策略得分在 3.5 分以下表示策略掌握不够好，策略得分在 3.5 分至 4 分之间表示策略掌握水平中等，策略得分在 4 分以上表示策略掌握良好。因此，除了对社会策略的掌握不够好之外，小学生在策略总体、元认知策略和认知策略的掌握上都处于中等水平。进一步对数据进行统计，策略总体得分低于 3.5 分的人数占总人数的 42.40%，在 3.5 分（包括 3.5 分）至 4 分的人数占 21.90%，在 4 分以上（包括 4 分）的占 35.70%。可见，策略掌握不够好的人数偏多。从标准差来看，认知策略的个别差异最小，社会策略的个别差异最大。分别对社会策略与元认知策略、社会策略与认知策略进行相关样本 t 检验，结果分别为 $t(845)=12.51$，$p<0.001$，$t(845)=14.21$，$p<0.001$，差异非常显著，元认知策略和认知策略的使用明显高于社会策略的使用；对元认知策略和认知策略进行相关样本 t 检验［$t(845)=-1.19$，$p>0.05$］，差异不显著，说明元认知策略和认知策略处于同样的发展水平，两者具有高相关，且相关非常显著（相关系数 $r=0.91$，$p<0.001$）。

（二）小学生语文学习策略的人口学变量分析

我们在进行小学生语文学习策略调查时，同时要求学生回答基本情况：学校、年级、性别、语文成绩在班级中的排名。下面分别考察性别、成绩（即语文成绩在班级中的排名）、年级在小学生语文学习策略掌握上的主效应及交互作用，结果见表 4–4。

表 4–4 表明，年级、性别、成绩的主效应均显著，没有显著的交互作用。从总平方和的数值来看，成绩的影响最大，年级次之。由于性别、年级、成绩的主效应显著，下面进一步对这三个变量进行分析，结果见表 4–5 至表 4–7。

对性别因素进行独立样本 t 检验的结果（见表 4–5）表明，与男生相比，女生对语文学习策略的掌握更好。

表 4-4　小学生语文学习策略的人口学背景的方差分析

差异来源	*SS*	*df*	*MS*	*F*
年级	27.03	2	13.51	32.40***
性别	7.27	1	7.27	17.44***
成绩	99.99	2	50.00	119.89***
年级 × 性别	1.43	2	0.72	1.72
年级 × 成绩	3.65	4	0.91	2.19
性别 × 成绩	0.03	2	0.02	0.04
年级 × 性别 × 成绩	0.26	4	0.07	0.16

注：*，$p < 0.05$；**，$p < 0.01$；***，$p < 0.001$。下同。

表 4-5　不同性别小学生语文学习策略掌握情况（$M \pm SD$）

	男	女	*t*
元认知策略	3.51 ± 0.88	3.87 ± 0.80	−6.22***
认知策略	3.52 ± 0.83	3.89 ± 0.75	−4.60***
社会策略	3.30 ± 0.93	3.60 ± 0.91	−6.79***
策略总体	3.49 ± 0.82	3.85 ± 0.75	−6.58***

对成绩进行单因素方差分析的结果（见表 4-6）表明，不同成绩的学生在语文学习策略上的得分差异极其显著，且在总问卷及各分问卷上都是后进生得分最低，中等生其次，优秀生得分最高。可见，策略水平越高，成绩越好，表明策略水平的高低可反映成绩的高低。

表 4-6　不同成绩学生的语文学习策略的单因素方差分析（$M \pm SD$）

	元认知策略	认知策略	社会策略	策略总体
后进生	2.95 ± 0.81	2.98 ± 0.75	2.75 ± 0.81	2.94 ± 0.74
中等生	3.60 ± 0.74	3.66 ± 0.70	3.38 ± 0.83	3.63 ± 0.69
优秀生	4.00 ± 0.73	4.08 ± 0.68	3.84 ± 0.85	4.06 ± 0.68
F（2，842）	137.45***	149.00***	102.35***	153.12***

对年级各因子的 F 检验结果表明，四年级与五年级、五年级与六年级均在元认知策略、认知策略、社会策略和策略总体上差异非常显著，且五年级各策略得分都显著高于四年级和六年级各策略得分，四年级与六年级在各策略得分和策略总体得分上差异不显著。由表 4-7 可以看出，各个年级元认知策略得分和认知策略得分都高于社会策略得分，五年级除社会策略得分稍低以外，其他策略得分都在 4 分以上，处于良好水平，而四年级和六年级各策略得分则明显偏低，处于中等或者中等以下水平。

表 4-7　不同年级学生掌握策略的基本情况（$M \pm SD$）

	人数	元认知策略	认知策略	社会策略	策略总体
四年级	331	3.58 ± 0.80	3.57 ± 0.78	3.27 ± 0.7	3.54 ± 0.73
五年级	264	4.0 ± 0.92	4.07 ± 0.89	3.91 ± 1.0	4.06 ± 0.89
六年级	250	3.4 ± 0.72	3.49 ± 0.68	3.20 ± 0.8	3.43 ± 0.67
F（2，842）		47.08^{***}	44.11^{***}	54.01^{***}	50.08^{***}

四、讨论

（一）小学生掌握语文学习策略的总体情况

1. 小学生对于语文学习策略的掌握处于中等水平，有待进一步提高

从总体来看，小学生对于语文学习策略的掌握处于中等水平，但策略掌握不够好的人数比较多（占总人数的 42.40%），小学生语文学习策略掌握水平有待进一步提高。出现这一结果可能与以下三个方面的因素有关:（1）与传统课堂教学有关。传统课堂教学一般重知识轻策略，特别是语文学科，较多内容需要记、诵、背，更容易导致教师简单地要求学生反复记、诵、背，忽略了对策略的关注，不注重教给学生一些学习方法与技巧，更不用说对学生的学习方法的改善提出要求。（2）与小学生认知发展特点有关。学生的认知能力随年龄的增长而增长，学习策略的自发掌握与年龄相关（龚少英，2003）。不同年龄学生的学习活动的要求不同，学习特点不同，学生所使用的学习策略也可能是不同的。研

究（Siegler & Chen，1998；Siegler，2005）表明，大多数学生在学习中总是以中等速度学会策略或者规则的，经常要反复几次甚至二三十次才能学会。学生发现新规则通常只是学习的开始，他们掌握策略的速度是非常缓慢的。由于认知发展水平的制约，小学生学习策略总体水平不高。（3）与语文课程特点有关。语文是工具性与人文性统一的学科，关于语文学习学什么的问题，一度存在着“文道之争”，而且语文不像数学那样有明确的答案、确定的步骤，答案是模糊多样的，没有明确的一定之规，因此学习时较难掌握一定之法。语文学习策略较难掌握，是导致小学生语文学习策略掌握水平不高的重要原因。

2. 小学生语文学习策略发展不平衡

本研究表明，小学生语文学习策略发展不平衡，表现为认知策略的发展略高于元认知策略的发展，但没有达到显著性水平，认知策略、元认知策略的发展都显著高于社会策略的发展。这是因为在学习初期，认知策略对学习的作用十分明显（成茂芳等，2007），且认知策略的使用可以很快显示出学习效果，而其他策略的作用是间接的。在小学阶段，学生最常用的是认知策略，这与其他的语言学科（如英语）的研究结果（陈新妹，2004）较为一致。

从本研究可以看出，在小学生语文学习策略中，元认知策略和认知策略同步发展，且有非常显著的相关（$r=0.91$，$p<0.001$），两者同步增长，呈线性关系。这与已有研究结果（刘电芝，黄希庭，2005）相符，具有高元认知水平的人，其认知水平往往也高，元认知和认知是相互影响、相互促进的。小学生社会策略发展偏低，说明小学生不善于借助各种社会资源来学习，如较少向教师请教，缺乏与同学进行合作交流，忽略对工具书的查阅。出现这种结果可能与以下因素有关：（1）与教学目标有关。传统教学注重培养学生的认知能力，忽略发展学生的人际交往能力，如对人际智能活动的设计不够重视，缺少合作型、交互型课堂教学互动，因此学生的社会策略意识不强，社会策略掌握水平也不高。（2）与学习方式有关。虽然我国于2001年7月开始启动的基础教育课程改革积极倡导自主、合作、探究的学习方式，但是这些学习方式常常流于形式，没有真正发挥出优势（李爱华，2008；田彩霞，2009），因此学生缺乏交流合作，从而难以获得寻求社

会支持的能力。（3）与教学环境有关。传统的“师道尊严”势力强大，师生之间不平等，学生害怕教师，害怕课堂，害怕教师提问（吴甸起，2007），学生的“问题意识”没有生长和发展的现实基础，更不用说向他人寻求有效的帮助来解决问题。

（二）不同性别、成绩、年级的小学生语文学习策略的差异

1. 女生对于语文学习策略的掌握明显好于男生

关于性别与学习策略的关系，已有研究主要有两种不同的结果：（1）女生对于学习策略的掌握好于男生（Politzer，1983；Green & Oxford，1995；司继伟，1999）；（2）性别对学习策略无明显影响（莫秀锋，刘电芝，2005；余欣欣，2001）。本研究得出的结果与第一种研究结果相符。王小萍（2000）、林立和曹敏（1999）提出，在英语学习中，女生比男生更频繁地使用学习策略。已有的许多关于女生学习策略水平高于男生的研究大多集中在语言学习领域（曹华清，2003）。从本研究结果可以看出，在学习的初级阶段，女生在语文学习方法应用上表现出优势。这可能与小学阶段女生的认知特点有关。女性情感细腻，想象丰富，擅长形象思维，且女性语言能力的发展比男性要好，而语文这门学科主要是培养学生书面和口头的语言表达能力，因此女性在语文学习策略掌握上也更容易具有明显的优势。此外，女生比较听教师的话，会按照教师的要求做事情（周朝，2011），教师教的学习策略更容易被她们接受并运用。

2. 学习成绩与学习策略的掌握同步发展

本研究表明，不同成绩的学习者之间存在着策略运用的差异，语文成绩优秀的学生在总问卷以及各分问卷的得分上都显著高于中等生和后进生，中等生又显著高于后进生。这一结果与已有的研究结论较为一致（牛卫华，张梅林，1998；Cohen，1998；葛明贵，晋玉，2005）。一般来说，成绩优秀的学生认知发展水平高，进而促进其选择和使用高水平的学习策略，而学习策略的掌握又进一步帮助学生激活已有的学习知识和经验。

3. 小学生语文学习策略随年级的升高呈倒 U 字形发展趋势

关于年级与学习策略的关系，已有研究有三种不同的结果：一是学习策略

随年级的升高而发展（何进军，刘华山，1996）；二是年龄对学习策略无明显影响（辛涛等，1998；余欣欣，2001）；三是学习策略有倒退现象，即低年级学生的学习策略选择与使用水平比高年级学生高（莫秀锋，刘电芝，2005；雷雳等，1997；林立，曹敏，1999）。本研究验证了第一种和第三种研究结果，从四年级到五年级，语文学习策略随年级的升高而发展，而从五年级到六年级，语文学习策略有倒退现象。这可能与两方面因素有关：一是外部环境对学生的影响。在小学学习阶段，随着学生从低年级进入中高年级，其学习内容增多，学习难度也开始增加，中高年级的教师会有意或无意地教给学生一些学习策略，使他们能适应新阶段的学习，因此从四年级到五年级，学生学习策略掌握水平明显升高。但是，学生学习策略的掌握还处于外控阶段，具有不稳定性，于是在五年级到六年级会出现学习策略的倒退现象。二是学生自身的影响。西格勒研究发现，儿童即使已有一些策略，并且这些策略能较好地解决问题，但他们还是会不断发现新的策略。从四年级到五年级，小学生对学习策略的探索热情增长，因此学习策略明显增加。到了六年级，知识学习的难度明显增加，又由于小升初的压力，加之新策略的使用比较耗时耗力（Pintrich & Zusho，2002；Zimmerman，2000），因此学生很难有余力去探索新的学习策略。由于新策略的获得并未随着新知识的获得而同步增长，因此，学习策略的总体掌握水平表现出下降的趋势。

五、小结

（1）小学生语文学习策略总体处于中等水平，有待进一步提高。教师在教学过程中需注重策略的教授。

（2）小学生语文学习策略发展不平衡，表现为认知策略的发展稍高于元认知策略的发展，但没有达到显著性水平，认知策略、元认知策略的发展都显著高于社会策略的发展。教师需要加强社会策略的教学意识，帮助学生学会求助——了解求助的路径并掌握求助的技巧。

（3）小学生语文学习策略的掌握有性别差异，表现为女生明显好于男生。在语文教学过程中，教师应多关注男生的策略学习，让他们通过策略学习来提高学习成绩，进而提升学习兴趣。

（4）小学生的语文学习成绩与语文学习策略的掌握同步发展。学习策略对学习成绩有重要影响，教师应大力加强学习策略的教学意识，并注重学习策略的日常教学。

（5）小学生语文学习策略随年级的升高呈倒U字形发展趋势，从四年级到五年级，语文学习策略随年级的升高而发展，而从五年级到六年级，语文学习策略有倒退现象。

第二节　小学生英语学习策略掌握现状的诊断与启示

一、问题提出

学习策略的掌握是学生高效学习的重要途径。但是，不与专门知识相结合的一般思维训练，只是对日常生活问题的解决有良好的效果，在知识领域却很难促进学生的学习。有针对性的外语学习策略引起了研究者的重视。研究者首先将目光聚焦在外语词汇记忆策略上，对各具体策略的应用与有效性进行了深入探讨（张宏武，张大均，2002）。国内学者则对中国被试英语词汇记忆策略的整体情况进行了研究。如陈桦和张益芳（2001）对中国儿童英语词汇策略使用情况进行了调查，发现儿童使用多种词汇记忆策略，但对较高水平策略的应用仍然缺乏。丁怡（2006）通过对外语词汇善学者与不善学者的对比，发现相对于不善学者，善学者更倾向于使用高水平的有效策略。随后，对英语学习策略的研究逐渐拓展到阅读、写作等各个方面（程静英，1994；Goh，2008）。

综观我国当前的英语学习策略研究，尚缺乏对小学生英语学习策略整体掌握情况的全面把握。此外，我国的学习策略研究大多局限于认知策略和元认知策略，相对忽略了资源管理策略和情感策略（龚少英，2003）。情感因素是一组复杂的心理因素的组合体，学习者在语言学习过程中容易受到个人情感因素的影响。英语作为一门语言学科，社会交流是其最重要的功能。当前对小学英语学习策略的研究大多忽略了情感 / 社会策略，因此对小学生的情感 / 社会策略进行全面的测查与诊断是必要的。

二、研究方法

本研究以小学生为研究对象，采用自编的小学英语学习策略诊断问卷全面调查小学生英语学习策略掌握情况，考察不同性别、年级、学校的小学生英语学习策略掌握情况与水平的差异，以期为小学生的英语学习策略教学提供理论依据，促进小学生的英语学习。

（一）研究对象

本研究采取整群随机抽样的方法，抽取苏南地区 7 所小学的学生。用正式问卷对 701 名小学生施测，回收有效问卷 677 份，问卷有效率为 96.6%。在有效问卷的填写者中，男生 358 人，女生 319 人；四年级 182 人，五年级 275 人，六年级 220 人。随机抽取其中的 100 名学生重测，发放问卷 100 份，回收有效问卷 95 份，其中男生填写的有效问卷 46 份，女生填写的有效问卷 49 份。

（二）研究工具

本研究采用自编的小学英语学习策略诊断问卷对 734 名学生进行初测，问卷的编制基于奥马利和查莫特（O’Malley & Chamot，1990）提出的策略分类理论。经过专家的反复讨论和小学英语骨干教师的两次评定，初测问卷得以确定。本研究对初测结果进行探索性因素分析以确定问卷结构及题目。

相关分析结果显示，问卷各题得分与对应分问卷总分的相关系数为 0.43~0.79（$p<0.01$），问卷各题得分与对应维度总分的相关系数为 0.57~0.76（$p<0.01$）。52 名经验丰富的一线小学英语骨干教师对问卷题目的适宜性进行了评价，60% 以上的教师赞同的题目予以保留，形成正式问卷。以英语成绩为效标，英语成绩与问卷总分的相关系数为 0.58（$p<0.01$）。这表明问卷的各类效度良好。

问卷的内部一致性信度（克龙巴赫 α 系数）与重测信度见表 4-8，问卷具有良好的同质性与稳定性。

表 4–8　总问卷及各分问卷的信度

	元认知策略分问卷	认知策略分问卷	情感 / 社会策略分问卷	总问卷
克龙巴赫 α 系数	0.93	0.89	0.86	0.96
重测信度	0.82	0.82	0.73	0.89

本研究用验证性因素分析考察问卷的结构效度。元认知策略分问卷只有一个维度，不能做验证性因素分析，其余分问卷及总问卷的验证性因素分析结果见表 4–9。问卷模型的拟合情况良好，符合理想测量要求。

表 4–9　问卷的验证性因素分析

	χ^2/df	*GFI*	*NFI*	*IFI*	*CFI*	*RMSEA*
认知策略分问卷	2.38	0.97	0.95	0.97	0.97	0.042
情感 / 社会策略分问卷	2.83	0.97	0.95	0.97	0.97	0.048
总问卷	2.13	0.87	0.86	0.92	0.92	0.044

本问卷用于评定小学生的英语学习策略水平，共 42 个题目，包括三个分问卷：元认知策略分问卷、认知策略分问卷和情感 / 社会策略分问卷。

元认知策略分问卷 14 个题目，一个维度。元认知策略是指学生在英语学习中运用到的计划、监控调节、评价反思策略，如“每次英语测试后，根据成绩情况，我都会调整下阶段的学习计划”“我有自己的课外英语阅读计划”。

认知策略分问卷 15 个题目，包含操练策略、补偿策略和记忆策略三个维度。操练策略是指英语学习的具体方法，如“我总是通过多听、多说、多读来掌握英语知识”“我留心听别人讲英语”；补偿策略是指通过联想等方式进行英语学习，如“当碰见不熟悉的英文单词时，我会根据文章前后内容猜测它们所表达的意思”“在与别人用英语交谈时，如果对方的话不能完全听懂，我会猜测对方所说的内容”；记忆策略是指对英语单词等知识的记忆方法，如“我会尽量用新学的单词组词或造句，以帮助记住这些单词”“我利用单词的读音来记忆单词”。

情感 / 社会策略分问卷 13 个题目，包含积极暗示策略、主动憧憬策略、社会支持策略三个维度。积极暗示策略是指通过自我调节提高兴趣的英语学习策略，如“当别人笑话我英语说得不好时，我总是暗暗鼓励自己不要泄气”；主动憧憬策略是指自我调动学习积极性的策略，如“在英语学习中遇到困难时，我会提醒自己，别人也会遇到困难”“我经常想象学好英语后的喜悦”；社会支持策略是指与他人交互学习与利用网络学习，如“我主动找机会用英语与别人交谈”“我通过 QQ 群交流英语学习中的问题”。

本问卷是一个自陈式的 5 级评定量表，题目选项分别为“我完全是这样、我一般是这样、我有时候这样、我多数不这样、我完全不这样”，依次记为“5、4、3、2、1”分；得分越高，表示学生英语学习策略运用水平越高。

三、研究结果

（一）小学生英语学习策略掌握状况

所调查的小学生英语学习策略得分平均为 3.40 分，情况尚不理想。

由表 4-10 可知，三个分问卷按得分由高至低依次为认知策略分问卷、元认知策略分问卷、情感 / 社会策略分问卷。经单因素方差分析，$F = 49.34$，$p < 0.001$，差异非常显著，事后检验显示认知策略的得分显著高于元认知策略的得分（$p < 0.05$），元认知策略的得分显著高于情感 / 社会策略的得分（$p < 0.001$）。从标准差上看，元认知策略的掌握存在较大的个体差异。

表 4-10 小学生英语学习策略的得分情况

<table>
<tr><th></th><th>策略总体</th><th>元认知策略</th><th colspan="2">认知策略</th><th colspan="2">情感 / 社会策略</th></tr>
<tr><td>M</td><td>3.40</td><td>3.49</td><td colspan="2">3.60</td><td colspan="2">3.18</td></tr>
<tr><td>SD</td><td>0.76</td><td>0.88</td><td colspan="2">0.78</td><td colspan="2">0.77</td></tr>
<tr><td></td><td colspan="3">学科认知策略</td><td colspan="3">情感 / 社会策略</td></tr>
<tr><td></td><td>操练策略</td><td>补偿策略</td><td>记忆策略</td><td>积极暗示策略</td><td>主动憧憬策略</td><td>社会支持策略</td></tr>
<tr><td>M</td><td>3.61</td><td>3.64</td><td>3.57</td><td>3.65</td><td>3.66</td><td>2.63</td></tr>
<tr><td>SD</td><td>0.86</td><td>0.94</td><td>0.86</td><td>0.96</td><td>0.95</td><td>0.89</td></tr>
</table>

在情感/社会策略分问卷中，积极暗示策略和主动憧憬策略的得分分别为3.65分、3.66分，社会支持策略的得分为2.63分，偏低，说明小学生的社会支持策略欠缺。在认知策略中，小学生对补偿策略的掌握最好。

（二）小学生英语学习策略的人口学变量分析

以性别（男、女）、学校（好、中等、差）和年级（四年级、五年级、六年级）作为自变量，以策略总分作为因变量，进行多因素方差分析。结果发现，学校、性别的主效应非常显著（$F=28.17$，$p<0.001$；$F=17.19$；$p<0.001$），好学校的得分显著高于中等学校的得分，中等学校的得分显著高于差学校的得分，女生的得分显著高于男生的得分。学校与年级的交互作用显著（$F=4.00$，$p<0.01$），学校、年级与性别的交互作用显著（$F=2.61$，$p<0.05$）。

进一步对学校、年级与性别的交互作用进行分析，如图4−1、图4−2所示。对于男生来说，如图4−1所示：在好学校，策略得分在四年级起点时远高于其他学校，策略得分虽然略有起伏，但年级间差异不显著（$F=1.75$，$p>0.05$）；在中等学校，策略得分的年级间差异显著（$F=8.64$，$p<0.001$），四年级为2.96分，五年级为3.13分，六年级为3.59分，六年级显著高于四、五年级，四、五

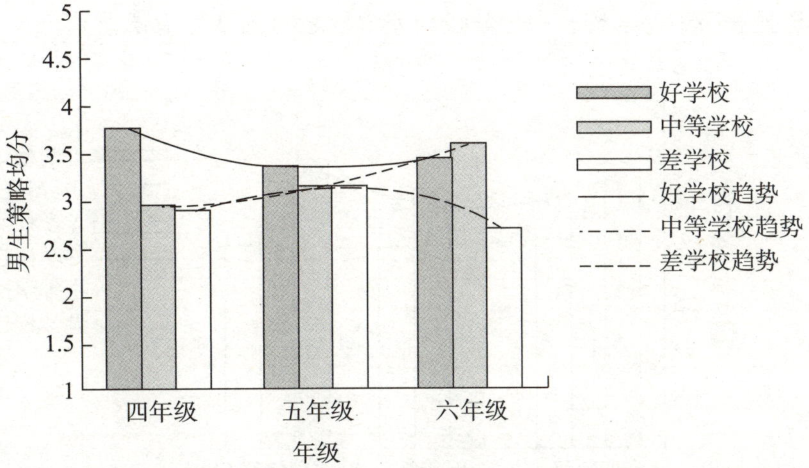

图4−1　男生、年级与学校在策略总分上的交互作用

年级间差异不显著；在较差学校，策略得分虽然有波动，但年级间差异不显著（$F=1.58$，$p>0.05$）。在四年级，策略得分在学校间差异显著（$F=8.17$，$p<0.01$），好学校 3.76 分，中等学校 2.96 分，差学校 2.90 分，好学校显著高于中等学校和差学校，中等学校与差学校之间差异不显著；在五年级，策略得分在学校间差异不显著（$F=1.94$，$p>0.05$）；在六年级，策略得分在学校间差异显著（$F=9.12$，$p<0.001$），好学校 3.46 分，中等学校 3.59 分，差学校 2.75 分，好学校与中等学校显著高于差学校，好学校与中等学校之间差异不显著。

对于女生来说，如图 4–2 所示：在好学校，策略得分在年级上差异显著（$F=4.22$，$p<0.05$），四年级 3.86 分，五年级 3.61 分，六年级 3.94 分，六年级显著高于五年级，四年级与六年级无显著差异。在中等学校与差学校，三个年级的策略得分无显著差异（$F=2.80$，$p>0.05$；$F=0.22$，$p>0.05$）。在四年级，策略得分在学校间差异显著（$F=3.73$，$p<0.05$），好学校 3.86 分，中等学校 3.46 分，差学校 3.23 分，好学校显著高于中等学校与差学校，中等学校与差学校之间差异不显著；在五年级，策略得分在学校间差异显著（$F=7.16$，$p<0.01$），好学校 3.61 分，中等学校 3.76 分，差学校 3.06 分，好学校与中等学校显著高于差学校，好学校与中等学校之间差异不显著；在六年级，策略得分在学校间差异显著（$F=10.05$，$p<0.001$），好学校 3.94 分，中等学校 3.55 分，差学校 3.09 分，好学校显著高于差学校，中等学校与差学校之间无显著差异。

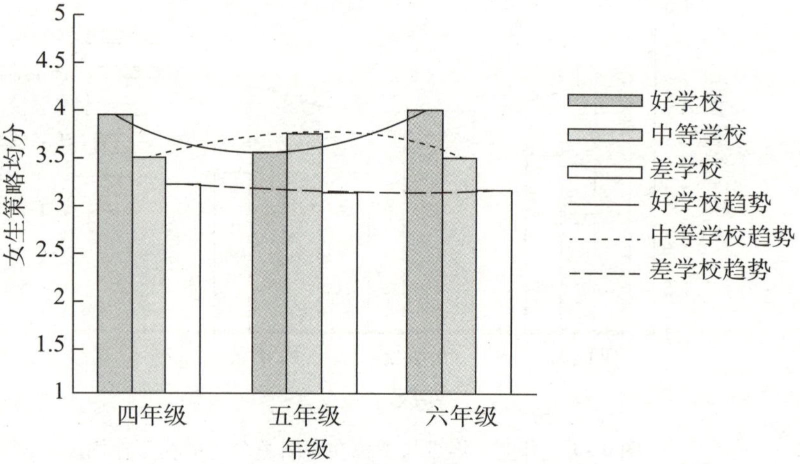

图 4–2　女生、年级与学校在策略总分上的交互作用

以性别为自变量做独立样本 t 检验，结果见表 4-11。结果表明，男女生在策略总问卷和三个分问卷上的得分均具有显著差异，女生好于男生。

表 4-11　男女生在策略总问卷和各分问卷上的差异（$M \pm SD$）

	元认知策略分问卷	认知策略分问卷	情感 / 社会策略分问卷	总问卷
男	3.27 ± 0.88	3.42 ± 0.79	3.00 ± 0.76	3.24 ± 0.76
女	3.74 ± 0.82	3.81 ± 0.70	3.38 ± 0.73	3.65 ± 0.70
t	7.15^{***}	6.74^{***}	6.56^{***}	7.31^{***}

以学校（好、中等和差）为自变量，做单因素方差分析。结果见表 4-12，显示从差学校到好学校，小学生在策略总问卷和各分问卷上的得分均逐渐增加，差异非常显著（$p < 0.001$）。LSD（最小显著性差异）事后检验显示，在策略总问卷及各分问卷上，好学校的得分显著高于中等学校的得分，中等学校的得分显著高于差学校的得分。但在情感 / 社会策略分问卷上，好学校和中等学校的得分均处在较低水平。

表 4-12　不同水平学校的小学生英语学习策略的差异（$M \pm SD$）

	好学校	中等学校	差学校	F
总问卷	3.65 ± 0.72	3.37 ± 0.74	3.01 ± 0.71	26.61^{***}
元认知策略分问卷	3.74 ± 0.82	3.44 ± 0.87	2.93 ± 0.81	35.02^{***}
认知策略分问卷	3.85 ± 0.74	3.50 ± 0.76	3.24 ± 0.72	29.58^{***}
情感 / 社会策略分问卷	3.33 ± 0.74	3.15 ± 0.75	2.84 ± 0.77	15.76^{***}

四、讨论

（一）小学生英语学习策略的掌握现状尚不理想

小学生对于英语学习策略的掌握不够理想，其中的原因可能是：一方面，小学阶段的学生刚开始接触英语，对英语学习策略的掌握处在初始阶段，能自发地掌握策略的学生毕竟是少数；另一方面，我国英语教师忽视对学生进行英语学习策略的教学。失去必要的教学引导，策略的自发成长过程是迟缓且不平衡的（David, 2005）。小学阶段的学生还不能自发地有效运用策略来提高学习效率，如果教师能给予清晰的策略指导，则有助于他们对策略的运用。目前，我国不少英语教师过于关注学生的考试成绩，在教学上急功近利，对策略教学不重视。有些英语教师甚至依然强调死记硬背，认为“英语就是背出来的”，缺乏教会学生策略学习的意识。此外，从 20 世纪 80 年代开始，国内掀起英语学习的热潮，各种英语学习方法层出不穷，其科学性却有待考证，甚至很多英语教师都会产生迷惑，也就难以向学生传授科学有效的英语学习策略。

在英语学习策略中，小学生对认知策略的掌握最好，对情感 / 社会策略的掌握亟须加强。认知策略各维度得分从高至低分别为补偿策略、操练策略、记忆策略。记忆策略得分较低说明小学生记忆英语还不得法，应加强英语记忆策略的培养与训练。陈桦和张益芳（2001）的研究发现，中国儿童在记忆英语单词时，基本不使用元认知策略，较多地依赖认知策略。本次研究结果与之一致。小学生年龄小，并处在英语学习的最初阶段，学习时间短，元认知发展总体来说还不够成熟；同时，在教学活动中，许多英语教师也往往忽略培养学生对学习调控的元认知能力。认知和元认知策略紧密关联，并且元认知策略对绩效的预测力显著强于认知策略。唐炜（2005）提出，二语教学工作者应力图掌握学习者的认知规律，在日常教学互动中以传授和交流认知与元认知策略为主，而摒弃以往灌输知识的“填鸭式”风格，以达到“授之以渔”的目的。小学三到六年级是具体思维过渡到抽象思维的关键时期（林崇德，2009），因此教师更应在此时期重视对学生元认知能力的培养。

本次调查中，情感 / 社会策略的掌握情况最不容乐观，仅为 3.18 分，各维度得分从高至低分别为积极暗示策略、主动憧憬策略、社会支持策略。社会支持策略得分仅为 2.63 分，说明小学生在英语的人际交流、利用社会资源促进学习上严重不足。在此维度上，好学校也处于较低水平。英语学习容易受到个人情感因素的影响，甚至可以说情感因素对语言学习的影响至少和认知因素一样重要。语言作为交流、沟通的工具，必然与特定的情境相关联。如果脱离实际而孤立地学习语言知识，那么最初学习时的语言情境与将来实际应用的情境相差太大，必然导致迁移受阻（姚梅林等，2000）。

情感/社会策略的缺失，可能有以下两个原因：一是缺乏交际的机会。张丽和周小兵（2012）强调，在儿童的二语教学中，人际交往智能活动无法单独完成，需要通过与他人配合。而我国目前的小学英语课堂过分地使用了教授或训练的方法，缺少互动性、交际性的设计，学生既不能快速地学会交际，也缺乏学会交际、互动、寻求社会支持的机会。二是学生长期接受应试教育，学习兴趣缺失，更别提利用情感暗示以提高学习兴趣与动机。积极暗示策略和主动憧憬策略是个体有意识地以积极情感增强学习动力与兴趣的策略。小学生由于年龄、思维与社会经验的限制，难以形成主动的情感导向，因此需要教师及家长的主动引导。

（二）不同学校、性别与年级的小学生英语学习策略的差异

学校是影响小学生英语学习策略掌握的最重要因素。不同学校在英语学习策略总问卷和各分问卷上的得分均有显著差异。学校越好，小学生英语学习策略掌握情况越好。性别因素也是影响小学生英语学习策略掌握的重要因素。在策略总问卷和各分问卷的得分上，女生均好于男生。英语中有大量需要记诵的内容，而女生对此更有耐心与兴趣，因此积累的策略会更多，这也许是女生英语成绩普遍优于男生的重要原因。

除此之外，学校、年级与性别还综合影响小学生对英语学习策略的掌握。

（1）好学校策略得分起点最高，但在发展过程中出现波动。在四年级，好学校的策略得分高于中等学校和差学校的策略得分；从五年级到六年级，好学校和中等学校之间的策略得分已无显著差异。女生的策略得分在五年级出现低谷，男生的策略得分在不同年级间无显著差异。好学校相对于其他学校更重视策略的教学，学生能学到更多的英语学习策略。除此之外，四年级学生刚刚接触英语，这时的策略有明显的外部获得性特点，使学生容易高估自己的策略水平。经过一

年的学习到了五年级以后，一些常用策略开始整合、内化，一些学生对学习到的策略无法坚持使用，或出现策略的利用性缺陷，使好学校在英语学习策略上的优势逐渐消失。因此，好学校要注意策略教学的持续性，并警惕策略的利用性缺陷的出现。好学校的女生，虽然策略处在相对较高的水平，但应警惕在发展过程中出现的瓶颈，坚持策略的运用，才能有持续效果；男生则应加强策略学习，使策略随英语知识增长而增长。

（2）中等学校的策略发展较为迟缓，但策略总体水平随年级升高而提升，发展潜力最大。至五、六年级时，中等学校的策略得分与好学校的策略得分无显著差异。男生的策略得分从五年级到六年级迅速增长，女生的策略得分在不同年级间差异不显著。教师应重视对中等学校五、六年级女生的策略教学，注意培养她们独自发现策略、总结策略的能力，为今后的学习打好基础。

（3）差学校总体上策略水平极不理想，并且策略得分在三个年级之间并无显著变化。在四年级，差学校与中等学校在策略得分上无显著差异，随着年级的升高，差学校的策略得分逐渐与中等学校的策略得分出现差距。这表明学校环境对学生的学习策略有影响。因此，即使在差学校，如果教师有较强的策略意识并在课堂上加强策略教学，则可以培养学生对英语学习策略的意识与兴趣。

五、小结

（1）小学生对英语学习策略的掌握不理想，其中对认知策略的掌握最好，对元认知策略的掌握次之，对情感 / 社会策略的掌握最差。英语具有极强的社会性，重视情感 / 社会策略的培养不仅契合小学阶段儿童的思维特点，而且能够对英语学习提供长期助益。

（2）性别、学校的主效应显著。女生对英语学习策略的掌握优于男生，学生的策略得分与学校教学水平密切相关。

（3）性别、年级与学校三者交互作用显著。好学校策略得分起点高，但有波动，男生年级间无显著差异，女生在五年级出现低谷；中等学校策略发展较滞后，但发展潜力最大，男生五年级开始迅猛增长，女生年级间无显著差异；差学校策略水平不理想，但起点并不低。

第三节　小学生数学学习策略掌握现状的诊断与启示

一、问题提出

当代认知心理学家指出：没有任何教学目标比使学生成为独立的、自主的、高效的学习者更重要（周炎根，桑青松，2006）。自20世纪中叶以来，在学习心理学和教育心理学研究领域，学习策略的研究始终占据重要地位。数学是一门十分强调方法的基础学科，数学学习策略水平的高低不仅直接影响学生学习数学的效率与质量，而且影响他们以后对物理、化学等学科的学习。因此，研究数学学习策略显得尤为重要。数学学习策略是指一切有助于数学学习，包括对概念、公式的理解、记忆、运用及数学问题解决的学科学习策略。研究表明，有效的数学学习策略能够显著提高数学成绩，改善数学学习的态度和情感（Machida & Carlson，1984）。国内外学者对于数学学习策略的研究主要集中于以下三方面：（1）现状调查与特点分析，主要对中小学生（刘电芝，黄希庭，2005；莫秀锋，刘电芝，2007）、高职生（王桂云，沈自飞，2005）数学学习策略的结构、使用特点、影响因素等方面进行多角度探究。（2）有关内在机制的实验研究，以具体策略如算术认知策略（陈英和，王明怡，2009）、简算策略（刘电芝，黄希庭，2007）等为切入点，在微观层面考察学生的策略运用及其认知过程的内在机制（何华等，2008；齐冰等，2009）。（3）策略训练研究，从元认知策略训练（Ozsoy & Ataman，2009；程素萍，1999）、具体认知策略训练（刘电芝，2008）、策略训练方法及其影响因素（方平等，2000）等几个方面展开。研究结果显示，策略训练是有效的和必要的，能提高学生的学习水平和学习兴趣等。

上述研究从不同角度对数学学习策略进行了考察，主要是以问卷的编制与调查为主。问卷的编制不仅是进行调查的基础工作，而且是考察实验效果与训练效果的重要工具，因此问卷的编制在数学学习策略研究中至关重要。本研究基于麦基奇等人（McKeachie et al.，1990）对学习策略的分类，针对数学的学科特点，在刘电芝等人编制的小学数学学习策略量表（刘电芝，黄希庭，2005）的基础上，开发出新的小学数学学习策略诊断问卷，并以此为工具，考察小学生数学学习策略的掌握现状与特点，为小学数学学习策略的教学与训练提供有针对性的依据与评估工具。

二、研究方法

（一）研究对象

采取整群抽样，在苏州、无锡两地随机选择不同层次的 6 所小学。根据当地教育局提供的数据，学校按教学与生源质量分为好学校和一般学校两类。共 788 名学生填写正式问卷，回收有效问卷 721 份，问卷有效率 91%。在有效问卷的填写者中，男生 392 人，女生 328 人；四年级 239 人，五年级 217 人，六年级 265 人。

（二）研究工具

本研究采用麦基奇等人（McKeachie et al.，1990）的策略分类，自编小学数学学习策略诊断问卷，用于评定小学生的数学学习策略水平。

对 751 份初测问卷进行探索性因素分析，以确定问卷结构及题目。元认知策略累计方差贡献率为 50.67%，认知策略累计方差贡献率为 51.13%，寻求支持策略累计方差贡献率为 56.42%。

44 名经验丰富的数学骨干教师对题目的适宜性进行评价，75% 以上的教师赞同的题目予以保留，形成正式问卷。以数学成绩为效标，数学成绩与问卷得分的相关系数为 0.44（$p < 0.01$）。这表明问卷的各类效度良好。

问卷的内部一致性信度（克龙巴赫 α 系数）与重测信度见表 4-13，问卷具有良好的同质性与稳定性。

表 4–13　总问卷及各分问卷的信度

	元认知策略分问卷	认知策略分问卷	寻求支持策略分问卷	总问卷
克龙巴赫 α 系数	0.89	0.94	0.67	0.95
重测信度	0.74	0.72	0.70	0.74

以验证性因素分析考察问卷的结构效度，见表 4–14。问卷模型的拟合情况良好，符合理想的测量要求。

表 4–14　问卷的验证性因素分析

	χ^2/df	*GFI*	*NFI*	*IFI*	*CFI*	*RMSEA*
元认知策略分问卷	2.80	0.97	0.95	0.97	0.97	0.05
认知策略分问卷	4.95	0.90	0.95	0.90	0.90	0.07
寻求支持策略分问卷	2.42	0.99	0.96	0.98	0.98	0.05

本问卷共 40 题，包括三个分问卷。

元认知策略分问卷共 11 题。元认知策略是指学生在数学学习中运用到的计划、监控调节、评价反思的策略，如“我会根据数学内容的难易程度安排合适的复习计划”“知道数学考试成绩后，我常常要反思进步或退步的原因”等。

认知策略分问卷共 22 题，包含基本认知策略（共 6 题）和具体认知策略（共 16 题）两个维度。基本认知策略是指小学数学通用策略，如“上数学课时，我注意听教师强调的内容”“我会安排足够的时间来学习数学”等；具体认知策略是指促进小学数学具体内容学习的策略，如“学习数学公式，我会先理解公式文字的含义，再去记忆具体公式”“解决复杂的几何题时，我总试着将图形进行某些移动和变化之后来解答”等。

寻求支持策略分问卷共 7 题，包含他助策略（共 4 题）和自助策略（共 3 题）两个维度。他助策略指学生在数学学习中向老师、同学等寻求帮助的策略，如“我经常和同学互相推荐或者交换学习资料”“在数学学习中，碰到实在不懂的地方，我会向他人请教”等；自助策略则指学生在数学学习中通过自身努力而达成目标的策略，如“遇到不会的学习问题，我会上网搜索”等。

本问卷采用5级评定，每个题目的选项为“我完全不这样、我多数不这样、我有时候这样、我多数是这样、我完全是这样”，分别记为“1、2、3、4、5”分。分数越高，则表示数学学习策略运用水平越高。

（三）研究过程与统计分析

为保证书面调查质量，调查对象为6所小学的四年级、五年级、六年级学生。采取纸笔测试的方式随机整班施测，完成问卷需10~15分钟。数据用SPSS 18.0进行统计分析。

三、研究结果

（一）小学生数学学习策略使用的总体状况

小学生数学学习策略使用的基本状况见表4–15。小学生的数学学习策略总体均分为3.45分，其中元认知策略3.65分，认知策略3.57分，寻求支持策略2.77分。寻求支持策略中的自助策略得分最低。

表4–15　小学生数学学习策略使用的基本状况

	策略总体	元认知策略	认知策略	寻求支持策略
M	3.45	3.65	3.57	2.77
SD	0.67	0.75	0.73	0.70
	认知策略		寻求支持策略	
	基本认知策略	具体认知策略	他助策略	自助策略
M	3.46	3.61	3.11	2.33
SD	0.78	0.75	0.79	0.92

进一步的相关样本t检验得出，元认知策略得分显著高于认知策略得分（$t=5.50$，$p<0.001$），显著高于寻求支持策略得分（$t=35.47$，$p<0.001$），认知策略得分显著高于寻求支持策略得分（$t=33.50$，$p<0.001$），具体认知策略得分

显著高于基本认知策略得分（$t=8.880$，$p<0.001$），他助策略得分显著高于自助策略得分（$t=21.56$，$p<0.001$）。

（二）小学生数学学习策略的人口学变量分析

1. 小学生数学学习策略的人口学变量差异检验

根据当地教育局提供的数据，学校按教学与生源质量分为好学校和一般学校两类。下面分别对学校、年级、性别三因素进行多因素方差分析，结果见表4–16，表明学校、性别的主效应显著，学校与年级的交互作用显著。

表 4–16　小学生数学学习策略的多因素方差分析

差异来源	*SS*	*df*	*MS*	*F*	*Sig.*
学校	16.02	1	16.02	40.84***	0.000
年级	0.49	2	0.25	0.63	0.536
性别	7.38	2	3.69	9.40***	0.000
学校 × 年级	16.80	2	8.40	21.42***	0.000
学校 × 性别	0.58	1	0.58	1.467	0.226
年级 × 性别	0.15	2	0.076	0.19	0.826
学校 × 年级 × 性别	0.28	2	0.14	0.35	0.702

对学校与年级的交互作用进行分析，结果如图4–3所示，表明好学校的策略起点高，而一般学校的策略起点偏低。无论是好学校还是一般学校，策略的发展不是随年级的升高而增长，都是跌宕起伏的，只是两者的发展趋势不同，好学校呈倒V字形，差学校呈V字形，两类学校的策略水平最后持平。

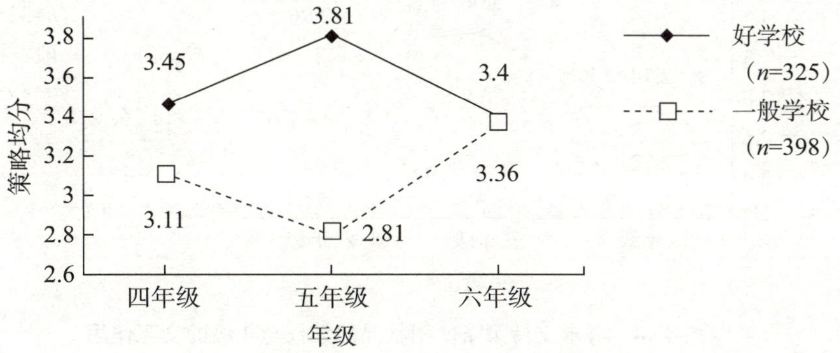

图 4–3　策略使用状况的学校与年级的交互作用

2. 不同性别小学生数学学习策略的差异检验

为进一步探讨差异来源，将主效应显著的性别因素进行独立样本 t 检验，结果见表 4–17。女生的各类策略水平显著高于男生。

表 4–17　性别因素在各类策略得分上的差异分析（$M \pm SD$）

	元认知策略	认知策略	寻求支持策略	策略总体
男	3.54 ± 0.76	3.50 ± 0.72	2.67 ± 0.71	3.37 ± 0.66
女	3.78 ± 0.72	3.66 ± 0.74	2.90 ± 0.68	3.56 ± 0.67
t	0.200^{***}	0.746^{**}	1.406^{***}	0.166^{***}

3. 小学生寻求支持策略的差异检验

为探求寻求支持策略得分较低的原因，进一步对寻求支持策略中的他助策略和自助策略的得分进行独立样本 t 检验。结果表明，好学校的他助策略得分（好学校 3.31 分，一般学校 2.94 分）、自助策略得分（好学校 2.48 分，一般学校 2.22 分）均显著高于一般学校（$p < 0.001$）。

首先，对寻求支持策略进行性别、学校、年级三因素方差分析。结果表明：性别、学校的主效应极其显著（$p < 0.001$），学校与年级的交互作用极其显著（$p < 0.001$）。从总平方和的贡献来看，学校的影响最大，其次是性别。对学校与年级的交互作用进行分析，结果如图 4–4 所示。在四年级，好学校的得分和一般学校的得分无显著差异；在五年级，好学校的得分明显高于一般学校的得分。

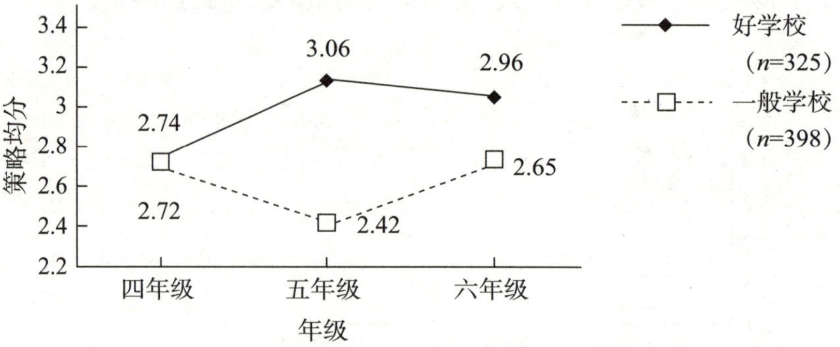

图 4–4　寻求支持策略使用状况的学校与年级的交互作用

其次，对他助策略进行性别、学校、年级三因素方差分析。结果表明，性别、学校的主效应极其显著（$p<0.001$），学校与年级的交互作用极其显著（$p<0.001$），如图 4–5 所示。

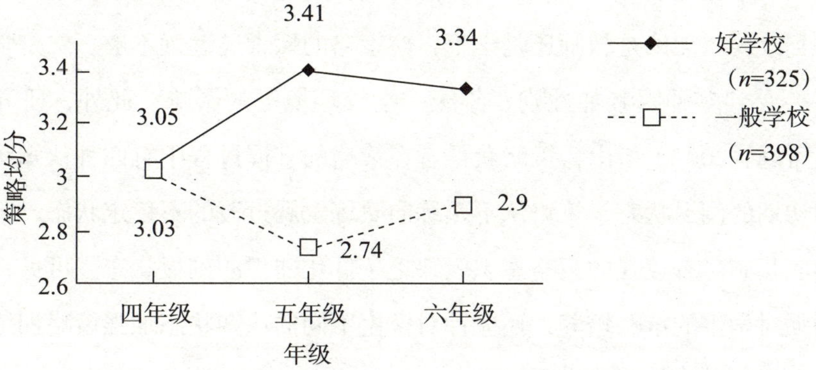

图 4–5　他助策略使用状况的学校与年级的交互作用

最后，对得分最低的自助策略进行性别、学校、年级三因素方差分析。结果表明，性别、学校的主效应显著（$p<0.01$），学校与年级的交互作用显著（$p<0.05$），如图 4–6 所示。

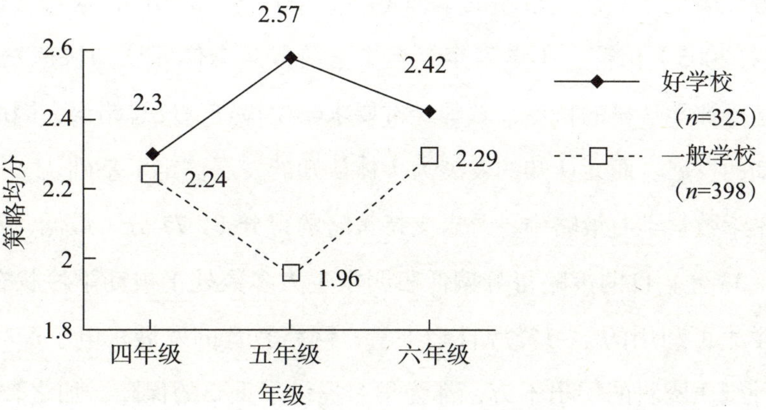

图 4–6　自助策略使用状况的学校与年级的交互作用

四、讨论

（一）小学生数学学习策略的使用现状与特点

小学生数学学习策略总体状况不够理想。究其原因，有两点：一是虽然基础教育课程改革已经取得了显著成绩，但我国长期重知识的教育习惯还难以在短时间内得到改善，无论是教师还是学生，对策略的探索还远远不够。二是学生的策略水平会受到多种因素如性别、年级、学校环境等的影响。此外，研究（刘电芝，黄希庭，2007）指出，策略获得者在策略的掌握过程中有四种认知状态：策略运用初期的倒退状态、策略从不熟练向熟练发展过渡的不稳定状态、策略运用的不彻底状态、有较强的策略意识但缺乏条件化知识的刻板状态。可见，教师不仅要加强对学生的策略培养，还应针对学生不同的认知状态加强策略训练，才能从根本上提高学生的策略水平。

在小学数学学习策略中，元认知策略得分最高，处于中等水平。元认知作为认知的认知，在数学学习中起着非常关键的作用。梅多斯（Meadows，1996）指出，在整个在校学习期间，个体会通过获取越来越多的陈述性知识、程序性知识而表现出思维的变化，表现出对知识评估能力的提高，表现出对认知和社会领域更广泛的熟悉性，表现出元认知的不断发展。本研究表明，小学生对元认知策略的掌握显著优于对认知策略的掌握（$t=5.500$，$p<0.001$），这与已有研究结果（刘电芝，2005）相符。小学高年级至中学阶段是个体元认知快速发展的时期，特别是鉴于数学学科的特点，教师经常要求学生检查、反思错误，因而促进了学生元认知的发展。而元认知的发展为个体认知的发展奠定了基础。

在小学数学学习策略中，寻求支持策略的得分（2.77 分）最低，其中自助策略只有 2.33 分。自助策略得分偏低表明学生大多数处于被动学习状态。当今社会，小学生可利用的学习资源日趋丰富，网络教育的发展、电子产品的日益更新、各种纸质资料的层出不穷，都为学习提供了重要的保障，加之教师的帮助、家长的关心，当下的小学生并不缺乏学习资源。但由于应试教育，学生惯于接受，逐渐形成依赖感，缺乏主动学习的习惯；由于应试教育的功利性特点，大多数学生具有浅层学习动机，缺乏对知识的探究兴趣；另外，面对众多的资源，学生缺乏选择能力且又没有得到适当的引导。因此，学生的自助策略未得到良好的发展。威诺格拉德和帕里斯（Winograd & Paris，1989）认为，策略教学的宗旨是有助于学生自主学习，有助于学生积极选择策略进行有效的学习，使学生在学习过程中始终充满学习的选择性和思想性。因此，针对数学学科的特点，培养学生的自主学习能力尤为重要，自主学习能力不仅能提高学生的自助策略水平，还能给学生带来愉快体验。

（二）不同学校、年级、性别的小学生数学学习策略的差异

数学学习策略使用中的性别差异明显，女生比男生运用更多的策略（$p<0.01$）。这与已有研究结果（司继伟，1999；颜小娜，2011）相符。

研究结果表明，好学校各项得分均高于一般学校，学校与年级的交互作用对策略总体、元认知策略、认知策略、寻求支持策略的影响很大。好学校的策略起点高（四年级 3.45 分），并在五年级达到最高，呈现倒 V 字形趋势；而一般学校的策略起点偏低（四年级 3.11 分），发展相对滞后，发展到六年级才与好学校持平（好学校 3.40 分，一般学校 3.36 分）。这些结果提示，学校的教学质量对学生策略掌握与运用的影响颇大。

小学生的可塑性是极强的。已有研究表明：在教学过程中，让学生主动参与数学的研究、探索、发明、发现，促进学生数学知识与认知结构的自然生长，有助于学生数学学业成绩的提高（鲍红梅，喻平，2006）。若一般学校能更加注重良好学习氛围的营造，鼓励学生探究创新，激发他们的求知欲望，提高他们的数学学习兴趣，增强他们对数学学习策略掌握与使用的自主意识，完全可以迎头赶上好学校，为学生今后的学业发展奠定良好的基础。

五、小结

（1）小学生数学学习策略的掌握水平不够理想，策略掌握水平从高到低依次为元认知策略、认知策略与寻求支持策略，寻求支持策略中的自助策略的掌握水平最低。

（2）不同性别、学校的小学生数学学习策略的掌握差异显著。女生的策略

掌握水平显著高于男生；学校教学水平越高，则学生的策略掌握水平越高。

（3）学校与年级的交互作用是影响小学生数学学习策略的重要因素。随着年级的升高，好学校学生数学学习策略的发展呈倒 V 字形，一般学校学生数学学习策略的发展呈 V 字形。

第五章　初中生学科学习策略掌握现状的诊断与启示

进入初中后，随着学习科目和学习内容的增多，学生的学习负担与压力越来越重。少慢差费的学习，导致学生苦不堪言，更严重的是使学生丧失了学习的兴趣。学生如果掌握了学习策略，则可以减轻学习压力，更多地体会到学习的快乐。

第一节　初中生语文学习策略掌握现状的诊断与启示

一、问题提出

学习策略是学生是否会学习的标志，也是衡量学生学习能力的重要指标。对学习策略的研究一开始是针对通用学习策略，随后是针对学科学习策略，学科学习策略对学业成就有着更为直接的影响。学科学习策略的研究主要涉及语文、数学、英语等学科。曹华清（2003）发现，策略意识、自我效能感、深层动机等是初中生语文学习策略的主要影响因素；莫秀锋和刘电芝（2005）发现，初中生的数学学习策略能显著预测其数学成绩；洪显利等人（2003）探讨了中学生英语学习策略的掌握与发展状况。

语文是培养学生文化素养不可或缺的科目。初中生语文学习能力和语文学习水平不仅直接关系到他们的课业成绩，更关系到他们的文化素养和今后成长的方向。国外关于母语学习策略的研究已有五十多年的历史，这为我们的研究提供了科学的理论依据。

我国的语文学习策略研究起步较晚。一些研究着重理论层面的探讨，如关文信等人（1998）从理论的角度分析了学习策略与小学生语文能力培养之间的关系。一些研究从具体的策略方面进行了探讨，如曹华清和刘电芝（2004）搭建了语文学习策略体系的框架，并对阅读策略、写作策略等进行了考察。一些研究对阅读、写作和口语交际等方面的策略使用及教学状况进行了探讨，如：陈玲（2004）从写作角度探讨初中生作文策略性知识的教学问题；田良臣和刘电芝（2002a）通过言语活动中的表象思维训练，探讨如何提高小学低段儿童的字词学习水平和说话能力；刘电芝和孙泽军（2004）通过实验证明，说明文形式图式阅读策略训练有助于初中生阅读理解水平的提高；彭杜宏和刘电芝（2004）提出了中学生口语交际的具体策略与教学要求；彭雪卿（2007）“从集中指导，分散训练；讲究方法，创新课堂教学”等方面集中探讨了古诗文诵读策略的教与学。总的来说，已有的语文学习策略研究还存在诸多不足，主要体现在：（1）大多数研究侧重从教学方面而非从学生的学习角度探讨策略的掌握状况；（2）研究多为教育理论与实践层面的探讨，缺乏心理学的实证依据；（3）大多数研究只局限于语文学习策略的某一个方面，如阅读策略、写作策略、口语交际策略等，系统全面的语文学习策略研究缺乏。

本研究以自编的初中语文学习策略诊断问卷为测试工具，全面调查初中生语文学习策略掌握的现状和特征，为语文教育教学改革与质量提升提供依据。

二、研究方法

（一）研究对象

本研究采取整群随机抽样的方法，对苏南地区5所中学的学生进行调查。用正式问卷对900名初中生施测，回收有效问卷887份，问卷有效率为98.6%。在有效问卷的填写者中，男生449人，女生429人，性别信息缺失的9人；初一344人，初二270人，初三272人，年级信息缺失的1人。从原被试中随机抽取92人进行重测，其中男生54人，女生38人。

（二）研究工具

研究工具是基于麦基奇等人（McKeachie et al.，1990）提出的策略分类理论而自编的初中语文学习策略诊断问卷。对682名初中生进行初测，对初测得到的数据进行探索性因素分析，以确定问卷的结构和题目。本问卷分为四个分问卷，元认知策略的累计方差贡献率为53.09%，基本认知策略的累计方差贡献率为51.60%，具体认知策略的累计方差贡献率为50.79%，社会策略的累计方差贡献率为54.97%。

问卷的内部一致性信度（克龙巴赫 α 系数）和重测信度见表5–1。问卷具有良好的同质性与稳定性。

表5–1　总问卷及各分问卷的信度

	元认知策略分问卷	基本认知策略分问卷	具体认知策略分问卷	社会策略分问卷	总问卷
克龙巴赫 α 系数	0.87	0.77	0.85	0.71	0.95
重测信度	0.67	0.69	0.69	0.46	0.79

44名经验丰富的一线语文骨干教师对问卷题目的适宜性进行评价，75%以上的教师赞同的题目予以保留，形成正式问卷。以学生的语文成绩为效标，语文成绩与问卷得分的相关系数为0.39（$p<0.01$）。这表明问卷的各类效度较好。

用验证性因素分析考察问卷的结构效度，结果见表5–2。除认知策略分问卷（由基本认知策略分问卷和具体认知策略分问卷合并而成）外，模型的拟合情况良好，符合理想的测量要求。

表5–2　问卷的验证性因素分析

	χ^2/df	*RMSEA*	*CFI*	*GFI*	*NFI*	*AGFI*
元认知策略分问卷	3.76	0.060	0.95	0.96	0.93	0.94
社会策略分问卷	4.68	0.069	0.96	0.99	0.95	0.96
总问卷	3.12	0.052	0.89	0.89	0.85	0.87

本问卷共 32 个题目，由元认知策略分问卷（12 题）、基本认知策略分问卷（6 题）、具体认知策略分问卷（8 题）、社会策略分问卷（6 题）组成。

元认知策略是指学习者在学习过程中的计划、监控、调整、评价和反思的策略，包括反思调控策略（如“知道语文考试成绩后，我会反思进步或退步的原因”）和计划调控策略（如“每次语文测试后，我都会根据成绩情况调整下一个阶段的学习计划”）。

基本认知策略是那些能够直接促进语文学习材料信息加工的通用策略，如“复习语文时，我经常自己进行归纳、总结”。

具体认知策略是那些能够直接促进语文具体和特定材料信息加工的策略，如“我常常通过上下文来理解词或句子的深层含义”。

社会策略是指学生在学习过程中对教师、同学、书籍、网络等有效资源利用的策略，包括他人支持策略（如“在语文学习中，碰到弄不懂的地方，我会向他人请教”）和网络支持策略（如“遇到不会的语文学习问题，我经常上网搜索”）。

本问卷采用 5 级评定，题目选项依次为“我完全是这样、我多数是这样、我有时候这样、我多数不这样、我完全不这样”，分别记为“5、4、3、2、1”分。得分越高，表示策略的掌握越好。

（三）数据分析

所有数据采用 SPSS 16.0 和 Amos 7.0 进行分析和处理。

三、研究结果

（一）初中生语文学习策略掌握的基本情况

初中生语文学习策略的平均分为 3.21 分（见表 5–3），策略的总体掌握水平偏低。对元认知策略、认知策略和社会策略的得分进行配对样本 t 检验，结果表明，初中生对认知策略的掌握显著好于对元认知策略的掌握，对元认知策略的掌握又显著好于对社会策略的掌握。

表 5-3　初中生语文学习策略掌握的基本状况

	策略总体	元认知策略	认知策略	社会策略
M	3.21	3.24	3.32	2.90
SD	0.59	0.65	0.64	0.69

	元认知策略		认知策略		社会策略	
	计划调控策略	反思调控策略	基本认知策略	具体认知策略	他人支持策略	网络支持策略
M	3.05	3.34	3.19	3.42	3.05	2.74
SD	0.74	0.68	0.68	0.69	0.79	0.87

（二）初中生语文学习策略掌握情况的多因素方差分析

根据学校实际情况，将学校划分为好、中等、差三类。对初中生语文学习策略掌握情况进行学校、性别、年级维度的多因素方差分析，结果表明，学校、性别的主效应显著，学校和年级的交互作用显著（见表 5-4）。

表 5-4　初中生语文学习策略掌握情况的多因素方差分析

差异来源	*SS*	*df*	*MS*	*F*	*p*
学校	3.57	2	1.79	5.65	0.004**
年级	1.15	3	0.38	1.21	0.301
性别	9.24	3	3.08	9.74	0.000***
学校 × 年级	5.01	4	1.27	4.01	0.003**
学校 × 性别	0.39	2	0.20	0.62	0.539
年级 × 性别	0.86	4	0.22	0.68	0.604
学校 × 年级 × 性别	0.95	4	0.24	0.75	0.559

1. 学校和年级对初中生语文策略掌握状况的交互作用

多因素方差分析显示，在影响初中生语文学习策略掌握的因素中，学校和年级具有明显的交互作用。进一步检验发现，在中等学校，学生的策略得分在三个年级之间没有显著性差异；在好学校，学生的策略得分随年级升高呈V字形曲线变化，初一年级显著高于初三年级，初三年级显著高于初二年级；在差学校，学生的策略得分也随年级升高呈V字形曲线变化，初一年级和初三年级显著高于初二年级，而初一年级和初三年级之间没有显著性差异。从年级趋势上看，在学生的策略掌握状况上，好学校和差学校类似，都是初二年级最低，显著低于其他两个年级。中等学校三个年级的策略掌握相对均衡，没有显著性差异。学校之间进行对比：在初一年级，好学校显著优于中等学校，中等学校和差学校之间没有显著性差异；在初二年级，好学校和中等学校都显著优于差学校，好学校和中等学校之间差异不显著；在初三年级，好学校、中等学校和差学校之间差异均不显著。这表明不同学校之间的语文学习策略的差异主要体现在初一、初二年级，到了初三年级，差学校的学生在语文学习策略上迎头赶上了好学校的学生。具体如图 5-1 所示。

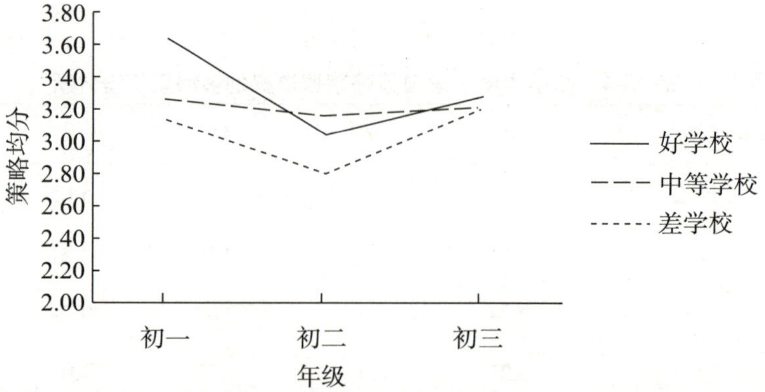

图 5-1　学校和年级对初中生策略掌握的交互作用

2. 不同学校学生语文学习策略各维度的差异分析

方差分析的结果表明，三类学校在策略总分、元认知策略得分、认知策略得分和社会策略得分上均有显著性差异（$F=6.32$，$p<0.05$；$F=7.86$，$p<0.001$；$F=9.82$，$p<0.001$；$F=5.68$，$p<0.05$）。进一步的多重比较发现：从策略总分来看，好学校边缘显著高于中等学校（$p=0.073$），中等学校显著高于差学校（$p<0.01$）；从认知策略得分和元认知策略得分来看，好学校显著高于中等学校

（$p<0.05$），中等学校显著高于差学校（$p<0.01$）；从社会策略得分来看，中等学校最高，显著高于好学校（$p<0.01$），边缘显著高于差学校（$p=0.054$），好学校和差学校之间差异并不显著（见表 5–5）。

表 5–5　不同学校初中生语文学习策略掌握的差异比较

			MD	*SE*	*p*
策略总分	好学校	中等学校	0.10	0.05	0.073
		差学校	0.25	0.07	0.000^{***}
	中等学校	差学校	0.16	0.06	0.007^{**}
元认知策略得分	好学校	中等学校	0.14	0.06	0.018^{*}
		差学校	0.31	0.08	0.000^{***}
	中等学校	差学校	0.17	0.07	0.007^{**}
认知策略得分	好学校	中等学校	1.81	0.57	0.002^{**}
		差学校	0.34	0.77	0.000^{***}
	中等学校	差学校	0.16	0.64	0.014^{*}
社会策略得分	好学校	中等学校	−0.19	0.06	0.002^{**}
		差学校	−0.06	0.08	0.503
	中等学校	差学校	0.13	0.07	0.054

3. 不同性别初中生语文学习策略掌握情况的差异

对男女生在语文学习策略诊断问卷上的得分情况进行独立样本 t 检验，结果表明，在策略总体和元认知策略、认知策略和社会策略方面，女生均显著高于男生（$p<0.001$），如图 5–2 所示。

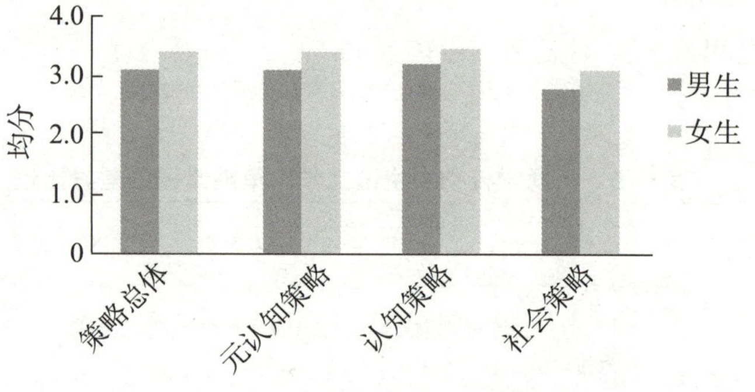

图 5–2 初中生语文学习策略掌握情况的性别差异

（三）初中生语文成绩排名与策略掌握情况的相关分析

学生在班级的语文成绩排名分别与元认知策略、具体认知策略、基本认知策略、社会策略的得分有极其显著的相关，但是相关系数并不高（见表 5–6）。

表 5–6 语文成绩排名与学习策略的相关分析

	元认知策略	具体认知策略	基本认知策略	社会策略
与语文成绩排名的相关系数	0.38***	0.37***	0.35***	0.23***

四、讨论

（一）初中生语文学习策略的掌握状况并不理想，各种策略的掌握不均衡

从初中生语文学习策略的基本状况中可发现，策略总体平均分为 3.21 分，说明初中生对语文学习策略的掌握并不理想。这可能主要源于教师在授课过程中，通常只注意陈述性知识的传授，忽略了策略性知识的传授。不仅仅是学生不懂得使用策略，就连一部分教师也严重缺乏策略的运用与教学的意识，甚至对策略的使用存有怀疑或是抵制的心态，视策略的教学为占用了知识传授的空间与时间，一味进行“填鸭式”的知识灌输，以急功近利的反复练习来追求学生学业成绩的提高。其实，有规律、有窍门的策略学习，可以起到“磨刀不误砍柴工”

之效。

在初中语文学习策略中，学生对认知策略的掌握显著优于对元认知策略的掌握。认知策略是指那些能够直接促进语文学习材料信息加工的策略。元认知策略是指学习者在学习过程中的自我监控、自我调整、自我评价和自我反思的策略。丁艳云和李梅（2008）指出，元认知策略是学习策略的核心。本研究显示，初中生的元认知策略掌握不够理想，元认知策略与学习成绩相关显著，相关系数为0.38，高于基本认知策略和具体认知策略与学习成绩的相关。已有不少研究也得到类似的结果，发现元认知策略与学习成绩有较高的正相关，元认知策略能很好地预测学生的学习成绩。例如，甘诺（2002）发现学习策略的总分及三个层面的得分与学习成绩都存在极其显著的相关，其中学习成绩与元认知策略的相关程度最高。张林和张向葵（2006）对初一到高三中学生学习策略的结构与使用特点的研究也表明：元认知策略与学习成绩的相关系数为0.30（$p<0.001$），元认知策略对学生的学习成绩具有良好的预测能力。教师在帮助学生，特别是中等生及差生学习时，不仅要进行知识的查漏补缺，也不仅要教授一些具体的策略，还应该进行策略的监控、检查、评定或反思等元认知策略的指导与培养，让他们不仅能获得有效的策略，还能掌握策略使用的条件，在面对不同情境时能有效选择、运用策略，在运用策略解决问题后能不断反思策略，总结积累有效的策略。

在初中语文学习策略中，学生对社会策略的掌握明显不如对认知策略和元认知策略的掌握。社会策略是指学生在学习过程中对教师、同学、书籍、网络等有效资源的利用策略。例如，有问题多向教师请教应该是学习中经常进行的活动，也是应对学习困难的有效路径。“独学而无友，则孤陋而寡闻”，同学之间多交流也是必不可少的。尤其是在语言学习上，多与同学交流探讨可以加深对内容的理解，对提升表达能力也有着重要的作用。但是，初中生在语文学习过程中缺乏求助于他人、资料、工具的强烈意识。在社会策略中，初中生对网络支持策略的掌握更差，不如对他人支持策略的掌握，即两者比较，初中生更习惯于求助他人，而并未随着时代的发展更多地借助网络资源。这值得教育工作者深思。随着网络时代的发展，网络的利用越来越重要。一方面，网络作为最便捷、最有效获得大量资源的途径，对提高学生的学习效率是前所未有的（Sharpe et al.，2006）；另一方面，对网络求助的使用，也是学生自主学习、主动求助的重要体现。自主学习的学生能够意识到学习的结果，并对学习过程进行自我监控，他们还能够主动营造有利于学习的物质和社会环境（庞维国，2000）。初中生对网络支持策略的掌握较差，可能与家长、教师过多的限制有关。教师可能因为担心学生过度使用网络进行娱乐活动而限制学生上网。教育不能因噎废食，“堵不如疏，疏不如引”，只有善加引导，才能在发挥网络的正面效应的同时摒除它带来的不利影响，而不是为了避免负面效应而把网络的优势也一同抹掉。

（二）女生对语文学习策略的掌握优于男生

本研究发现，在初中生对语文学习策略的掌握上，性别的主效应显著。进一步的检验发现，在所有维度上女生都显著优于男生。在成绩排名方面，女生也显著高于男生。以往关于女生学习策略水平高于男生的研究大多集中在语言学习领域，比如对英语学习策略的研究。金莉（2003）发现：在认知策略方面，女生比男生更频繁地采用注意发音、识记固定句型、勤做笔记、灵活运用单词和演绎语言规则等策略来学习英语。在元认知 / 情感策略方面，女生比男生更能集中精力听讲，并且更勤于记录有用的语言信息。此外，女生比男生更注意改进和完善自己的学习方法。本研究发现女生对语文学习策略的掌握优于男生，这可能与女生的特点及教师的教学方式有关。从语言的发展和掌握来看，通常认为女生具有一定的语言优势。一方面，这种优势是先天获得的。男婴说话普遍比女婴要晚几个月，“单词话语”现象对女婴来说，一岁以前就出现了，而男婴通常在一岁以后才出现。一些简单的主谓句，女孩在一岁半以前就能掌握，如“妈妈亲亲”。到了两岁，女孩就可以说一些复合句。两岁后，女孩能掌握最基本的言语，并逐渐掌握一些抽象的词。而男孩则要到一岁半之后才能完成从单词话语阶段到简单句的过渡，两岁半左右才开始出现复合句。另一方面，女孩亲和力更强，她们往往喜欢人际交往，在人际交往中占有优势，这为她们语言的良好发展提供了条件。在性格特点上，男性易于冲动，女性则比较安静，这其实和男女体内不同的激素有关。反映到语言学习上，男生属于冲动型的较多，而女生则更多属于内省型。王初明（1990）提到卡根（Kagan）在研究中发现，归纳的学习方法对内省的学习者更有效。中国教师在课堂上讲解语法时多采用归纳法，即先给出若干个例句，然后总结出语法规则，这样的教学法本身就更符合女生的身心特征，因而女生较男生受益更多。就认知特点而言，女性的情感更加细腻，想象丰富，擅长形象思维，因此女性在语言能力方面较男性为优。另外，男女两性的认知风格差异明显，男性更多的偏场独立性，他们独立，有主见，对抽象理论感兴趣，长于数学和自然科学的学习，而女性则倾向于场依存性，其典型特点是感性，易受环境的影响，社交能力强，对人文科学和社会科学更有兴趣。这些因素都会影响个体语文学习策略的水平。这也提示我们，在初中语文教育教学过程中，要更注重培养男生对语文的兴趣。男生普遍比较善于抽象思维和逻辑思维，这使得他们很多时候虽然语言表达没有女生形象、生动，但具有较强的逻辑性和哲理性。教师如果能教给男生一些阅读、写作方面的学习策略，并发挥他们的优势，就不仅可增强他们在语文方面的自尊自信，亦可以提高他们对语文学习的兴趣，从而提高他们的语文成绩，为他们高中阶段的学习打下良好的基础。

（三）不同学校初中生语文学习策略的发展趋势不一致

本研究发现，在策略总体、元认知策略、认知策略方面，好学校显著优于中等学校，中等学校显著优于差学校。而在社会策略方面，并未出现这样的情况，反而是中等学校的社会策略使用最多。出现此种状况的原因，可能是好学校的学生在学习上更加独立自主，更少利用社会策略，而差学校的学生由于环境影响，可求助的资源较少，因此也较少使用社会策略。本研究发现学校和年级存在显著的交互作用，对这种交互作用的分析表明，好学校和差学校的学生对语文学习策略的掌握随年级的升高均呈V字形曲线变化，在初二年级时达到最低点，而中等学校的学生策略掌握情况平稳，并没有随着年级的升高而变化。对于策略与年级的关系，已有研究并未形成一致的结论。周国韬等人（1997）的研究揭示，从小学高年级到初中三年级，学生对认知策略的使用有减少的趋势。潘颖秋等人（2000）的研究表明，从初三到高三，学生的学习策略水平没有表现出随年级上升而提高的趋势，甚至在时间管理、焦虑和信息加工等方面出现下降的趋势。值得注意的是，初三时期，好学校、中等学校和差学校的学生在语文学习策略掌握上的差异消失了。其中的原因可能是：差学校的学生智力并不差，只是发展成熟较晚，随着年龄的增长，他们会把注意力更多地转向学习策略。总之，学习策略的掌握和积累并不是一蹴而就的，是一个长期的过程。不管学生处在哪个年级，教师都应该重视策略的教学。

（四）语文学习策略掌握水平与语文学习成绩相关程度不高

从研究中我们发现，语文学习策略的掌握水平与语文学习成绩有低相关。已有研究也发现，学习策略与成绩相关，但相关系数一般不高。如张林和张向葵（2006）对初一到高三学生学习策略的结构与使用特点的研究发现，各种学习策略与学习成绩的相关小于 0.4。杜艳芳和张琴琴（2013）在学习策略对小学生学习成绩的影响研究中也得到类似的结果，学生语文、数学成绩与元认知策略、认知策略、动机策略和社会性策略的相关均在 0.4 以下。以往研究者往往只关注两者是否有相关，但其实，两者间这种低相关反映出教育隐藏的问题。从理论研究上来讲，学习策略水平越高，成绩越好，两者应该呈现高相关，为什么调查的结果与此并不相符？究其原因，我们认为：在我国应试教育的指挥棒下，一些学生往往通过死记硬背、题海战术获得好成绩，并不是通过良好学习策略的掌握与运用来获得此结果，尤其是在高中以前这种现象更为普遍。刘电芝等人（2015）在策略意识影响初中生数学学习的研究中也发现了类似结果。教师往往通过反复操练来训练学生，提高成绩，却没有教他们寻找更好的学习方法，没有将他们培养成善学者，使他们丧失了最重要的思考和高效学习的能力。同时，机械式学习也使学生丧失了学习的兴趣。要改变这种状况，需从中小学做起，为学生营造一个独立思考、探索解决问题的氛围，让学生在解决问题的过程中形成探索学习策略的意识和精神，在解决问题后获得成功感与快乐感，增长对学习的渴望、热爱。

五、小结

（1）初中生语文学习策略掌握水平偏低；初中生对认知策略的掌握相对较好，对元认知策略的掌握次之，初中生的社会支持策略比较欠缺。

（2）在语文学习策略的掌握上，性别差异显著，女生优于男生。

（3）不同学校之间差异明显，好学校的学生对语文学习策略的掌握情况好于中等学校和差学校的学生，但唯独在社会策略上，中等学校的学生最好。

（4）在语文学习策略的掌握上，中等学校三个年级之间没有显著性差异，好学校和差学校的学生表现出随年级的升高而呈 V 字形曲线的变化态势。

（5）初中生语文学习策略的掌握水平与其学习成绩相关程度不高，学习策略并未成为促进学生学习成绩增长的重要因素。

第二节 初中生英语学习策略掌握现状的诊断与启示

一、问题提出

学习策略的掌握是学生学会学习和思考的重要指标，作为指向认知目标的心理操作，它既是人们解决问题的重要组成部分，同时又促进着认知的发展。使用策略解决问题是儿童认知能力的一个主要方面（Geary & Burlingham-Dubree, 1989）。

学习策略能够促进知识的获得、储存以及信息的有效利用。已有研究表明，学习策略与学习成绩存在显著正相关（文秋芳，1996；葛明贵，2005），同时，不同性别、不同年级（王恩国等，2007）、不同水平学校的学生掌握学习策略的总体水平也不相同。然而，这些研究多数针对适合各门学科的通用学习策略以及大学生的英语学习策略，对初中生英语学习策略的研究比较少。以往对初中生英语学习策略的研究比较关注记忆策略和元认知策略，这些策略对于提高学生的英语学习成绩有着重要的作用。然而，英语作为一种交流工具，其最大的作用在于交流。因此，学习英语不仅仅是为了提高学习成绩，更重要的是能把它作为交流工具，进行有效的沟通。

如何增进有效的沟通呢？奥克斯福德（Oxford，1990）认为，补偿策略能使学习者在语言知识不足的情况下更好地使用语言进行输入或输出。补偿策略是指学习者为争取更多的交际机会以维持交际、提高交际效果而采用的策略，补偿策略在语言交际中的作用是不可小觑的。同时，策略中的情感因素是一组复杂的心理因素的组合体。学习者在语言学习过程中容易受到个人情感因素的影响。克拉申（Krashen，1981）的情感过滤假设将情感因素视为可调节的过滤器，他认为语言输入只有通过过滤器才能到达大脑中的语言习得中枢，并为大脑所吸收，最终发展成为习得能力。然而在我国，对于补偿策略、情感/社会策略等在语言学习中的重要作用的研究还比较匮乏。

本研究以自编的初中英语学习策略诊断问卷为工具，考察初中生英语学习策略掌握的现状及特点，以期丰富有关英语学习策略的研究，并为英语教学提供依据。

二、研究方法

（一）研究对象

采取整群随机抽样的方法，抽取苏南地区不同层次的 6 所中学。用正式问卷对 640 名学生施测，回收有效问卷 613 份，问卷有效率为 95.8%。在有效问卷的填写者中，男生 318 人，女生 295 人；初一 248 人，初二 154 人，初三 211 人。

（二）研究工具

采用我们自编的初中英语学习策略诊断问卷对 760 名学生进行初测。本问卷以奥马利和查莫特（O'Malley & Chamot，1990）的理论为基础。经探索性因素分析确定问卷结构及题目。问卷的克龙巴赫 α 系数为 0.98，重测信度为 0.73，表明问卷具有良好的同质性与稳定性。44 名长期从事中学英语教育的教师对问卷题目的适宜性进行评价，75% 以上的教师赞同的题目予以保留，形成正式问卷。以学生在班级中平时的英语学习成绩作为效标，学生的问卷得分与效标之间的相关系数为 0.50～0.60，达到显著性水平。问卷的各类效度良好。

本问卷共 47 个题目，包括三个分问卷：元认知策略分问卷、认知策略分问卷、情感 / 社会策略分问卷。

元认知策略分问卷共 14 个题目，包括计划策略、调控策略两个维度。计划策略维度的题目如“除了教师布置的作业外，我有自己的英语学习安排”“我会根据英语内容的难易程度安排合适的复习计划”“英语考试前，我会有计划地进行复习”。调控策略维度的题目如“我能根据英语内容的难易来分配学习时间”“听英语材料时，我会注意听语音、语调”“我经常思考自己在英语学习方面的优势和不足”。

认知策略分问卷共 22 个题目，包括语言操练策略、补偿策略、媒介辅助策略、记忆策略四个维度。语言操练策略维度的题目如“我注意听课堂上英语教师用英语表达的句子”“我很注意模仿标准的英语语音、语调”“我通常用英语跟自己说话”“我常常复述自己听到的英语句子”。补偿策略维度的题目如“当碰见不熟悉的英语单词时，我会根据上下文来猜测它们的意思”“如果一时想不起某个英语单词，我会设法找意思相近的单词或短语替代”“当我想不起某个句型时，我会换相近的句型来表达”。媒介辅助策略维度的题目如“课外我经常主动看英语电视或电影”“我经常听一些英文歌曲”“我经常听英语课文的录音或英语广播”。记忆策略维度的题目如“学习新的英语知识时，我常回忆学过的相关知识”“我总想掌握更多有效的英语记忆方法”“我总是试图发现学好英语的方法”“学单词时我会同时学单词的习惯用语或常用搭配”“我常根据构词法来记忆单词的各种形式”“我尽量用新学的单词造句，以帮助记忆”。

情感 / 社会策略分问卷共 11 个题目，包含情感策略和社会策略两个维度。情感策略维度的题目如“别人笑话我英语说得不好时，我总是暗暗鼓励自己不要泄气”“我通过暗自告诉自己学习英语是一件有趣的事，来提高自己对英语的兴趣”“我经常憧憬学好英语后的喜悦”。社会策略维度的题目如“我经常和同学一起练习英语”“我经常与同学互相推荐或者交换英语参考书”等。

本问卷采用 5 级评定，每个题目的选项为“我完全是这样、我多数是这样、我有时是这样、我很少是这样、我从来不这样”，分别记为“5、4、3、2、1”分；得分越高，表示策略运用水平越高。

（三）施测方式

以纸笔的方式集体施测。完成一份问卷大约需要 15 分钟。

（四）统计分析

采用 SPSS 17.0 进行数据统计分析。

三、研究结果

（一）初中生英语学习策略的总体状况

调查发现，初中生英语学习策略总体的平均分为 3.23 分，元认知策略、认知策略、情感 / 社会策略的平均分均低于 3.5 分（见表 5–7），表明初中生对英语学习策略的掌握不够理想。单因素方差分析表明，初中生在认知策略、元认知策略、情感 / 社会策略上的得分差异非常显著。事后检验发现，初中生对认知策略的掌握显著优于对元认知策略和情感 / 社会策略的掌握。

表 5–7　初中生英语学习策略整体状况

	元认知策略	认知策略	情感 / 社会策略	策略总体
M	3.23	3.33	3.18	3.23
SD	0.75	0.76	0.78	0.73

认知策略分问卷包括四个维度，情感 / 社会策略分问卷包括两个维度，初中生在这六个维度上的得分从高到低依次是：补偿策略、情感策略、媒介辅助策略、记忆策略、语言操练策略、社会策略（见表 5–8）。初中生对补偿策略掌握得最好，表明他们在语言学习过程中遇到障碍时，基本上能够有意识地采取弥补的措施。初中生的情感策略得分排在第二位，表明他们在英语学习过程中能够通过积极暗示和主动憧憬的方法来维护与保持学习的正性情绪。初中生的社会策略得分最低，且个体差异较大，说明他们还不擅长利用社会资源进行学习。在认知

策略分问卷中，四个维度的得分差异较大，英语学习中最常用的语言操练策略和记忆策略的得分都较低。

表 5–8　初中生认知策略和情感 / 社会策略的具体情况

	认知策略				情感 / 社会策略	
	记忆策略	语言操练策略	补偿策略	媒介辅助策略	情感策略	社会策略
M	3.27	3.14	3.64	3.32	3.55	2.81
SD	0.79	0.85	0.94	0.98	0.83	0.91

（二）初中生英语学习策略的人口学变量分析

影响初中生英语学习策略的各变量分析见表 5–9。结果表明，在策略总分上，性别、成绩的主效应显著，学校和年级的交互作用显著。

表 5–9　影响初中生英语学习策略的人口学变量分析

差异来源	*SS*	*df*	*MS*	*F*	*Sig.*
学校	1.97	2	0.99	2.71	0.07
性别	6.06	1	6.06	16.65	0.00***
年级	0.25	2	0.12	0.34	0.71
成绩	42.14	2	21.07	57.87	0.00***
学校 × 成绩	0.36	4	0.09	0.24	0.91
学校 × 性别	0.64	2	0.03	0.09	0.92
学校 × 年级	10.97	3	3.66	10.04	0.00***
性别 × 年级	0.30	2	0.15	0.42	0.66
年级 × 成绩	0.17	4	0.04	0.12	0.98
性别 × 成绩	0.145	2	0.73	1.99	0.14

1. 不同性别的初中生英语学习策略比较

以性别为自变量，分别以策略总分、三个分问卷的得分、相关分问卷各个维度的得分为因变量，进行独立样本 t 检验。结果表明，男生和女生在策略总分（$t=7.65$，$p<0.001$），元认知策略（$t=7.84$，$p<0.001$）、认知策略（$t=7.54$，$p<0.001$）和情感 / 社会策略（$t=7.74$，$p<0.001$）的得分，以及认知策略、情

感 / 社会策略各个维度的得分上均存在极其显著的差异，女生的各项得分都明显地高于男生，说明女生在英语学习策略的掌握和运用上明显优于男生。从整体上来看，女生在补偿策略、情感策略和媒介辅助策略上的得分均大于 3.50 分，表明女生对这三项策略的掌握和运用水平相对较高，女生在元认知策略和认知策略中的记忆策略、语言操练策略上的表现一般。女生的社会策略得分低于 3.00 分，表明女生社会策略的使用水平较低，需要进一步加强。男生的策略使用水平不理想，尤其是在语言操练策略和社会策略的使用上表现更差。相对来看，不同性别的学生掌握较好的都是补偿策略和情感策略，掌握最差的是社会策略。

2. 不同成绩的初中生英语学习策略的差异

成绩在英语学习策略上的主效应达到了极其显著的水平。进一步的分析表明，在各分问卷及相关分问卷各个维度的得分上，不同成绩的学生差异极其显著。LSD 事后检验结果表明：在元认知策略、认知策略、情感 / 社会策略的得分，以及认知策略中的记忆策略、补偿策略、语言操练策略和情感 / 社会策略中的情感策略、社会策略的得分上，成绩好的学生要显著高于成绩中等的学生（$p < 0.001$），成绩中等的学生要显著高于成绩差的学生（$p < 0.001$）；在媒介辅助策略的得分上，成绩好的学生和成绩中等的学生都显著高于成绩差的学生（$p < 0.001$）。无论是成绩好的学生、成绩中等的学生还是成绩差的学生，社会策略得分都最低。

3. 学校和年级在英语学习策略上的交互作用

由于学校和年级的交互作用显著，本研究进一步以学生所在的学校和年级为自变量，以学生的英语学习策略为因变量，进行简单效应分析。结果（如图 5-3 所示）表明：在好学校，初三学生的策略得分（2.32 分）高于初一学生的策略得分（1.94 分），呈边缘显著（$t = 2.02$, $p = 0.051$）；在中等学校，随着年级的升高，学生的策略得分呈倒 V 字形曲线，初二学生的策略得分（2.12 分）高于初一学生的策略得分（1.76 分），呈边缘显著（$t = 2.19$，$p = 0.076$）；在差学校，随着年级的升高，学生的策略得分呈下降趋势，但三个年级学生的策略得分不存在显著差异（$t = 1.05$，$p > 0.05$）。

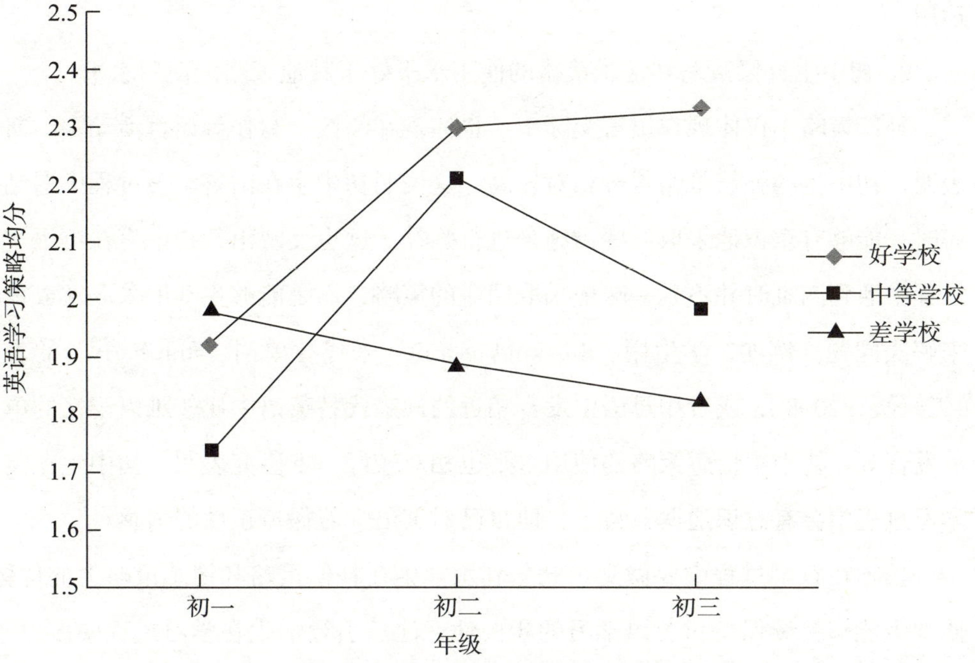

图 5-3　学校和年级的交互作用

四、讨论

（一）初中生英语学习策略的使用现状

1. 初中生使用较多的是认知策略，使用较少的是情感 / 社会策略

初中生英语学习策略使用情况总体上不够理想，亟待提高。从各分问卷上看，认知策略的得分显著高于元认知策略和情感 / 社会策略的得分（$p<0.001$），与小学生英语学习策略的使用情况一致（刘电芝，严慧一等，2013）。

初中生情感 / 社会策略的得分低，主要是社会策略的得分明显偏低。这说明我国初中生在英语学习中与他人缺乏沟通和交流。出现这种情况的原因可能是中国的学生课业压力较大，除了正常上课以外，还要参加各种培训班，他们没有时间就学习问题与同伴互相交流。此外，有研究表明，在儿童的二语教学中，人际交往智能活动无法单独完成，需要通过与他人配合来完成。而目前我国的英语教材对此重视不够，动作型、合作型、互动型的人际智能活动设计尚欠缺。教材相应内容的缺失导致学生社会策略意识低下，从而不利于学生对社会策略的掌握和运用。

2. 初中生补偿策略和情感策略的使用水平好于其他策略的使用水平

补偿策略不仅体现在语言交际中，也体现在阅读、写作等语言活动中。研究表明，初中生的补偿策略得分相对较高。这说明初中生在语言学习过程中遇到障碍时，能够有意识地采取一些措施来进行弥补。这也反映出，初中生在英语学习过程中遇到困难时并不是一味地采取回避的策略，而是能够主动地采取求成策略来解决问题。例如，学生用“this kind of fruit”来代替单词“strawberry”的表达（王媛媛，2008），或者用母语中发音相近的词来代替英语中比较难以记忆的单词的发音等。初中生情感策略的使用水平也相对较好。本研究表明，初中生在英语学习过程中会有意识地调节自己，使自己对英语学习保持正性的情感。

教师在教学过程中要做到：充分利用学生在补偿策略和情感策略上的优势，使学生能够持续保持对英语学习的积极性；注意引导学生在学习过程中多思考、多总结，有意识地对自己的学习进行评价和调节；多为学生提供互相交流的平台，课堂上多创设交际互动的机会与环节，鼓励学生与学生之间、学生与教师之间进行互动，以促进学生英语学习的长足发展。

（二）初中生英语学习策略使用情况在人口学变量上的特征分析

1. 女生的英语学习策略优于男生

从统计结果来看，女生在策略总分、各个分问卷得分以及相关分问卷各维度得分上都要高于男生，且差异极其显著，这与前述的小学生英语学习策略的调查结果一致。这表明，在英语学习过程中女生要比男生更加积极地使用策略。女性在语言学习策略的使用上普遍胜过男生。已有研究表明，女生在认知模式、反应模式、知识加工模式上所表现出的倾向性在语言学习中要比男生有更多的优势。从生理方面来看，女性的大脑结构也更适合语言学习。布罗卡（Broca）和瓦达（Wada）的实验都表明，语言运动功能具有不对称性，大多数人的言语能力主要由左侧大脑半球控制，动作能力主要由右侧大脑半球控制。女性的左侧大脑半脑要比男性相对发达，所以女性的语言能力要优于男性，语言能力先天的优势又会促进她们对语言知识更积极地学习，寻找更多的学习策略，从而形成良性循环，这也许是女生英语成绩普遍高于男生的一大原因。因此，教师在教学活动中要加强对男生英语学习策略的指导。

2. 学校背景对初中生的英语学习策略有重要影响

本研究发现，学校也是影响学生英语学习策略的重要因素。在好学校，学生从初一到初三，使用策略的趋势呈上升态势。杜晓新（1992）的研究也表明，在学生所选择和使用的学习策略的水平上，教学质量好的学校明显地高于教学质量一般和教学质量差的学校，重点中学和普通中学存在差异。产生这一结果的原因可能是：随着知识学习难度的增加，简单的记诵学习已远远不能满足学习的要求，好学校会有更多的教师有意或无意地渗透学习策略，学习较好的学生也会自主探索有效的学习策略来提高自己的学习效率。在中等学校，随着年级的升高，学生的英语学习策略呈先上升后下降的趋势。雷雳等人（1997）的研究认为，深层型动机和深层型学习策略呈正相关，二者的发展具有相似之处。文秋芳（2001）的研究也表明，学习策略受学习动机特别是内源性动机（深层型动机）的直接影响。随着年级的升高，学生的内源性动机呈先上升后下降的趋势（莫秀锋，刘电芝，2005）。中等学校的初三学生面临更大的升学压力，反复的记诵学习与大量练习使他们学习的自主性受到了限制，并且容易产生学习困惑和厌学等不良情绪，从而降低他们对英语学习的兴趣。因此，中等学校的教师要重视对初三学生英语学习兴趣、英语学习策略的培养。在差学校，三个年级学生的策略得分未出现统计上的显著差异，但学生的策略得分有随年级升高而下降的趋势。这可能与学生的学习基础较差、学习兴趣较低有关。

3. 初中生的英语学习策略对其英语成绩有重要影响

本研究表明，不同学习成绩的学生在策略总分、各分问卷的得分以及相关分问卷各个维度的得分上均有极其显著的差异。这也支持了前人的研究结果，经常采用学习策略的学生，更容易取得以学习成绩为评判标准的学业成就（葛明贵，2005；王恩国等，2007）。由此可见，学生策略使用水平是决定学生成绩的一个主要因素，学习策略使用水平高的学生往往可以取得良好的学习成绩，而学习成绩优秀的学生也往往拥有更高水平的学习策略。我们认为，学习策略的充分运用有利于提高学生的学习成绩，同时学习成绩的提高能够激发学生的学习动机。已有研究也表明，学习动机对学习策略具有明显的直接作用（雷雳等,1997；戚焱，陈玲，2003）。学习成绩越好的学生，学习动力越强，他们会更积极地寻找并使用学习策略。然而值得我们注意的是：无论是学习成绩好的学生还是学习成绩差的学生，他们对社会策略的掌握和运用都有待提高。

五、小结

（1）初中生英语学习策略的掌握总体上还不够理想，对认知策略的掌握稍好，对元认知策略的掌握居中，对情感 / 社会学习策略的掌握最差。

（2）性别、成绩是影响初中生英语学习策略掌握和运用的重要因素。女生的策略掌握和运用情况要明显地优于男生，这也许是女生英语学习成绩普遍优于男生的一大原因。

（3）学校和年级在初中生英语学习策略的掌握和运用上存在交互作用。在好学校，随着年级的升高，学生的英语学习策略掌握和运用水平不断提高；在中等学校，学生对英语学习策略的掌握和运用随着年级的升高而呈倒 V 字形曲线；在差学校，三个年级的学生之间没有明显差异。

第三节　初中生数学学习策略掌握现状的诊断与启示

一、问题提出

掌握学习策略是学生高效学习与快乐学习的重要保障。在借鉴西方学习策略研究基础上，中国 20 世纪 80 年代末、90 年代初开始兴起学习策略研究（王晓平，1987；刘电芝，1989；刘志华，郭占基，1993；刘儒德，1997；张林，张向葵，2006）。这些研究主要针对通用学习策略，即不与特定学科知识相联系，适合各门学科知识的学习程序、规则、方法与技巧，采用的主要是根据国外具有较高信度、效度的策略问卷（Weinstein，1987；Pintrich & De Groot，1990）而编制的通用学习策略问卷（周国韬，张林，2002；周永垒等，2005）。研究还表明，通用学习策略对提高学生的成绩帮助并不大，与学科相结合的学习策略对学习效率的提升效果更明显（史耀芳，2001；刘电芝，孙泽军，2004）。

数学是基础教育阶段的重要科目，但1997年至2006年，中小学数学学习策略研究的数量仅占全部策略研究数量的2.4%，与数学学科的地位远不相称，且理论研究显著多于实证研究（吴晓玮，葛明贵，2007）。在已有的中学数学学习策略实证研究中，张锦坤和连榕（2007）对初二学生解几何应用题的策略类型进行研究后发现，优秀生、中等生、后进生采用了不同的解题策略类型，这直接影响其解题效率。汤服成和乔连全（2000）研究发现，元认知能力训练能提高学生的思维能力和学习主动性，有助于提高数学学习成绩。叶霞（2011）调查了高三学生的自我调节数学学习策略，认为该策略有助于提高数学成绩，并且需要通过反思过程来培养。

本研究采用自编的问卷进行调查，以准确评估初中生数学学习策略的掌握状况，从而为教师教学和学生学习提出具有指导性和操作性的建议。

二、研究方法

（一）研究对象

采取整群随机抽样，抽取苏州和无锡共6所初中的学生作为研究对象。发放正式问卷950份，回收有效问卷872份，问卷有效率为91.79%。在有效问卷的填写者中，男生433人，女生421人，性别信息缺失的18人；初一291人，初二309人，初三272人。

（二）研究工具

在数学学习策略量表（莫秀锋，刘电芝，2005）的基础上自编初中数学学习策略诊断问卷，用于评定初中生数学学习策略的掌握和运用现状。

对648名学生进行初测，经探索性因素分析确定问卷结构及题目。元认知策略的累计方差贡献率为51.22%，基本认知策略的累计方差贡献率为55.42%，具体认知策略的累计方差贡献率为55.66%，寻求支持策略的累计方差贡献率为53.32%。

相关分析显示：同一分问卷下各维度得分之间的相关系数为0.36~0.67，均为中等程度相关（$p<0.01$）；四个分问卷中，各维度得分与相应分问卷总分的相关系数为0.82~0.97（$p<0.01$），且均高于同一分问卷下各维度得分之间的相关系数；四个分问卷总分之间的相关系数为0.60~0.78（$p<0.01$）。这表明问卷具有较好的结构效度。72%~98%的专家（专家总数为43名）认可的题目予以保留，形成正式问卷。以学科成绩排名为效标，效标和问卷总分的相关系数为0.50（$p<0.01$）。问卷的各类效度良好。总问卷及四个分问卷的克龙巴赫α系数和重测信度见表5-10，问卷具有良好的同质性与稳定性。

表5-10　总问卷和分问卷的信度

	元认知策略分问卷	基本认知策略分问卷	具体认知策略分问卷	寻求支持策略分问卷	总问卷
克龙巴赫α系数	0.89	0.76	0.83	0.63	0.94
重测信度	0.80	0.81	0.84	0.82	0.89

用验证性因素分析考察问卷的结构效度，结果见表5-11。问卷模型的拟合程度良好。

表5-11　问卷的验证性因素分析

	χ^2/df	*RMSEA*	*GFI*	*NFI*	*IFI*	*CFI*
元认知策略分问卷	2.64	0.04	0.97	0.97	0.97	0.97
基本认知策略分问卷	2.37	0.04	0.99	0.98	0.99	0.99
具体认知策略分问卷	4.84	0.07	0.97	0.94	0.95	0.95
寻求支持策略分问卷	2.27	0.04	0.99	0.97	0.98	0.98
总问卷	4.03	0.05	0.90	0.88	0.91	0.91

本问卷共35题，包括四个分问卷：元认知策略分问卷、基本认知策略分问卷、具体认知策略分问卷和寻求支持策略分问卷。

元认知策略分问卷共13题，包含计划反思策略和调控策略两个维度。计划反思策略维度的题如“除了教师布置的作业外，我有自己的数学学习安排”“我常常思考自己在数学学习方面的优势和不足”。调控策略维度的题如“解题遇到障碍时，我会重新审题或检查解题过程，看看问题出在哪里”“解数学题时，用一种方法解不出，我会尝试其他方法”。

基本认知策略分问卷共7题，包含联系运用策略和复习巩固策略两个维度。联系运用策略维度的题如“我经常尝试用学到的数学知识解决日常生活中的实际问题”“我会通过联系生活现象来理解数学知识”。复习巩固策略维度的题如“数学课后，我经常自己进行归纳、总结”“我常常向自己提问以检验自己的数学学习效果”。

具体认知策略分问卷共9题，包含分析推理策略和理解归纳策略两个维度。分析推理策略维度的题如“在学习数学公式、定理或推论的时候，我总要分析它成立的前提条件”“解较复杂的几何题时，我会考虑将图形进行某些移动和变化之后来解答”。理解归纳策略维度的题如“数学课后，我经常自己进行归纳、总结”“复习数学时，我常将学过的内容在头脑中进行放电影式的回忆”。

寻求支持策略分问卷共6题，包含自助策略和他助策略两个维度。自助策略维度的题如“我经常浏览有关数学学习的网站”“我会根据自己的数学水平来选择合适的学习资料”。他助策略维度的题如“在数学学习中，碰到弄不懂的地方，我会向他人请教”“我经常和同学一起讨论有关数学学习的问题”。

本问卷采用自陈式的5级评定，分别为“我完全是这样、我一般是这样、我有时候这样、我多数不这样、我完全不这样”，依次记为“5、4、3、2、1”分；得分越高，表示数学学习策略掌握水平越高。

（三）数据分析

所有数据采用SPSS 16.0和Amos 7.0进行分析和处理。

三、研究结果

（一）初中生数学学习策略的掌握概况

初中生对数学学习策略掌握的基本情况见表 5–12，策略总均分为 3.21 分。经差异检验，初中数学学习策略各分问卷得分之间差异均非常显著（$p<0.01$），其中元认知策略均分（3.35 分）最高，基本认知策略均分（3.01 分）最低。各分问卷的各维度得分中，调控策略维度均分（3.88 分）最高，自助策略维度均分（2.94 分）最低。

表 5–12　初中生数学学习策略的掌握概况

	元认知策略	基本认知策略	具体认知策略	寻求支持策略	策略总体
M	3.35	3.01	3.23	3.09	3.21
SD	0.71	0.73	0.74	0.68	0.64

	元认知策略		基本认知策略		具体认知策略		寻求支持策略	
	计划反思策略	调控策略	联系运用策略	复习巩固策略	分析推理策略	理解归纳策略	自助策略	他助策略
M	3.11	3.88	3.01	3.00	3.45	2.95	2.94	3.23
SD	0.77	0.77	0.89	0.79	0.78	0.84	0.80	0.85

（二）初中生数学学习策略的多因素分析

1. 不同学校、年级和性别的学生数学学习策略的差异检验

根据当地教育部门提供的升学数据，将学校分为较好、中等和较差三类。以学校、年级和性别为自变量，以数学学习策略得分为因变量，进行多因素方差分析。结果显示：学校、年级的主效应显著，学校和年级的交互作用显著（如图 5–4 所示）。

对学校和年级的交互作用进一步分析（LSD）发现：在较好学校，初一学生的策略得分（3.52 分）显著高于初二学生的策略得分（3.16 分）（$p<0.05$）；在中等学校，初一学生的策略得分（3.40 分）显著高于初二学生的策略得分（3.09

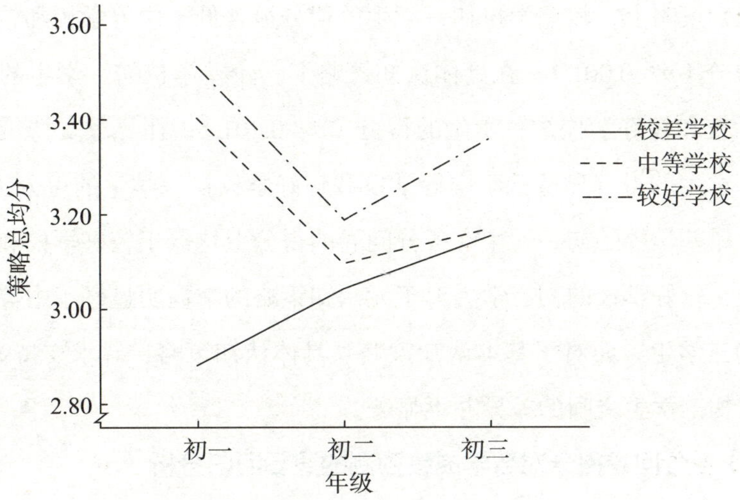

图 5-4　学校和年级的交互作用

分）和初三学生的策略得分（3.17 分）（$p<0.001$）；在较差学校，初一学生的策略得分（2.87 分）显著低于初三学生的策略得分（3.16 分）（$p<0.05$）。同时，在初一，较差学校学生的策略得分（2.87 分）显著低于中等学校学生的策略得分（3.41 分）和较好学校学生的策略得分（3.52 分）（$p<0.001$）。这表明，初一学生的策略水平明显高于初二和初三学生的策略水平，较好学校及中等学校的学生在策略发展起点上高于较差学校的学生，但是三类学校的学生在初二、初三时策略掌握总体水平无显著差异。

2. 不同学校、年级和性别的学生在各分问卷上得分的差异

以学校、年级和性别为自变量，以元认知策略、基本认知策略、具体认知策略和寻求支持策略的得分为因变量，进行多元方差分析。结果表明：学校的主效应显著，年级的主效应显著，学校和年级的交互作用显著。性别的主效应边缘显著，性别在元认知策略和寻求支持策略上的主效应显著，女生在元认知策略和寻求支持策略上的得分均显著高于男生。

对学校和年级的交互作用进一步分析，发现：在元认知策略上，较差学校初一学生的得分显著低于中等学校和较好学校初一学生的得分（$p<0.001$），较好学校初三学生的得分显著高于中等学校和较差学校初三学生的得分（$p<0.05$）；

在基本认知策略上，较差学校初一学生的得分显著低于中等学校和较好学校初一学生的得分（$p<0.001$）；在具体认知策略上，较差学校初一学生的得分显著低于中等学校和较好学校初一学生的得分（$p<0.001$）；在寻求支持策略上，较差学校初一学生的得分显著低于中等学校和较好学校初一学生的得分（$p<0.001$）。这表明：较差学校的初一学生在各分问卷的得分上均低于较好学校和中等学校的初一学生；较好学校的初三学生对于元认知策略的掌握明显好于中等学校和较差学校的初三学生，而对于基本认知策略、具体认知策略、寻求支持策略的掌握，三类学校初三学生之间的差异并不显著。

（三）各分问卷得分对数学成绩预测的逻辑回归分析

以各分问卷得分为自变量，以学科成绩排名为因变量，进行逻辑回归分析，结果见表 5-13。

表 5-13　逻辑回归分析的结果

	后进生 / 优秀生				中等生 / 优秀生			
	B	*SE*	*OR*	95%*C.I.P*	*B*	*OR*	*OR*	95%*C.I.P*
元认知策略	-1.39^{***}	0.27	0.25	0.15～0.42	-0.68^{**}	0.24	0.51	0.32～0.81
基本认知策略	0.29	0.23	1.33	0.85～2.10	0.46^{*}	0.21	1.59	1.06～2.38
具体认知策略	-1.37^{***}	0.24	0.26	0.16～0.41	-0.66^{**}	0.22	0.52	0.34～0.79
寻求支持策略	0.19	0.20	1.21	0.81～1.81	−0.16	0.18	0.85	0.60～1.22

注：以优秀生为参照。

元认知策略对区分优秀生和后进生的作用极其显著（$p<0.001$）。学生的元认知策略得分越高，越容易被判断为非后进生；元认知策略得分每增加 1 分，学生成为优秀生的可能性越大，成为后进生的概率仅为成为优秀生概率的 0.25。元

认知策略对区分优秀生和中等生的作用也非常显著（$p<0.01$）。学生的元认知策略得分越高，越容易被判断为非中等生；元认知策略得分每增加 1 分，学生成为优秀生的可能性越大，成为中等生的概率仅为成为优秀生概率的 0.51。这表明元认知策略掌握水平的提高有助于学生取得优异的数学成绩。

基本认知策略对区分优秀生和中等生的作用显著（$p<0.05$）。学生的基本认知策略得分越高，越容易被判断为中等生；基本认知策略得分每增加 1 分，学生成为中等生的可能性越大，成为中等生的概率是成为优秀生概率的 1.59。这表明中等生对基本认知策略表现出更加强烈的偏好。

具体认知策略对区分优秀生和后进生的作用极其显著（$p<0.001$）。学生的具体认知策略得分越高，越容易被判断为非后进生；具体认知策略得分每增加 1 分，学生成为优秀生的可能性越大，成为后进生的概率仅为成为优秀生概率的 0.26。具体认知策略对区分优秀生和中等生的作用也非常显著（$p<0.01$）。学生的具体认知策略得分越高，越容易被判断为非中等生；具体认知策略得分每增加 1 分，学生成为优秀生的可能性越大，成为中等生的概率仅为成为优秀生概率的 0.52。这表明具体认知策略掌握水平的提高有助于学生取得优异的数学成绩。

寻求支持策略在模型中未达到显著水平，即寻求支持策略的得分高低无法有效判断学生的学科成绩排名。这表明单独提高寻求支持策略的掌握水平并不能直接提升初中生的数学学习成绩，寻求支持策略很可能需要与其他策略配合方能起到有效推动作用。

四、讨论

（一）对初中生数学学习策略的分析

1. 对初中生数学学习策略的总体分析

初中生数学学习策略总均分为 3.21 分，其策略掌握现状不理想。导致这种状况的原因，主要是教学过程中教师习惯于教知识，缺乏教策略的意识。

从数学学习策略得分的年级发展来看，较好学校与中等学校都呈现出先降后升的趋势，初一最高，初二最低，初三相较于初二略有上升。研究（何进军，刘华山，1996）表明，学习策略在小学升入初中时发展最为迅速。因此，教师应抓住初一这一策略掌握的“黄金期”，培养学生的学习策略。有研究（张林，张向葵，2006）认为，随年级的升高，我国中学生学业压力逐渐增大，自由支配的时间逐渐减少，这会导致其学习策略使用受限。

不同学校学生数学学习策略的差异主要体现在初一，即在数学学习策略的得分上，较差学校的初一学生显著低于较好学校和中等学校的初一学生，不同学校初二学生之间、初三学生之间并没有显著差异。这说明学校水平不同，学生数学学习策略的初始水平显著不同，较差学校学生的起点低，但后续发展潜力大。较差学校的初一学生由于对小学数学学习策略的掌握有所欠缺，加上其自身对初中的学习不适应，原有学习习惯不佳，因此对初中数学学习策略的掌握也比较差。但数学学习策略本身并不高深，同时较差学校的升学压力相对较小，学习环境更为宽松，学生有更多自由学习和探索的时间，因此，经过初中阶段的学习和训练，较差学校学生的数学学习策略随年级的升高而增加。

在较好学校，学生数学学习策略掌握水平先下降后上升，初一（$M=3.56$）最高，初二（$M=3.22$）最低且显著低于初一（$p<0.05$），初三（$M=3.40$）处于两者之间且和两者均无显著差异；在中等学校，学生数学学习策略掌握水平也呈现先下降后上升的趋势（初一最高，初二最低），但三个年级之间并无显著差异；在较差学校，学生数学学习策略掌握水平不断提高，初三（$M=3.17$）显著高于初一（$M=2.89$）（$p<0.05$）。尽管随年级的升高，不同学校学生在数学学习策略掌握水平上的差异越来越小，但在数学成绩上，不同学校之间的差异仍然非常明显。这似乎表明，不同学校学生数学成绩的差异并不主要来自数学学习策略掌握水平的高低，而更可能是学校管理更严格（如要求学生在学习上花费的时间更多）、学生的学习态度更好等因素导致的。从效标效度可见，数学成绩与数学学习策略掌握水平仅仅是中等相关。此外，随着年级的升高，较差学校学生的数学学习策略掌握水平有了明显提升，而较好学校与中等学校反而有所下降，这在一定程度上表明，较好学校与中等学校过多过严的教学管理方式，虽然对短时间内的数学成绩迅速提高有所帮助，却压抑了学生对数学学习策略进一步掌握与探究

的动力，导致学生缺乏高效学习的快乐感和获得感，对其良好学习能力的后续发展会产生消极影响。

因此，较差学校应该在初一学生数学学习策略的掌握上多下功夫，以尽快缩小与其他学校的差距。较好学校与中等学校则应重点防止初二学生数学学习策略掌握水平的下降。

2. 对初中生元认知策略的分析

元认知策略的得分表明，初中生在数学学习过程中的调节控制较好（$M=3.88$），但在学习的主动计划和反思总结上不够理想（$M=3.11$），而合理的学习计划和及时的反思恰恰是促进学习进步的重要方面。如果学生具有足够的动机使用元认知策略，就足以提高成绩（Printrich，1990）。较差学校的学生之所以数学学习策略掌握水平不高，最大的症结是其对元认知策略的掌握较差。而较好学校的初三学生能在策略总体掌握水平与其他学校学生差异不显著的情况下，在升学考试等方面取得更好的成绩，也与其元认知策略掌握上的优势紧密相关。

同时，元认知策略的性别差异显著，女生的元认知策略水平显著高于男生。已有研究（王恩国等，2007）发现，女生的学习策略水平从初一到高三均高于男生。本研究在元认知策略上的结论与此一致。由于社会规范与文化原因，女生往往养成了认真、细致、计划及自控的特质，因此相对而言，初中阶段的女生学习和掌握了更多的元认知策略，表现为对学习过程有较好的计划、反思以及控制。教师要加强对初中男生的元认知策略的培养。

3. 对初中生基本认知策略的分析

基本认知策略主要涉及跨学科通用的学习策略在数学学习中的运用。基本认知策略的得分较低（$M=3.01$），说明初中生在课后复习巩固中的投入不足，也体现出其对适用于跨学科的普遍学习方法掌握的欠缺。繁重的课业压力让学生无暇进行充分的回顾，应试教育也使得学生缺乏学习的灵活性，难以做到将学习策略进行有效迁移，这就导致了初中生基本认知策略普遍低下。因此，教师既要注意留出时间督促学生进行深加工的复习，也要注重帮助学生将通用学习策略具体运用到数学学习中。

4. 对初中生具体认知策略的分析

具体认知策略相当于学科学习策略，基本认知策略相当于通用学习策略，与通用学习策略相比，学科学习策略能够更高效地促进学习（刘电芝，1989；史耀芳，2001；刘电芝，孙泽军，2004）。具体认知策略是针对数学学科的特殊策略，该类策略直接解决具体的数学问题，其良好掌握是成为优秀生的必备条件。这也就解释了为什么中等生偏好基本认知策略，而优秀生则更注重学习和掌握具体认知策略。

牛卫华和张梅玲（1998）指出，与西方的优秀生、后进生不同，中国的优秀生、后进生对解题步骤都能很好地掌握。这是学生分析推理策略得分（3.45 分）较高的主要原因。但也正是这种对于解题步骤的重视和训练，使学生思维的灵活性极大降低了，导致他们对数学概念、公式、原理和解题方法缺乏概括和提炼，表现为理解归纳策略的得分（2.95 分）较低。因此，教师需要通过降低解题规范的束缚、鼓励发散性思维，来加强学生对理解归纳策略的掌握。较差学校更应该加强对学生具体认知策略的教学。

5. 对初中生寻求支持策略的分析

本研究表明，初中生寻求支持策略的得分（3.09 分）偏低，其中自助策略得分（2.94 分）最低，这与前述的语文、英语学科的研究结论一致。这表明学生缺乏主动学习的意识和能力。因此，教师要注意培养学生自主学习的能力。

与男生相比，女生寻求支持策略的得分更高，这可能是性别角色分工不同导致的。女生的柔弱使其更愿意寻求帮助，也更容易获得帮助。社会对男生“男子汉”的要求，使其更愿意自己解决问题，而不愿意借助外部资源。因此，教师在寻求支持策略的引导上应区别对待：对女生，应要求她们在自己独立思考的基础上寻求外界帮助；对男生，应消除其刻板印象，增强其寻求外部资源的意识。

（二）各种策略对学科成绩的预测作用

本研究通过逻辑回归分析表明，在元认知策略和具体认知策略上得高分的学生更有可能成为优秀生。基本认知策略仅对区分优秀生和中等生有预测作用，基本认知策略得分越高的学生越有可能成为中等生。这似乎也表明，单独提高学生的基本认知策略水平，并不足以使其取得优异的数学成绩，但可以使其避免成为后进生。

寻求支持策略无法成为区分学科成绩排名的良好预测变量，可能的原因是：（1）它并不是具体的解题法则，只是一种促进认知的辅助策略，对于学习的促进作用不如其他策略那么直接和明显；（2）寻求支持策略掌握水平普遍较低，不同层级学生之间没有显著差异，出现“地板效应”。何开容（2012）的研究表明，学生主动寻找合适的学习资料可以帮助他们理解课堂内容，促进学习进步。此外，积极的社会支持也可以提高学生的学习效率和自信心，进而提升其学习成绩（高丙成，刘儒德，2011）。因此，寻求支持策略应成为学校培养学习策略的重要方面。

尽管不同的策略对数学成绩具有不同的预测力，但并不是预测力强的策略才是重要的，不同的策略对数学学习均有积极意义。元认知策略和具体认知策略的掌握有助于学生取得优异的数学成绩，基本认知策略的良好掌握可以使学生避免成为后进生，寻求支持策略可以帮助学生获得更广泛的支持，使学习事半功倍。

五、小结

（1）初中生对数学学习策略的掌握情况不够理想。在数学学习策略中，掌握水平从高到低依次为：元认知策略、具体认知策略、寻求支持策略、基本认知策略。教师要引导所有学生了解数学学习策略、运用数学学习策略。

（2）元认知策略对数学成绩有显著的预测作用，元认知策略掌握不佳是较差学校学生数学成绩不理想的重要原因。

（3）基本认知策略和具体认知策略对数学成绩有不同的预测力。对于后进生来说，应该先掌握基本认知策略，再掌握具体认知策略；对于中等生和优秀生来说，应该进一步提升自己的具体认知策略掌握水平。

（4）在各策略维度中，学生对寻求支持策略中自助策略的掌握水平最低。教师应该教授学生寻求支持的方式方法，拓展学习资源库（如介绍一些学习网站、提供一些优秀学习案例等），给学生搭建自我求助的支架，从而帮助其逐步掌握自助策略并从中获益。

第四节 初中生物理学习策略掌握现状的诊断与启示

一、问题提出

学习策略对个人的学习质量与效率有至关重要的影响。早期研究主要集中在通用学习策略上，研究者致力于找出那些适用性广泛，能提高各领域学习效率的策略，如对记忆策略、组织策略等策略的研究（刘电芝，2006；郝宁，2007）。但实际应用结果显示，这些策略的训练由于脱离具体学科知识，所以效果甚微。于是，学科学习策略研究开始出现。

目前，对物理学习策略的研究已取得一些可喜的成果。这方面的研究可以分为两类:（1）一线教师结合自身工作经验，归纳总结出具体的学习策略，或提出一些有针对性的教学对策（徐健，杜丽娟，2006）;（2）有些学者对物理学习某方面的策略进行了探究，如沈建民（2002）初步探讨了学生物理概念学习策略，并将其相应地概括为三个阶段，即物理概念的习得策略、保持策略和提取策略。综观已有研究，存在以下不足之处：其一，没有对物理学习策略进行全面系统的深入探讨；其二，大部分研究只停留在经验水平，主要采用定性研究方法，进行系统量化的实证性研究较少（李为，王泽农，2006）。

本研究以自编的初中物理学习策略诊断问卷为工具，考察初中生物理学习策略的现状及特点。这既可以进一步丰富学科学习策略的研究，也可以为初中物理实际教学提供可靠的依据和支持。

二、研究方法

（一）研究对象

本研究采取整群随机抽样的方法，抽取苏南地区4所中学的学生。用正式问卷施测 753 名初中生，回收有效问卷 748 份，问卷有效率为 99.34%。在有效问卷的填写者中，男生 359 人，女生 370 人，性别信息缺失的 19 人；初二 448 人，初三 299 人，年级信息缺失的 1 人。随机抽取其中的 124 名学生重测，发放问卷 124 份，回收有效问卷 112 份，其中男生填写的有效问卷 55 份，女生填写的有效问卷 57 份。

（二）研究工具

本研究采用我们自编的初中物理学习策略诊断问卷，问卷的编制基于麦基奇等人（McKeachie et al.，1990）提出的策略分类理论。对 724 名学生进行初测，采用探索性因素分析以确定问卷的结构及题目。

相关分析显示，问卷各题得分与对应分问卷总分的相关系数为 0.47~0.77（$p<0.01$）。这表明问卷具有较好的结构效度。54 名任教初中物理的高级教师评估问卷题目，其中 60% 以上的教师认同的题目予以保留，形成正式问卷。以物理成绩为效标，物理成绩与问卷总分的相关系数为 0.38（$p<0.01$）。这表明问卷的各类效度良好。

总问卷及各分问卷的克龙巴赫 α 系数、重测信度见表 5–14。问卷具有良好的同质性与稳定性。

表 5–14　总问卷及各分问卷的信度

	元认知策略分问卷	认知策略分问卷	社会策略分问卷	总问卷
克龙巴赫 α 系数	0.92	0.92	0.77	0.97
重测信度	0.72	0.73	0.54	0.79

以验证性因素分析考察问卷的结构效度，结果见表 5–15。问卷模型的拟合情况良好，符合理想的测量要求。

表 5-15 验证性因素分析结果

	χ^2/df	*GFI*	*NFI*	*IFI*	*CFI*	*RMSEA*
元认知策略分问卷	3.40	0.92	0.90	0.93	0.93	0.06
认知策略分问卷	3.63	0.93	0.91	0.93	0.93	0.06
社会策略分问卷	4.12	0.98	0.95	0.96	0.96	0.06
总问卷	3.45	0.80	0.79	0.84	0.84	0.06

本问卷共 46 题，包括三个分问卷。

元认知策略分问卷 20 题，包括调控策略、计划策略和评价反思策略三个维度。调控策略是指学习者在学习过程中自我监控、自我调节的策略，如“在做完一道物理题后，我会考虑答案是否符合实际情况”“我会把物理作业安排在头脑比较清醒的时候来做”；计划策略是指学习者在学习过程中主动计划的策略，如“除了教师布置的作业外，我有自己的物理学习安排”“物理考试前，我会有计划地进行复习”；评价反思策略是指学习者在学习过程中主动思考并自我反馈的策略，如“我会建立物理错题集，并且经常回顾”“做完一道较复杂的物理题后，我会考虑是否还有其他更好的方法”。

认知策略分问卷 18 题，包括基本认知策略、具体认知策略两个维度。基本认知策略是指那些通用的对学习材料进行信息加工的策略，如“碰到陌生的物理题，我常常试着将其转化为熟悉的问题”“我常常用自己的语言来理解物理课本上的内容”；具体认知策略是指针对物理学习材料的特殊性所使用的一些策略，如“实验前，我会先理解物理实验的原理与方法”“我总是试图找出物理规律和物理实验之间的联系”。

社会策略分问卷 8 题，包括人际支持策略、网络支持策略两个维度。人际支持策略是指学生在学习过程中使用人力资源（包括教师、同学等）的策略，如“我经常和好朋友一起讨论有关物理学习的问题”“在物理学习中，碰到弄不懂的地方，我会向他人请教”；网络支持策略是指学习者在学习过程中主动使用网络资源的策略，如“遇到不会的物理学习问题，我经常上网搜索”“我会浏览有关物理学习的网站”。

本问卷采用 5 级评定，分别为“我完全是这样、我一般是这样、我有时候这样、我多数不这样、我完全不这样”，依次记为“5、4、3、2、1”分。得分越高，表示初中物理学习策略掌握水平越高。

（三）数据分析

所有数据采用 SPSS 16.0 和 Amos 7.0 进行分析和处理。

三、研究结果

（一）初中生物理学习策略基本情况

初中生物理学习策略基本情况不够理想（见表 5-16），总问卷及各分问卷的均值都在 3.5 分以下。方差分析检验表明，三个分问卷平均值差异显著（$p<0.001$）。进一步的 LSD 多重比较得出，初中生对认知策略的掌握显著好于对元认知策略、社会策略的掌握，对社会策略的掌握情况最不理想。在各策略维度中，初中生对调控策略的掌握最好（$p<0.01$），对网络支持策略的掌握最差（$p<0.01$）。

表 5-16　初中生物理学习策略基本情况

	元认知策略	认知策略	社会策略	策略总体
M	3.01	3.23	2.67	3.07
SD	0.70	0.72	0.70	0.66

	元认知策略			认知策略		社会策略	
	调控策略	计划策略	评价反思策略	基本认知策略	具体认知策略	人际支持策略	网络支持策略
M	3.57	2.93	2.84	3.07	3.31	2.95	2.20
SD	0.74	0.84	0.75	0.76	0.75	0.78	0.96

（二）影响初中生物理学习策略的多因素分析

根据当地教育局提供的数据，将所调查的学校分为好、中等、差三类。由于初一并未设置物理课程，因而只调查初二、初三两个年级。分别对学校、性别和年级三因素进行多因素方差分析，结果见表 5-17，学校的主效应显著，性别和年级的交互作用显著。

表 5-17　初中生物理学习策略的多因素方差分析结果

差异来源	*SS*	*df*	*MS*	*F*	*p*
学校	10.36	2	5.18	13.47	0.00***
性别	0.17	1	0.17	0.43	0.51
年级	0.12	1	0.12	0.32	0.58
学校 × 性别	2.04	2	1.02	2.66	0.07
学校 × 年级	0.17	2	0.08	0.22	0.81
性别 × 年级	1.90	1	1.90	4.94	0.03*
学校 × 性别 × 年级	1.46	2	0.73	1.90	0.15

对性别和年级的交互作用进一步分析，结果如图 5-5 所示。女生物理学习策略得分从初二（平均 3.19 分）至初三（平均 3.00 分）显著下降（$p < 0.01$），而男生的变化较为平稳（初二平均 3.06 分，初三平均 3.03 分），无显著差异（$p = 0.07$）。

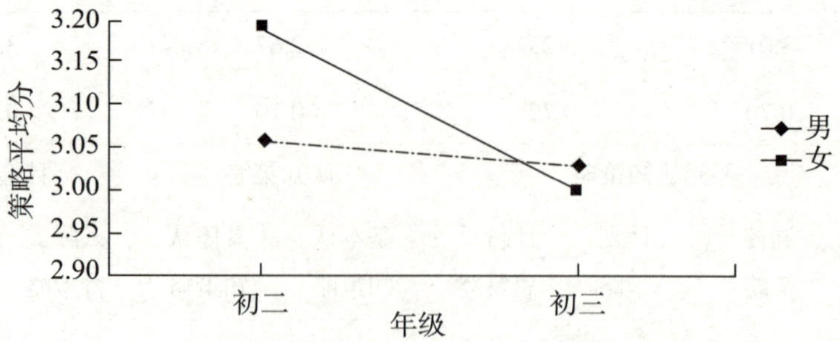

图 5-5　性别和年级的交互作用

进一步对性别和年级两个因素在各分问卷得分（见表 5–18）上的差异进行检验。方差分析发现，在社会策略分问卷的得分上，性别和年级不存在交互作用，在元认知策略分问卷得分和认知策略分问卷得分上，性别和年级均存在显著的交互作用。

表 5–18　不同性别和年级的学生在总问卷和各分问卷上的平均分

	初二女生	初三女生	初二男生	初三男生
元认知策略分问卷	3.22	3.05	3.05	3.01
认知策略分问卷	3.34	3.10	3.25	3.21
社会策略分问卷	2.73	2.66	2.63	2.64
总问卷	3.19	3.00	3.06	3.03

将主效应显著的学校因素单独进行方差分析，结果见表 5–19。无论是在三个分问卷还是在总问卷上，不同学校间的差异均显著。LSD 多重比较发现，好学校和中等学校在总问卷及各分问卷的得分上均显著优于差学校（$p<0.001$），而好学校和中等学校之间并无显著差异（$p>0.05$）。

表 5–19　不同学校初中生物理学习策略掌握情况（$M\pm SD$）

	元认知策略分问卷	认知策略分问卷	社会策略分问卷	总问卷
好学校	3.27 ± 0.56	3.50 ± 0.61	2.68 ± 0.57	3.27 ± 0.50
中等学校	3.17 ± 0.71	3.31 ± 0.74	2.79 ± 0.71	3.17 ± 0.68
差学校	2.85 ± 0.65	3.04 ± 0.65	2.40 ± 0.60	2.85 ± 0.59
F	20.76^{***}	18.91^{***}	16.04^{***}	22.65^{***}

四、讨论

（一）初中生物理学习策略总体不够理想

初中生对物理学习策略的掌握不够理想，造成这一现象的原因可能是以下几点：第一，物理是学生在初中新接触的一门学科，对于怎样学好物理，多数学生还处在探索阶段。第二，物理常被认为是很难学习的一门学科，对于初中生来讲，学习物理确实有一定的困难和挑战。这容易导致学生对物理的学习热情不高，对物理学习策略的掌握水平较低。第三，现行的课堂教学是重知识轻策略，无论是教师还是学生都普遍缺乏对物理学习策略探究的意识，因此学生对物理学习策略的掌握不理想。

在元认知策略中，初中生对调控策略的掌握明显好于对其他策略的掌握，对评价反思策略的掌握相对不足。这说明在物理学习过程中，初中生能对自己的认知活动进行相对积极的监控和相应的调节，但在对自己的学习过程、方法、成果等进行反思上存在明显不足，亟须有效指导。

研究发现，初中生对社会策略的掌握不够好，尤其是对网络支持策略的掌握较差。导致这一结果的原因有多方面：首先，教师、家长以及社会过度关注网络的负面影响，学生对网络的使用受到严格限制，因此学生利用网络进行学习的机会有限。其次，教师的网络教学技能不足，教师往往只在上公开课的时候才利用网络，在运用网络支持策略上的示范性也不够，对学生缺乏此方面的积极引导。最后，网络作为新兴教学技术手段，其配套设施尚不完善，网络资源相对混杂。诚然，网络资源的利用对于初中生来说是把双刃剑，利用得好，可扩大信息面及求助途径，但过度滥用，也可能因为缺乏自制而染上网瘾。我们认为，学校应在加强网络学习环境的建设与监控的基础上，重视学生自我控制能力的培养和引导。教师在教学上应注意发挥网络资源利用的示范性与引导性，教会学生科学、合理地使用网络。

（二）不同性别、年级和学校的初中生物理学习策略的差异

本研究发现，在总问卷及各分问卷的得分上，女生在初二时最高，在初三时则显著下降，男生则无显著变化。究其原因，主要是女生的学习动机随年级升高

发生变化所致。已有研究证实，女生的深层型动机（对所学内容有内在兴趣，为弄懂和掌握知识而学习的动机）随年级升高逐渐减弱，而表面型动机（应付检查和考试而学习的动机）却随年级的升高而加强。男生的两种动机在不同的年级并无明显差异（雷雳等，1997）。而学习动机与学习策略又有着紧密的关系。一般认为，深层型学习策略与深层型动机呈显著正相关，与表面型动机无关（雷雳等，1997）。且深层型学习动机有助于学科结构化知识的掌握。进入初三面临毕业升学压力，女生的深层型动机下降，表面型动机占据主导，因此她们对学习策略的探究减少，出现随年级升高而学习策略水平下降的状况。这提示我们，物理教学不仅应加强学生学习策略的培养，亦应注重女生深层型学习动机的培养和引导，双管齐下才能收到良好效果。

本研究发现，不同学校对学生学习策略的作用随着教学水平的升高而减弱。虽然建构主义强调学习环境的设计，认为环境对个体尤其是对可塑性极强的青少年的影响是潜移默化且根深蒂固的，但研究（王静琼等，2010）表明，环境只是学习的限制性因素，它对学习的直接效应并不明显。本研究中，中等学校和好学校在物理学习策略上差异并不显著，即学校环境达到一定水平后，对学生物理学习策略的影响逐渐减弱，不起决定性作用。这提示我们，良好的学习氛围与学习资源环境固然重要，但更重要的是深层型学习动机的激发与学习策略的培养和掌握。

五、小结

（1）总体而言，初中生对物理学习策略的掌握不够理想。在物理教学中，教师应侧重对学生进行元认知策略以及网络支持策略的培养和指导。

（2）女生对物理学习策略的掌握水平从初二至初三显著下降。如何激发女生对于物理学习的兴趣和动机成为物理教学中亟须解决的难题。

（3）学校因素显著影响初中生对物理学习策略的掌握，但其影响随着教学水平的升高而减弱。

第五节　初中生化学学习策略掌握现状的诊断与启示

一、问题提出

我国学科学习策略的研究始于20世纪80年代，直至2000年后才在真正意义上蓬勃发展。越来越多的证据显示，尽管针对通用学习策略的训练不少，但结果表明，脱离具体学科知识进行策略训练的效果甚微（Bransford，1986；刘电芝，1989）。因此，学习策略研究的重心逐渐转向学科学习策略。

近几年，我国学科学习策略的研究已迅速从早期的英语与阅读领域扩展至其他学科领域，且研究的问题更为广泛与深入，呈现出如下倾向：（1）探索适用于不同学科的学习策略，如英语学习策略、数学学习策略、化学学习策略、语文学习策略等；（2）研究不同年龄阶段学生特有的学科学习策略；（3）研究不同类型学生（如师范生、军校生、医科生等）的学科学习策略；（4）研究不同学习环境下的学科学习策略；（5）研究不同文化环境下的学科学习策略；（6）对学科学习策略进行调查，分析学科学习策略与学习成绩的相关性，探讨学科学习策略的影响因素。

初中生的学习策略与学业成绩存在显著相关，学习策略不仅能解释数学、语文、英语三科综合成绩14.8%的变异（胡桂英，许百华，2002），而且能直接影响学业成绩，直接效应为22.2%（张林，张向葵，2003）。学习策略与学习动机之间也存在明显的正相关，培养深层内在的学习动机可以提高学习困难生的学习策略水平。刘志华和郭占基（1993）进一步发现成就动机与学习策略独立作用于学业成绩，然而范春林和张大均（2007）建构了一个有关学习环境、学习动机、学习策略与学习成就关系的整体模型，指出学习动机先影响学习策略，后者再影响学业成绩。

本研究以我们自编的初中化学学习策略诊断问卷为工具，考察初中生化学学习策略的现状及特点，以便为初中化学教学提供可靠的依据。

二、研究方法

（一）研究对象

项目分析和探索性因素分析取样：于2011年随机选取苏州地区和无锡地区6所中学共528名初三学生，有效样本449人，样本有效率为85.04%，其中男生208人，女生241人。施测时间为初三第一学期期中考试后第一个月。重测取样：间隔两周后，从上一次取样中随机整群抽取5个班级共218名被试进行重测，其中男生103人，女生115人。验证性因素分析取样：随机选取漳州地区3所中学共267名初三学生，有效样本234人，样本有效率为87.64%，其中男生114人，女生120人。施测时间为初三第一学期期中考试后第二个月。正式取样：随机选取漳州地区某中学初三学生为研究对象，共104名被试，有效样本97人，样本有效率为93.27%，其中男生49人，女生48人。施测时间为初三第二学期第一个月。

（二）研究工具

以麦基奇等人（McKeachie et al.，1990）的学习策略分类理论及刘电芝（2003）关于学科学习策略的定义为理论框架，自编初中化学学习策略诊断问卷。

经探索性因素分析确定问卷结构及题目。元认知策略的累计方差贡献率为57.50%，认知策略的累计方差贡献率为52.20%，寻求支持策略的累计方差贡献率为48.00%。

以被试的化学成绩在班级中的排名和对自己在化学学习中所积累的学习方法或技巧的评价为效标，二者与被试的问卷得分的相关分别为0.49和0.60。这表明问卷的同时效标效度良好。

问卷的内部一致性信度（克龙巴赫 α 系数）与重测信度见表5–20。问卷具有良好的同质性与稳定性。

表5–20 总问卷及各分问卷的信度

	元认知策略分问卷	认知策略分问卷	寻求支持策略分问卷	总问卷
克龙巴赫 α 系数	0.90	0.85	0.86	0.97
重测信度	0.84	0.81	0.73	0.82

以验证性因素分析考察问卷的结构效度（见表 5-21），问卷模型的拟合情况良好，符合理想的测量要求。

表 5-21　三个分问卷的验证性因素分析

	χ^2	*df*	χ^2/df	*RMSEA*	*CFI*	*GFI*	*NFI*	*AGFI*
元认知策略分问卷	86.0	41	2.098	0.069	0.965	0.939	0.935	0.902
认知策略分问卷	298.3	116	2.572	0.072	0.945	0.912	0.905	0.900
寻求支持策略分问卷	35.2	19	1.853	0.060	0.970	0.964	0.938	0.932

本问卷共 36 题，包括三个分问卷。元认知策略分问卷共 11 题，包括计划策略、调控策略和反思策略三个维度。认知策略分问卷共 17 题，包括联想学习策略、精加工策略和理解策略三个维度。寻求支持策略分问卷共 8 题，包括人际支持策略和网络支持策略两个维度。

本问卷采用自陈式的 5 级评定，分别为“我完全是这样、我一般是这样、我有时候这样、我多数不这样、我完全不这样”，依次记为“5、4、3、2、1”分；得分越高，表示初中化学学习策略掌握和运用水平越高。

三、研究结果

（一）初三学生化学学习策略各维度的掌握情况

从表 5-22 可知，学生对调控策略的掌握最好，对网络支持策略的掌握最差。

表 5-22　初三学生化学学习策略各维度的情况

	计划策略	反思策略	调控策略	联想学习策略	精加工策略	理解策略	人际支持策略	网络支持策略
M	2.97	2.29	3.52	3.03	2.75	3.19	2.88	1.64
SD	0.72	0.72	0.65	0.64	0.65	0.56	0.57	0.62

（二）化学学习策略各维度的性别差异检验

从表 5–23 可知，只有联想学习策略出现显著的性别差异，男生好于女生。

表 5–23　初三学生化学学习策略各维度的性别差异分析（$M \pm SD$）

	计划策略	反思策略	调控策略	联想学习策略	精加工策略	理解策略	人际支持策略	网络支持策略
男生	2.95 ± 0.74	2.22 ± 0.70	3.59 ± 0.68	3.12 ± 0.56	2.73 ± 0.64	3.17 ± 0.51	2.86 ± 0.62	1.56 ± 0.62
女生	2.99 ± 0.71	2.35 ± 0.74	3.44 ± 0.61	2.94 ± 0.70	2.76 ± 0.66	3.22 ± 0.60	2.91 ± 0.50	1.64 ± 0.61
t	0.12	1.74	2.61	4.15	0.09	0.32	0.36	0.84
p	> 0.05	> 0.05	> 0.05	< 0.05	> 0.05	> 0.05	> 0.05	> 0.05

（三）不同成绩的学生化学学习策略掌握水平的差异分析

化学成绩排名在前 27% 的被试为优秀生，化学成绩排名在后 27% 的被试为后进生，其余为中等生。在化学学习策略各维度的均分上，后进生均低于优秀生和中等生（见表 5–24）。单因素方差分析发现，不同成绩的学生对于调控策略的掌握存在显著差异［$F(2, 94) = 4.74$，$p < 0.01$］。事后多重比较发现，后进生对于调控策略的掌握显著不如中等生和优秀生。不同成绩的学生对于网络支持策略的掌握也存在显著差异［$F(2, 94) = 3.51$，$p < 0.05$］。事后多重比较发现，后进生对于网络支持策略的掌握显著不如中等生，优秀生和中等生之间、优秀生和后进生之间都没有显著差异。优秀生和后进生在反思策略［$F(2, 94) = 2.88$，$p > 0.05$］、联想学习策略［$F(2, 94) = 2.56$，$p > 0.05$］和精加工策略［$F(2, 94) = 2.87$，$p > 0.05$］上的差异达到边缘显著。事后多重比较发现，后进生对于反思策略、精加工策略的掌握显著不如优秀生和中等生，优秀生对于联想学习策略的掌握比后进生好，三类学生在计划策略、理解策略和人际支持策略上均不存在差异。

表 5-24 不同成绩的学生化学学习策略各维度的掌握情况（$M\pm SD$）

	计划策略	反思策略	调控策略	联想学习策略	精加工策略	理解策略	人际支持策略	网络支持策略
优秀生	3.12±0.62	2.38±0.72	3.68±0.52	3.18±0.48	2.83±0.55	3.19±0.51	2.87±0.51	1.64±0.61
中等生	3.02±0.79	2.40±0.78	3.60±0.69	3.06±0.69	2.85±0.68	3.24±0.58	2.95±0.58	1.74±0.69
后进生	2.72±0.68	2.00±0.57	3.20±0.61	2.81±0.68	2.49±0.66	3.12±0.57	2.79±0.60	1.35±0.41

四、讨论

（一）初中生化学学习策略的掌握情况

初中生化学学习策略的掌握情况不理想，在绝大多数维度上的均分都在 3 分以下，处于中等偏下水平。

在元认知策略中，初中生对反思策略的掌握水平普遍偏低。反思使人避免错误，吸取经验，是个人成长的重要途径。教师应该明确要求学生反思：当学生在学习中出现错误时要求反思，可以避免再错；当学生在学习中成功时也要求反思，可以总结经验，反复使用成功经验。教师还应该持续要求学生反思。反思的培养不是一蹴而就的，只有坚持不懈地要求，才能达到目的。

在认知策略中，初中生对精加工策略的掌握不佳，可能是由于绝大多数教师不教学生精加工的方法，也很少要求学生自己进行精加工。在学习的过程中，学生常常不需要自己精加工，只需要接受教师传授的知识、记诵教师现成的归纳总结。久而久之，学生就缺失了精加工的方法，并丧失了精加工的能力。

在寻求支持策略中，初中生对网络支持策略的掌握很差。这应该引起教师的足够重视。网络是现代社会最方便、最快速的途径，应成为课外学习的主途径。无论是教师还是家长，都应持开放的心态，支持并帮助孩子从网上获得需要的信息，而不是简单粗暴地“禁”与“堵”，这才能充分发挥现代教育的作用。

（二）不同成绩的学生化学学习策略的差异

在调控策略、反思策略、联想学习策略、精加工策略上，后进生不如中等生和优秀生，中等生和优秀生之间的差异不明显。这提示教师，应加强对后进生调控策略、反思策略、联想学习策略和精加工策略的培养。对于学习成绩不同的学生，教师可采取不同的措施，如：对后进生可适当地降低目标，增加成功激励，提高其化学自我效能感，并专门教授一些常用的学习策略；对中等生要加强策略意识训练，使其体会到策略的应用价值，能够持续不断地运用获得的策略还要让他们学会管理自己的学习时间和学习环境；对优秀生重在点拨，主要是启发他们自己发现策略、解决问题，获得成就感，在学习中更多地产生积极情感体验。

五、小结

（1）总体来看，初中生对化学学习策略的掌握情况不够理想。在化学学习策略各维度上，初中生对调控策略的掌握最好，对网络支持策略的掌握最差。

（2）优秀生和后进生在化学学习策略上的差异主要体现在调控策略、反思策略、联想学习策略和精加工策略上。

第三部分　影响篇

已有研究（Baker，1999；关文信等，1998）及本团队的前期研究（刘电芝，黄希庭，2008；张荣华，刘电芝，2012）均表明，策略意识和策略情感是影响策略掌握的最重要因素，但这方面的专门研究很缺乏。本团队针对策略意识和策略情感对小学生掌握语文学习策略、英语学习策略、数学学习策略和初中生掌握语文学习策略、英语学习策略、数学学习策略、物理学习策略、化学学习策略的影响进行了专项调查，旨在揭示其对策略掌握与运用的重要影响与预测作用。

第六章　影响小学生学科学习策略掌握的主要因素

策略意识和策略情感是影响学科学习策略掌握的重要因素，但常常被研究者忽略。这二者对小学生掌握学科学习策略究竟有哪些影响呢？本团队的调查结果表明：小学生的策略意识和策略情感与他们对学科学习策略的掌握有极其显著的相关关系，能分别预测其对语文学习策略、英语学习策略、数学学习策略掌握总变异的 83%、77.6%、77.3%，其中策略意识的影响更大。

第一节　小学生策略意识和策略情感对语文学习策略掌握的影响

一、问题提出

语文学习策略是指与语文知识相联系，适合语文知识的学习程序、规则、方法、技巧及调控方式（刘电芝，2006）。影响学习策略的主要因素可归纳为心理因素、背景知识、性别、年龄等，对语文学习策略而言亦是如此。目前对心理因素的研究主要集中在学习动机、学习效能感、学习归因等领域（张荣华，刘电芝，2012；何木叶，2011），很少有研究者关注策略意识和策略情感这两个深层心理因素对学生运用学习策略的影响。策略意识是获得策略的前提条件。奥克斯福德（Oxford，1990）认为学习策略训练应该包括对意识的训练，即更多地了解策略，认识策略的价值，留意策略的运用及有效性，如注意教师讲课时所涉及的学习方法，注意总结有效的答题方法与技巧，注意向同伴学习其高水平的策略等。奥马利和查莫特（O'Malley & Chamot，1990）在一项关于语言学习的研究中发现，高效的学习者能够意识到他所使用的策略及使用的原因，能主动地选择并有机地结合那些适合语言学习的策略。策略意识有助于学习者有效选择策略、合理利用策略解决问题。高吾兰（1994）在总结了自己的教学实践后指出：许多学生学习刻苦，但往往未能取得良好的学习效果，其中一个重要原因就在于学生缺乏学习策略的意识……他们不会根据学习的具体内容和个人特点选择有效的学习策略，也很少评估自己操作的有效性。由于策略意识淡薄，很多学生对有效的策略视而不见，就是头脑中储存有策略，也很难在需要时准确地调用。此外，策略教学导向是提高策略意识的重要途径，然而遗憾的是，在实际教学过程中，教师往往更偏向于关注学生的努力行为和学习结果，对于学习过程中所采用的策略却没有足够的重视，对于学生自发使用学习策略的行为也不能给予及时的表扬和强化（何木叶，2011）。

情感本质上是一种态度体验，即人对客观事物是否符合人的需要而产生的心理反应。早在20世纪70年代，著名教育心理学家奥苏贝尔（Ausubel，1978）就已指出，实现意义学习的第一个内部条件是学习者必须具有同化学习材料的适当认知结构，第二个内部条件是学习者必须具有掌握学习材料的心向，也就是一种愿意学习、乐于学习的情感。苏霍姆林斯基说过：只有当情感的血液在知识的肌体中欢腾跳跃的时候，知识才会融入人的精神世界。情感具有动力作用，体现在对意向的调节、维持和定向上。我国基础教育新课程改革把“情感、态度、价值观的培养”列为课程最重要、核心的目标之一。因此，如何根据学生的心理需要，让学生愉快学习，激发学生学习的积极情感，是一个非常重要的问题。虽然尚未见探讨策略情感对学习策略影响的专门研究，但从以往的相关研究中不难总结出策略情感是策略训练不可忽略的因素，伴随着策略学习的整个过程。如有学者（田良臣，刘电芝，2002b）指出：“学习策略教学过程中的主体体验，除了作为一个具有相对独立性的阶段发生作用，同时它也作为一个关键因素，伴随、渗透在其他阶段，影响、制约着学习策略教学有效性的发挥。”但在现实的策略教学和研究中，策略情感经常被忽略。缺少策略情感，学习策略就难以真正内化，若仅仅停留在简单的尝试、演练甚至机械学习阶段，学习策略的有效性便不能充分发挥。因此，我们的关注点应从外在的策略训练形式转移到学生对策略的内心认同和积极体验上来。

国内尚未见到关于策略意识和策略情感对小学语文学习策略影响的实证研究。因此，本研究在开发策略意识和策略情感诊断问卷的基础上，考察小学生策略意识和策略情感的特点，进而探讨这两个深层心理因素对学习策略掌握的影响，以期在小学语文策略教学中因势利导，促进小学生对语文学习策略的有效学习与运用。

二、研究方法

（一）研究对象

我们在苏州和无锡 9 所小学进行施测，采取随机的整群抽样，对抽取班级进行测查，抽取测试的学校考虑了不同层次的学校类型。本研究为尽可能地保证问卷调查的质量，考虑到三年级以下的被试书面理解能力有限，因此，抽取的对象为四年级（包括四年级）以上的被试。共发放正式问卷 870 份，回收 863 份，回收率为 99.20%。经删除填写不符合要求或者明显胡乱作答的问卷后，有效问卷为 846 份。在有效问卷的填写者中，男性 431 人，女性 388 人，性别信息缺失的 27 人；四年级 331 人，五年级 264 人，六年级 250 人，年级信息缺失的 1 人。为了获得重测信度，从原被试中随机抽取 107 名小学生间隔四周后进行重测，其中男生 51 人，女生 56 人。

（二）研究工具

1. 小学语文策略意识诊断问卷

自编小学语文策略意识诊断问卷。通过对专家学者的开放式访谈，收集了对小学语文学习策略习得和掌握具有积极作用的有关题目，经过一线专家型教师的修改，形成初评问卷。对苏州和无锡共 5 所小学的 730 名小学生进行初测，对初测结果进行探索性因素分析以确定问卷结构及题目。

请小学语文教研员与高级教师（共 53 人）评价问卷题目的适宜性，计算每一道题获得的赞同度，保留赞同度在 75% 以上的题目，形成正式问卷。问卷的克龙巴赫 α 系数为 0.85，重测信度为 0.77。通过验证性因素分析考察问卷的结构效度，χ^2/df（拟合优度的卡方检验值与自由度的比值）为 1.99，*DMSEA*（近似误差均方根）为 0.03，*GFI*（比较拟合指数）、*NFI*（规范拟合指数）、*AGFI*（调整拟合优度指数）均在 0.98 以上，问卷模型拟合理想。以学习成绩排名为效标，得到的效标效度为 0.48。总之，问卷的信度、效度良好。

该问卷一个维度，共 6 题，如“我总想把新知道的方法用在语文学习中”“我总是试图发现学好语文的方法”。

2. 小学语文策略情感诊断问卷

自编小学语文策略情感诊断问卷，编制方法同上。采用探索性因素分析确定问卷结构及题目，保留 75% 以上的专家（专家总数是 53 名）认可的题目。问卷的克龙巴赫 α 系数为 0.85，重测信度为 0.67。通过验证性因素分析考察问卷的结构效度，χ^2/df 为 4.74，*RMSEA* 为 0.08，*GFI*、*NFI*、*AGFI* 均在 0.95 以上，问卷模型拟合理想。以学习成绩排名为效标，得到的效标效度为 0.49。总之，问卷的信度、效度良好。

该问卷一个维度，共 6 题，如“我会在探索语文这门课程的新学习方法中体验到乐趣”“当我发现或者学会一种新的语文学习方法时，会很开心”。

两个问卷的题目均采用陈述式的 5 级评定，分别为“我完全是这样、我一般是这样、我有时候这样、我多数不这样、我完全不这样”，依次记为“5、4、3、2、1”分；得分越高，则表示策略意识越强，策略情感越积极。

小学生语文学习策略运用状况的数据是用小学语文学习策略诊断问卷进行调查所得的数据（详见第四章第一节）。

（三）程序与数据处理

主试由心理学专业研究生担任。施测时，主试发放问卷，说明指导语，在被试完成后统一回收问卷。

三、研究结果

（一）小学生语文学习的策略意识和策略情感的掌握特点

1. 小学生语文学习的策略意识和策略情感的现状

小学生语文学习的策略意识和策略情感的基本情况见表 6–1。

表 6–1　小学生语文学习的策略意识和策略情感的基本情况

	策略意识	策略情感
M	3.69	3.90
SD	0.92	0.89

小学生语文学习的策略意识和策略情感的平均分都在 3.7 分至 3.9 分之间。3 分表示“我有时候这样”，4 分表示“我一般是这样”，因此，得分在 3.5 分以下表示策略意识或策略情感水平不够好，得分在 3.5 分至 4 分之间表示策略意识或策略情感水平中等，得分在 4 分以上表示策略意识或策略情感水平良好。小学生语文学习的策略意识和策略情感处于中等水平。

2. 小学生语文学习的策略意识和策略情感在人口学变量上的差异分析

在进行策略意识和策略情感的问卷调查时，同时要求学生回答基本情况：学校、年级、性别、班级、语文成绩排名。下面考察性别、成绩、年级在策略意识和策略情感上是否有主效应及交互作用，结果见表 6–2、表 6–3。根据学生在策略意识和策略情感问卷中对语文学习成绩的自评，将学生的语文成绩划分为优、中、低三个水平。

表 6–2　策略意识的人口学背景的方差分析

差异来源	*SS*	*df*	*MS*	*F*
年级	32.49	2	16.25	24.12^{***}
性别	6.39	1	6.39	11.21^{***}
成绩	120.66	2	60.33	105.92^{***}
年级 × 性别	0.65	2	0.32	0.57
年级 × 成绩	4.31	4	1.08	1.89
性别 × 成绩	1.36	2	0.68	2.00
年级 × 性别 × 成绩	0.43	4	0.11	0.19

表 6–3　策略情感的人口学背景的方差分析

差异来源	SS	df	MS	F
年级	15.94	2.00	7.97	14.64***
性别	7.09	1.00	7.09	13.01***
成绩	116.25	2.00	58.12	106.72***
年级 × 性别	1.30	2.00	0.65	1.19
年级 × 成绩	2.61	4.00	0.65	1.20
性别 × 成绩	1.43	2.00	0.71	1.31
年级 × 性别 × 成绩	1.07	4.00	0.27	0.49

表 6–2 和表 6–3 表明，男生和女生的策略意识和策略情感均差异显著。在策略意识上，女生的平均数与标准差为 3.87 ± 0.87，男生的平均数与标准差为 3.50 ± 0.93；在策略情感上，女生的平均数与标准差为 4.10 ± 0.81，男生的平均数与标准差 3.72 ± 0.90。女生在策略意识和策略情感问卷上的得分均极其显著地高于男生，表明小学女生语文学习策略意识和策略情感的水平更高。

3. 年级、成绩在小学生语文学习的策略意识和策略情感上的主效应分析

年级、成绩在小学生语文学习的策略意识和策略情感上的主效应均显著，二者没有显著的交互作用。对成绩、年级进一步的分析结果见表 6–4、表 6–5。

从表 6–4 可以看到，不同成绩的学生在语文学习策略以及策略意识和策略情感问卷上的得分差异极其显著，后进生得分最低，中等生其次，优秀生得分最高。策略意识和策略情感水平越高，学习策略掌握水平越高，则成绩越好。策略意识和策略情感水平的高低、学习策略掌握水平的高低可反映成绩的高低。

表 6–4　不同成绩学生的语文学习策略、策略意识、策略情感的单因素方差分析（$M \pm SD$）

	策略意识	策略情感	语文学习策略
后进生	2.90 ± 0.86	3.12 ± 0.91	2.94 ± 0.74
中等生	3.64 ± 0.79	3.89 ± 0.76	3.63 ± 0.69
优秀生	4.11 ± 0.78	4.29 ± 0.69	4.06 ± 0.68
F（2，842）	136.59***	140.16***	153.12***

表 6–5 表明，四年级与五年级、五年级与六年级在学习策略、策略意识和策略情感上差异均非常显著，且五年级的学习策略、策略意识和策略情感得分都显著高于四年级和六年级，四年级与六年级在学习策略、策略意识和策略情感上差异均不显著（$p>0.05$）。五年级的学习策略、策略意识和策略情感得分都在 4 分以上，处于良好水平，而四年级和六年级的学习策略、策略意识和策略情感得分明显偏低，处于中等或者中等以下水平。

表 6–5　不同年级学生在策略意识、策略情感和语文学习策略上的差异（$M \pm SD$）

年级	人数	策略意识	策略情感	语文学习策略
四	331	3.51 ± 0.87	3.84 ± 0.82	3.54 ± 0.73
五	264	4.10 ± 0.96	4.21 ± 0.91	4.06 ± 0.89
六	250	3.48 ± 0.79	3.66 ± 0.85	3.43 ± 0.67
F（2，842）		43.06^{***}	27.75^{***}	50.08^{***}

（二）策略意识和策略情感对语文学习策略掌握的影响

1. 相关分析

进一步对策略意识、策略情感和学习策略进行相关检验。结果表明，策略意识和策略情感的相关系数为 0.82（$p<0.001$），策略意识和学习策略的相关系数为 0.90（$p<0.001$），策略情感和学习策略的相关系数为 0.82（$p<0.001$），说明策略意识、策略情感和学习策略两两之间有非常高的正相关，且策略意识和学习策略的相关大于策略情感和学习策略的相关。

2. 回归分析

为了考察策略意识和策略情感在多大程度上直接影响语文学习策略的运用，进一步运用多元线性逐步回归方法分析，结果见表 6–6。表 6–6 表明：策略意识和策略情感均对语文学习策略的变异产生影响，策略意识的影响（$\beta=0.68$）远远大于策略情感的影响（$\beta=0.27$）；策略意识、策略情感二者共同解释学习策略的 83%，表明策略意识、策略情感确实是影响学习策略的主要因素。

表 6-6　策略意识和策略情感对语文学习策略的回归分析

	R^2	F	B	β	t
策略意识 × 策略情感	0.83	2 117.375***			
策略意识			0.60	0.68	28.11***
策略情感			0.25	0.27	11.01***

四、讨论

（一）小学生语文学习的策略意识和策略情感均处于中等水平

本研究揭示，小学生语文学习的策略意识和策略情感均处于中等水平，有进一步提高的潜力和空间。

小学生语文学习策略意识不足可能与以下因素有关。其一，虽然新课标已明确将“学习的过程与方法”作为教学目标，但长期的知识教学使大多数教师产生了惯性的教学方式，疏于对学生策略意识的培养。其二，在教育教学过程中，教师长期“重努力归因，轻策略归因”，关注学生的努力行为和学习结果，而对于这个学习结果是学生绕弯路得到的还是走近路获得的并不关心，更缺乏对有效策略的指导及学生有效使用策略的表扬与鼓励，久而久之，学生也只关注学习结果，缺乏如何快捷地、有窍门地获得结果的策略意识。要纠正这种偏向，就应该彻底转变观念，注重策略导向的鼓励，唤醒学生的策略意识（何木叶，2011）。其三，在基础教育中，教师满负荷的作业安排，完全挤占了学生的自主学习时间。绝大部分学生就像猴子掰苞谷似的应付学习，没有时间思考策略。诚然，思考策略需要时间，也需要极大的脑力劳动。但磨刀不误砍柴工，掌握了有效的学习策略才能获得学习的更大自主权，从而达到高效学习、轻松学习，最终达到快乐学习。因此，为了帮助学生对自己的学习过程拥有更大的自主权，教师需使他们认识到一些对自己可能有用的策略。

学生缺乏策略情感，究其原因，“重知轻情”的现象在当前小学语文教学中十分普遍。虽然“情感、态度、价值观”纳入三大教学目标之中，非智力因素理论在学校教育中的传播为教学中情感因素的重视和运用创造了有利的条件，但是在现实教学中，策略知识并没有受到广大语文教师的重视，而对策略情感的教学就更没有摆到一个应有的高度。策略教学的有效性问题一直在困扰和制约着学习策略教学及其进一步发展，考察现有的相关研究，主体体验不足或缺乏主体经验是目前学习策略教学低效的症结所在（田良臣，刘电芝，2002b）。那么，我们应该如何培养学生的策略情感呢？研究证明，学习快感缺失是由于消费型快感缺失（对愉快刺激的反应减少或者体验快乐的能力下降）和期待性快感缺失（体验预期的愉快感受的能力降低），这两者既与遗传基因有关，也与后天环境有关，我们可以通过后天的教育来引导学生产生这两种快感（张荣华，刘电芝，2012）。首先，教师应加强学生对策略学习过程的愉悦体验，如对自己新获得策略的认同感、对策略运用有效性的欣喜感及对有效使用策略的成就感；其次，教师应激发学生对学习结果的憧憬与期待，想象着学习愿望实现的快乐与幸福。如此持之以恒，坚持培养，效果就会显示出来。

（二）不同性别、成绩、年级学生策略意识和策略情感的特点

1. 小学女生策略意识和策略情感水平高于男生

本研究表明，女生的策略意识和策略情感比男生强，且差异显著。语文属于人文学科，一般来说女生比男生更擅长人文学科。通常人们认为这是因为女性感情丰富、细腻，形象思维好。本研究结果从另一个角度证实：女生语文成绩比男生好的另一个重要的原因是女生的策略意识和策略情感都强于男生，从而大大地促进了她们对语文学科的学习。已有研究（林崇德，2000）表明，在小学高年级和中学低年级阶段，女生在生理和心理上的发展都要略快于男生，之后便趋于相同，因此女生的策略意识、策略情感均强于男生也是符合男女学生的心理发展特点的。

2. 不同学习成绩的学生策略意识、策略情感发展水平不同

本研究表明，学习成绩越好的学生，其策略意识和策略情感水平也越高，与以往研究（Goetz et al.，2008）发现学习成绩与学生的情感因素之间具有显著的正相关的结论可以互为佐证。

前人的研究（Lowson，1994）发现，学习成绩好的学生能够唤起大量的相关

知识并能有效地利用这些知识进行学习，而学习困难的学生不仅唤起的知识量少，而且不能有效地利用这些知识。相关知识的有效唤起本身就是一种学习策略。一般来说，学习优秀的学生比学习困难的学生更多地应用自主学习策略中的深加工策略、组织策略、精致化策略、计划策略等，也就是说，学习成绩好的学生能够利用学习策略加工新知识，促进新知识与原有知识建立联系，进而获得良好的体验。学生对学习策略的良好体验，会极大地促进他们对学习策略的使用。可见，学习成绩好的学生策略情感和策略意识相互促进。而学习困难的学生较多运用表浅加工策略，注意描述性信息，而忽略了隐含在信息中的程序性知识和情境性知识，使他们难以从给定的信息中引导出新信息，从而导致他们认知结构的内容难以有效地唤起相关知识和有效利用已唤起的知识（郭文斌，2006）。学习成绩不好的学生，一方面缺乏唤起相关知识的有效策略，另一方面他们多用不那么有效的表浅策略，而这些策略往往不能给其带来学习上的进步，使其难以体会到运用策略的快乐。此外，当学生策略情感水平不高时，学生即便有新的有效策略也难以坚持使用，策略的有效性就不可能得到体现。有研究表明，一个策略的生成需要一定频率的使用，仅发现或从外界学到新策略，而没有坚持使用，形成个人相对固定的习惯，那么这个策略不能算是真正生成（何木叶，2011），这就难以保证需要策略时能正确使用。因此，教师不仅应该传授有效的学习策略，还应突出策略使用的条件与范围，即条件化的知识（刘电芝，黄希庭，2008），这样才能帮助学生在需要时能提取正确的策略。

3. 策略意识和策略情感的发展随年级的升高呈倒 V 字形

本研究表明，虽然总体上小学生策略意识和策略情感都处于中等水平，但是五年级学生在这两个因素上的发展超出了平均水平，显著高于四年级与六年级。五年级高于四年级，这与儿童的身心发展趋势一致，即年级越高，发展水平越高。而六年级学生的策略意识和情感水平却不增反降，低于五年级学生，似乎违背常理，但这与小学生语文学习策略的掌握随年级的增长呈倒 V 字形是一致的。可见，策略意识和策略情感与策略掌握情况是息息相关的。策略意识和策略情感的发展随年级的升高呈倒 V 字形，究其原因，可能有以下几点：其一，六年级学生面临小升初的升学压力，他们面临越来越多的作业负担，来自父母、教师的压力也越来越大，导致学生越来越厌倦，越来越不爱学习（贾小娟等，2012）。厌学情绪的增加可能是导致学生策略意识和策略情感降低的一个重要因素。其二，六年级学生经常进行高强度的重复习题训练，完成作业的方式已基本模式化、机械化、自动化，对学习策略的需要减小。同时，新的学习策略的使用比较耗时耗力（Pintrich & Zusho，2002；Zimmerman，2000），学习时间的紧迫感也使他们很少有欲望去探索新的学习策略。其三，策略意识和策略情感出现先上升后下降的趋势也有可能跟学生的深层学习动机有关。有研究证明，深层学习动机与高水平的学习策略相联系，表面性学习动机与低水平的学习策略相关（王有智，2003）。儿童的深层学习动机表现出先上升后下降的趋势，年级越高，深层学习动机就越低（贾小娟等，2012；王有智，2003）。特别是课业压力导致深层学习动机下降，学生的策略意识和策略情感水平也随之降低。

（三）策略意识和策略情感对学习策略的影响

本研究表明，策略意识和策略情感直接影响小学生对语文学习策略的运用，且学生的策略意识比策略情感对策略运用的影响更大。

本研究从语文学科角度证实策略意识对策略的获得和运用有直接的影响。这是由于有强烈策略意识的个体不仅会自我总结有效的学习策略，也会随时随地有意识地观察、模仿或者将教师、优秀同学的有效策略转化为个人策略（张荣华，刘电芝，2012）。因此，策略意识会制约策略获得的数量与质量，还直接影响策略的生成与有效运用。刘电芝和黄希庭（2007）在研究儿童简算策略获得的过程中就曾发现：策略意识强的学生能正确运用策略，其中部分学生能自我生成策略。无策略者，大部分缺乏策略意识。可见，策略意识是策略掌握必不可少的前提因素。帮助学生树立策略意识、获取有效策略、正确使用策略是保证和提高语文能力训练有效性的根本措施。

情感带有独特的主观体验色彩，这种体验是脑的一种状态，正是情感的主观体验给行为提供动机，对认知和行为起着组织、瓦解作用（孟昭兰，2005）。策略情感对策略学习和运用的影响亦是如此。佩克伦等人（Pekrun et al.，2002）

的研究表明，积极的学业情绪与元认知策略的运用呈正相关，在积极的学业情绪下，学生更容易运用元认知策略，而消极的学业情绪则限制元认知策略的运用（罗乐，鲁朋举，余林，2009）。良好的策略情感源于内在的满足、兴趣和良好的体验，因此它对学习策略的推动力深刻而持久，能促使学生积极主动地学习、获取策略。

本研究表明，策略意识和策略情感都对学习策略的掌握有重要影响，但两者发挥的作用不一样：策略意识是促进策略生成与获得的重要前提条件，策略情感则是保持策略使用与继续探究策略的动力成分。如果在小学阶段，教师就能引导学生形成强的策略意识和策略情感，获得良好的策略，那么对他们后续的学习将会产生不可估量的作用。

五、小结

（1）小学生语文学习的策略意识和策略情感都处于中等水平，有待提高。其中，女生的策略意识和策略情感水平都显著高于男生。因此，在教育教学过程中，教师应有意识引导男生对语文学习策略进行探索，逐渐提升其策略情感水平。

（2）小学生语文学习的策略意识和策略情感直接影响其对语文学习策略的掌握与运用，其中策略意识的影响更大。培养学生的策略意识不仅可以让他们意识到策略的价值，而且能促进他们运用策略。

（3）不同学习成绩的学生策略意识、策略情感的发展不一样，学习成绩越好的学生，其策略意识和策略情感水平也越高。

（4）小学生语文学习的策略意识和策略情感的发展在四至六年级呈倒 V 字形，即五年级最高，六年级倒退。这与学生的身心发展特点有关，也与六年级学生面临迫在眉睫的升学任务有关。只有改革应试教育模式，才能避免学生策略意识和策略情感的退步。

第二节　小学生策略意识和策略情感对英语学习策略掌握的影响

一、问题提出

学习策略的掌握可使学生的学习事半功倍，但影响学习策略的因素众多且非常复杂。比格斯（Biggs，2011）认为，影响学习策略的因素可归为人格、情境和情感等方面。司继伟（1999）研究发现，对学习策略影响最大的因素是非智力因素。奥克斯福德（Oxford，1993）认为，影响外语学习策略的因素主要有学习风格、知识背景、信念、态度和动机等。已有研究者都非常重视个人可控因素（如动机、学习的控制观念、自我效能感、学习归因）对策略的影响。目前已有较多研究（Miller，1993；Pintrich & De Groot，1990）对动机、学习归因、学习效能感等因素进行了探索。在这些可控的影响因素中，意识与情感却一直没有得到研究者的足够重视，特别是策略意识和策略情感对小学英语学习策略的影响，还需更深入的探讨。

策略意识在个人可控因素中起着举足轻重的作用，很多教学与学习经验都证明了策略意识的重要性。学生要获得更高层次、更多的策略，就必须要有某种意识。策略意识促进学生对策略有较多的了解，认识到策略的价值，并主动地发现策略（刘电芝，2003）。在英语策略意识研究上，张荣华等人（2010）发现英语学习成功者在策略使用方面更具系统性、连续性、互补性，而不是盲目和随意的，他们不仅意识到该使用哪些策略，还能调整这些策略的使用。这表明成功学习者在策略使用上已经有较强的自觉性和选择性，揭示了策略意识在英语学习中的重要性。除此之外，有研究关注英语策略意识与英语阅读水平的关系。贝克（Baker，1999）发现，策略意识与阅读水平紧密相关。潘黎萍（2012）发现，具有元认知策略意识的学生能够灵活地运用阅读策略，学生只有主动地去灵活运用各种阅读策略，才能完成对阅读材料意义的建构。

策略情感是学习策略使用中学习者的主体体验，是学习者通过尝试、应用从而获得关于具体策略的情感、价值和态度等方面的内心认同（刘电芝，2003）。

积极情感可以产生一种非具体的思想行为倾向，具有认知启动和扩展效应，可以扩大个体的注意范围，增强认知的灵活性，改善行动模式等。这种认知的拓展和行为改善具有积累资源的作用，包括生理资源、智力资源以及社会资源等（Fredrickson，2001）。有关英语阅读的研究发现，与其他学生相比，那些对阅读感兴趣、投入积极情感、采用特定策略以帮助学习的学生，更有可能成为有效的阅读者（Baker，1999）。在学习活动中，积极情感能够激发动机，而动机特别是内源性动机对策略的促进作用已经得到证实（刘电芝，2003）。此外，关于学习策略主体体验的研究（田良臣，刘电芝，2002b）表明，通过尝试、应用而获得的关于具体策略的情感、价值、态度等方面的内心认同，是沟通学习策略与问题情境的中介桥梁。再高效的学习策略，缺少了主体体验也难以内化到主体认知结构中成为具有个人价值意味的智慧能力。

在实践中，很多教师发现，学习策略常常非常难教，在授课当时，学生表示掌握了策略，但在之后的学习过程中，学生抱怨策略训练增加了额外的负担，或认为得不偿失，即使是在策略训练中有成功体验的一些学生，也难以坚持长期使用策略（周少贤等，2010）。虽然策略的产生经常会帮助儿童提高记忆成绩，然而他们也并不总是运用这些策略，特别是在刚刚获得这些策略时更是如此（Miller & Seier，1994）。究其原因，可能很大程度上是策略学习者并未产生相应的情感。刘电芝、张荣华（2004）认为，策略意识不强是学生出现策略利用性缺陷的原因之一。成茂芳等人（2007）认为，在策略训练的过程中，注重学生的情感因素可以防止他们出现策略的利用性缺陷。因此，本研究将重点探讨策略意识、策略情感对小学英语学习策略的影响。

二、研究方法

（一）研究对象

采取整群抽样，在苏州、无锡两地随机选择不同层次的6所小学。共抽取学生792人进行正式问卷的测试，回收有效问卷677份，问卷有效率为85.5%。在有效问卷的填写者中，男生358人，女生319人；四年级182人，五年级275

人，六年级 220 人。

（二）研究工具

1. 小学英语策略意识诊断问卷

自编小学英语策略意识诊断问卷。通过对专家学者的开放式访谈，收集了对小学英语学习策略习得和掌握具有积极作用的有关题目，经过一线专家教师的修改，形成初评问卷。以苏南地区 734 名小学生为被试进行初测，回收有效问卷690份。

对初测问卷进行探索性因素分析以确定问卷结构及题目，全部题目的累计方差贡献率为 51.25%。62%~95% 的专家（专家总数为 43 人）认同的题目予以保留，形成正式问卷。问卷的克龙巴赫 α 系数为 0.87，重测信度为 0.80。问卷的信度、效度良好。

该问卷一个维度，共 7 题，如“我相信英语成绩提高的关键是改善学习方法”“我总想掌握更多有效的英语学习方法”。

2. 小学英语策略情感诊断问卷

自编小学英语策略情感诊断问卷，编制方法同上。对初测问卷进行探索性因素分析以确定问卷结构及题目。该问卷包括策略探索喜悦感和策略运用喜悦感两个维度，累计方差贡献率为 53.78%。62%~95% 的专家（专家总数为 43 人）认同的题目予以保留，形成正式问卷。问卷的克龙巴赫 α 系数为 0.82，重测信度为 0.74。策略探索喜悦感和策略运用喜悦感两个维度的克龙巴赫 α 系数分别为 0.81、0.56，重测信度分别为 0.72、0.57。通过验证性因素考察问卷的结构效度，χ^2/df 为 2.76，*RMSEA* 为 0.05，*GFI*、*NFI*、*IFI*（增值拟合指数）、*CFI*（比较拟合指数）均在 0.95 以上，问卷模型拟合理想。问卷的信度、效度良好。

策略探索喜悦感维度共 4 题，是指能够在学习、尝试、发现新策略时体会的愉悦感，如“如果能把其他学科好的方法用在英语学习上，我就觉得学习更有趣”“我能在探索英语这门课程的新学习方法中体验到乐趣”。

策略运用喜悦感维度共 4 题，是指在策略使用时或策略产生效果时能够产生对策略的积极情感，如“当我用新方法做对英语题目时，我很有成就感”“做英语题时，当我知道可以用什么方法时，我很兴奋”。

两个问卷的题目均采用陈述式的5级评定，分别为“我完全是这样、我一般是这样、我有时候这样、我多数不这样、我完全不这样”，依次记为“5、4、3、2、1”分；得分越高，则表示策略意识越强，策略情感越积极。

小学生英语学习策略运用状况的数据是用小学英语学习策略诊断问卷进行调查所得的数据（详见第四章第二节）。

三、研究结果

（一）小学生英语学习的策略意识和策略情感的现状

调查结果显示，小学生英语学习的策略意识和策略情感的得分在3分至4分之间，处于一般水平。具体见表6–7。

表6–7　小学生英语学习策略意识和策略情感的基本情况

	M	*SD*
策略意识	3.80	0.90
策略情感	3.75	0.79
策略运用喜悦感	3.70	0.83
策略探索喜悦感	3.79	0.96

（二）小学生英语学习的策略意识和策略情感的人口学统计差异

以学校（好、中等、差）、年级（四年级、五年级、六年级）和性别（男、女）作为自变量，以策略意识和策略情感的得分作为因变量，进行多因素方差分析。结果（见表6–8）表明，在策略意识和策略情感上，学校、性别的主效应非常显著，学校和年级的交互作用显著。除此之外，在策略情感上，学校、年级和性别的三重交互作用显著。

表 6-8　策略意识和策略情感的人口学方差分析

差异来源	策略意识	策略情感
学校	24.21***	15.67***
年级	1.01	0.77
性别	13.75***	12.93***
学校 × 年级	4.29**	4.92**
学校 × 性别	2.01	0.13
年级 × 性别	0.04	0.01
学校 × 年级 × 性别	1.90	3.11*

进一步对学校和年级在策略意识上的交互作用进行分析。对于好学校来说，策略意识得分的年级间差异显著（$F=4.84$，$p<0.01$），四年级和六年级的得分显著高于五年级的得分，四年级和六年级之间无显著差异；对于中等学校来说，策略意识得分的年级间差异显著（$F=6.50$，$p<0.01$），五年级和六年级的得分显著高于四年级的得分，五年级和六年级之间差异不显著；对于差学校来说，策略意识得分的年级间差异不显著（$F=0.30$，$p>0.05$）。在四年级，策略意识得分的学校间差异显著（$F=11.41$，$p<0.001$），好学校的得分显著高于中等学校和差学校的得分，中等学校和差学校之间差异不显著；在五年级，策略意识得分的学校间差异显著（$F=3.90$，$p<0.01$），好学校和中等学校的得分显著高于差学校的得分，好学校和中等学校之间差异不显著。在六年级，策略意识得分的学校间差异显著（$F=12.30$，$p<0.001$），好学校和中等学校的得分显著高于差学校的得分，好学校和中等学校之间差异不显著。

进一步对学校、年级和性别在策略情感上的交互作用进行分析。对于男生来说，在好学校、中等学校和差学校，策略情感得分的年级间差异均不显著（$F=0.97$，$p>0.05$；$F=1.73$，$p>0.05$；$F=1.71$，$p>0.05$）。在四年级和五年级，策略情感得分的学校间差异不显著（$F=2.88$，$p>0.05$；$F=1.25$，$p>0.05$）；在六年级，策略情感得分的学校间差异显著（$F=7.62$，$p<0.01$），好学校和中等

学校的得分显著高于差学校的得分，好学校和中等学校之间差异不显著。

对于女生来说，在好学校，策略情感得分的年级间差异显著（$F=8.23$，$p<0.001$），六年级的得分显著高于四年级和五年级的得分，四年级和五年级之间无显著差异。在中等学校，策略情感得分的年级间差异显著（$F=8.29$，$p<0.001$），五年级的得分显著高于四年级和六年级的得分，四年级和六年级之间无显著差异。在差学校，策略情感得分的年级间差异不显著（$F=0.16$，$p>0.05$）。在四年级，策略情感得分的学校间差异不显著（$F=1.11$，$p>0.05$）；在五年级，策略情感得分的学校间差异显著（$F=9.97$，$p<0.001$），中等学校的得分显著高于好学校的得分，好学校的得分显著高于差学校的得分；在六年级，策略情感得分的学校间差异显著（$F=13.19$，$p<0.001$），好学校的得分显著高于中等学校和差学校的得分，中等学校和差学校之间差异不显著。

以性别为自变量做独立样本 t 检验，结果见表 6–9。结果表明，男女生在策略意识、策略情感上均具有显著差异，女生得分高于男生。

表 6–9　男女生在策略意识和策略情感问卷上的差异（$M\pm SD$）

	策略意识	策略情感
男（358 人）	3.59 ± 0.91	3.55 ± 0.81
女（319 人）	4.05 ± 0.81	3.97 ± 0.72
t	4.04^{***}	3.87^{***}

以学校为自变量，进行单因素方差分析。结果见表 6–10，显示不同学校的策略意识和策略情感得分有非常显著的差异（$p<0.001$）。LSD 事后检验显示，在策略意识和策略情感的得分上，好学校显著高于中等学校，中等学校显著高于差学校（$p<0.001$）。

表 6-10 不同学校在策略意识、策略情感问卷上的差异（$M \pm SD$）

	策略意识	策略情感
好学校（279 人）	4.00 ± 0.83	3.93 ± 0.75
中等学校（299 人）	3.77 ± 0.89	3.71 ± 0.78
差学校（99 人）	3.32 ± 0.90	3.36 ± 0.81
F	23.40^{***}	20.34^{***}

（三）小学生英语学习策略、策略意识和策略情感的关系

首先考察小学生英语学习策略、策略意识和策略情感之间的相关关系。从表 6-11 中可知，策略意识的得分与英语学习策略诊断总问卷及其三个分问卷的得分均存在极其显著的相关关系（$p < 0.001$），与策略情感及其两个维度的得分同样有显著的相关关系（$p < 0.001$）。策略情感及其两个维度的得分均与英语学习策略问卷及其三个分问卷的得分有极其显著的相关关系（$p < 0.001$）。

表 6-11 英语学习策略、策略意识和策略情感的积差相关分析

	M	SD	元认知策略	认知策略	情感 / 社会策略	策略总体	策略意识	策略情感	策略探索喜悦感	策略运用喜悦感
元认知策略	4.49	0.88								
认知策略	3.60	0.78	0.85^{***}							
情感 / 社会策略	3.18	0.77	0.82^{***}	0.80^{***}						
策略总体	3.44	0.76	0.95^{***}	0.94^{***}	0.92^{***}					
策略意识	3.80	0.89	0.84^{***}	0.83^{***}	0.80^{***}	0.87^{***}				
策略情感	3.75	0.79	0.71^{***}	0.75^{***}	0.75^{***}	0.78^{***}	0.82^{***}			
策略探索喜悦感	3.80	0.95	0.73^{***}	0.74^{***}	0.77^{***}	0.80^{***}	0.83^{***}	0.91^{***}		
策略运用喜悦感	3.70	0.83	0.51^{***}	0.58^{***}	0.56^{***}	0.58^{***}	0.63^{***}	0.87^{***}	0.59^{***}	

1. 策略情感在策略意识和英语学习策略之间的调节效应

策略意识会影响策略运用，策略情感同样会影响策略运用，因此本研究将策略情感作为调节变量进行考察。

如果说变量 Y 与变量 X 的关系是变量 M 的函数，则 M 称作两者关系的调节变量（温忠麟等，2005）。调节效应指 Y 与 X 的关系受到了第三变量 M 的影响。计算调节变量，当自变量和调节变量都是连续变量时，分为两个步骤。首先做 Y 对 X 和 M 的回归，$Y=a+bX+cM$，得到一个判定系数 R_1^2，之后做 Y 对 X、M 和 XM 的回归，$Y=a+bX+cZ+dXM$，得到第二个判定系数 R_2^2，如果后者显著高于前者，则说明调节效应显著，或者做 XM 的偏回归系数检验，如果显著，说明调节效应显著。在进行回归分析时，自变量 X、调节变量 M 以及 XM 的乘积都必须是经过中心化后的值。本研究以策略情感为调节变量，分析其在策略意识和英语学习策略之间是否有调节作用。结果见表 6–12，策略情感的调节效应显著。

表 6–12　策略情感在策略意识和英语学习策略之间的调节效应

	预测变量	R^2	ΔR^2	F	β	t
第一步	策略意识				0.61	22.22***
	策略情感	0.776		1 165.99***	0.18	5.99***
第二步	策略意识 × 策略情感	0.778	0.002	784.69***	0.04	2.39*

在回归分析中，策略意识和策略情感均直接影响英语学习策略。第一步的回归方程为 $Y=0.61X+0.18M$，策略意识影响路径系数大（$\beta=0.61$，$t=22.22$，$p<0.001$），策略情感影响路径系数相对较小（$\beta=0.18$，$t=5.99$，$p<0.001$），$F=1\,165.99$，$p<0.001$，两个变量共同解释了总变异的 77.6%。第二步的回归方程为 $Y=3.40+0.62X+0.19M+0.04XM$，策略意识和策略情感的交互作用显著（$\beta=0.04$，$t=2.39$，$p<0.05$；$F=784.69$，$p<0.001$），交互作用解释了总变异的 0.2%，这说明策略情感在策略意识和英语学习策略之间具有调节效应（$\Delta R^2=0.002$，$\Delta F=5.73$，$p<0.05$）。

为了进一步分析策略情感的调节效应，分别把策略意识和策略情感的得分按照高于、低于平均数一个标准差的方式分组，进行简单斜率分析，结果如图 6–1 所示。在策略意识水平一致的情况下，策略情感得分较高的学生在英语学习策略上表现更佳。策略情感在策略意识和英语学习策略之间有一定的增益作用。

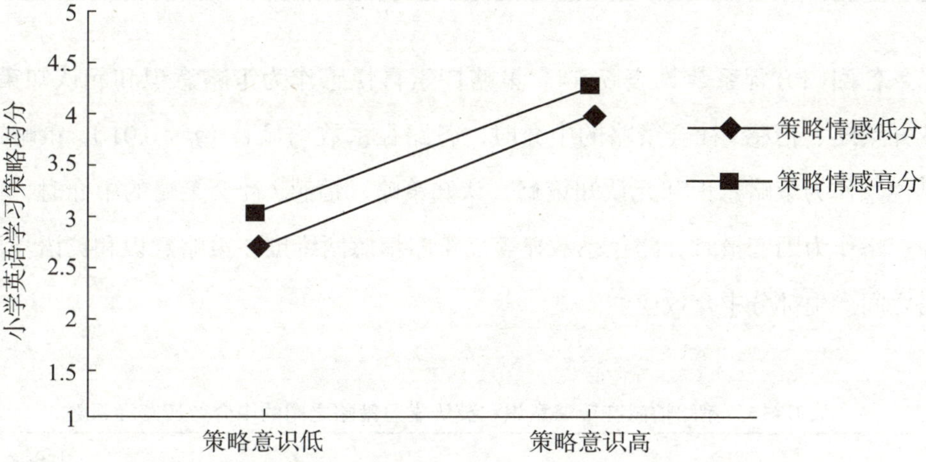

图 6–1　策略情感在策略意识和英语学习策略之间的调节效应

2. 策略情感在策略意识和英语学习策略之间的中介效应

变量之间的关系往往是复杂的，本研究认为策略情感既可以作为调节变量，也可以作为中介变量。

如果某个变量的介入能够降低预测自变量与因变量的相关，那么这个变量很可能就是中介变量。本研究以策略意识为自变量（X），以元认知策略、学科认知策略、情感 / 社会策略为预测变量（Y），以策略探索喜悦感、策略运用喜悦感为中介变量（M）构建模型。根据温忠麟等人（2005）等提出的中介效应检验程序，首先做 Y 对 X 的回归，即 $Y = cx + e_1$，检验系数 c 的显著性，之后做 M 对 X 的回归，即 $M = ax + e_2$，检验系数 a 的显著性，最后做 Y 对 X、M 的回归，即 $Y = c'x + bM + e_3$，检验系数 b 与 c' 的显著性，在系数 a、b 均显著的情况下，如果 c' 显著，则 M 具有部分中介效应，如果 c' 不显著，则 M 具有完全中介效应。

运用结构方程模型 Amos 软件，采用 Bootstrap 法对中介效应进行分析。该模型指标见表 6–13，均达到要求。

表 6–13　以策略情感为中介的模型指标

CMIN/df	*RMSEA*	*GFI*	*NFI*	*RFI*	*IFI*	*CFI*
4.78	0.075	0.99	0.99	0.98	0.99	0.99

各回归方程系数见表 6–14。策略探索喜悦感作为策略意识和元认知策略、认知策略、情感 / 社会策略的中介时，各路径系数均显著（$p<0.01$）。策略运用喜悦感作为策略意识和元认知策略、认知策略、情感 / 社会策略的中介时，仅认知策略作为因变量时，路径系数显著。策略情感两维度在策略意识和英语学习策略之间产生部分中介效应。

表 6–14　策略情感在策略意识和英语学习策略之间的中介效应路径系数

中介效应的路径	*a*（*Sa*）	*b*（*Sb*）	*c*	*c*'	中介效应/总效应
策略意识→策略探索喜悦感→元认知策略	0.83^{**}（0.014）	0.12^{**}（0.043）	0.84^{**}	0.73^{**}	11.80%
策略意识→策略探索喜悦感→情感 / 社会策略	0.83^{**}（0.014）	0.36^{**}（0.043）	0.80^{**}	0.49^{**}	37.35%
策略意识→策略探索喜悦感→认知策略	0.83^{**}（0.014）	0.17^{**}（0.041）	0.82^{**}	0.62^{**}	17.20%
策略意识→策略运用喜悦感→认知策略	0.63^{**}（0.025）	0.08^{**}（0.02）	0.82^{**}	0.62^{**}	6.14%

四、讨论

（一）小学生英语学习的策略意识和策略情感状况尚不理想

本研究表明，小学生英语学习的策略意识和策略情感均处于“有时候这样”

与“一般是这样”之间，情况不容乐观。小学生自发地发现、探索、运用策略的意识还不高，对探索、使用策略的兴趣、情感也处在中等水平。小学生的英语知识和英语学习策略均处在起步阶段，而策略意识、策略情感与英语学习策略的发展是同步的，因此，小学生在策略意识和策略情感上表现不佳也就不难理解了。虽然小学阶段的儿童能自发地掌握一些策略，并利用已有策略产生新的策略来解决问题，但这些策略都是比较简单的策略（周龙兴，1999）。在中小学英语课堂上，策略教学未得到重视，专门针对策略意识的教学更是极为少见。学习者不是生来就知道自我管理的，特别是在无条件服从权威的传统文化中成长起来的中国学生，往往倾向于依靠别人的帮助，而不是自己主动采取措施。在选择学习策略方面，学生十分需要教师的指导和帮助。并且，掌握一门外语需要付出大量艰辛的努力，对于处在认知未成熟阶段的小学生来说，找到适合自己的、科学有效的学习策略并非易事（高荣涛，刘文宇，2011）。因此，在策略教学中渗透策略意识非常必要。在策略情感上，对策略拥有积极的情感，有助于学生更好地掌握英语学习策略。教师应加强对学生的策略训练，培养他们探索和使用策略的意识，鼓励他们发现并坚持使用策略，使他们认识和体验到策略的价值，从内心里真正认同和接受策略，积极将策略知识转化为策略行为（刘电芝，成茂芳，2008）。

（二）不同学校、性别、年级的小学生英语学习的策略意识和策略情感差异很大

学校是影响小学生英语学习的策略意识和策略情感的最主要因素。不同学校的小学生在策略意识和策略情感上均呈现显著差异。学校教学水平越高，小学生的策略意识和策略情感得分越高，说明环境对策略意识和策略情感有重要作用。性别是影响小学生英语学习的策略意识和策略情感的重要因素，具体表现为女生显著优于男生。女生比男生有更强烈的策略意识。通常，女性被认为比男性更具有语言天赋，她们更擅长、更经常运用策略学习语言（Oxford，1993）。在这种社会印象下，女生比男生有更强的英语学习动机，探索使用策略的欲望也更强烈。并且女生的自我意识成熟时间也早于男生，女生能更早地意识到策略的重

要性，更早地学会调节和控制自己，因此在意识上有更优表现。艾森伯格和伦农（Eisenberg & Lennon，1983）发现在策略情感上，女生同样表现更好，女生比与男生更关注情感的觉察和表达。已有研究（徐速，2011）发现，对于英语学科，女生拥有更多的积极情绪，男生拥有更多的消极情绪。英语学科需要较多的诵读与记忆，男生在诵读与记忆上普遍缺乏耐心与坚持性，较女生更少从英语和英语策略学习中体会到积极情感，因此，在策略情感上的表现整体不如女生。

在策略意识上，学校和年级的交互作用显著。好学校四年级学生的策略意识显著高于其他学校四年级学生；在五年级，好学校学生的策略意识得分大幅下降；在六年级，好学校学生的策略意识得分回升，但与中等学校学生的策略意识得分无显著差异。好学校教学理念先进，英语学习氛围也较好，在英语教学之初，很多教师会注意培养学生的英语学习兴趣，学习难度也并不高，学生有足够的认知资源去探索策略学习和应用。在对英语的兴趣、好奇等内源性动机的驱使下，学生探索英语学习策略的意愿强烈。到了五年级，学习难度加大，加上一些策略可能并不能马上生效，一些学生对策略好感度降低，另一些学生则在短时间的策略学习后，出现已经“学会了很多策略”的错觉，因而，策略意识大幅下降。到了六年级，学生面临升学考试，在这种压力下，学生寻找提升英语成绩的方法、探索英语学习策略的意愿又开始变得强烈，策略意识得分也随之增长。

在中等学校，学生的策略意识从四年级到六年级呈增长趋势。在四年级，中等学校学生与好学校学生在策略意识得分上还有较大差距，但是从五年级开始，差距消失。中等学校虽然在师资、学习氛围上不如好学校，但是面临的压力也较小，随着年级的升高，学生的英语知识、英语学习策略逐渐增加，策略意识也相应增长。中等学校学生的英语学习策略及策略意识一直呈比较平稳的上升趋势。教师要注意随着学生策略意识的增长，相应地对学生进行策略指导，使这种良好趋势得以保持。

在差学校，学生的策略意识水平一直较低，且年级间并无明显变化。由于差学校的学生基础差，教师在教学中常常只重视知识教学，忽视对策略意识的引导，出现重知识轻策略的现象。其实，在四年级，差学校的学生在英语学习策略及策略意识上与中等学校的学生尚无差距，随着年级的升高，差距却逐渐加大。随着知识难度的加深，只重视知识的教学会让学生越来越感到力不从心，越来越体验不到学习的乐趣，对策略探索的愿望会越来越弱，学习的效果也会越来越差。因此，教师在进行英语知识教学的同时，应加强策略意识的引导，鼓励学生探索有效省力的学习策略，体会到策略的使用效果，进而改变学习状况。

在策略情感上，学校、年级和性别的交互作用显著。对于男生来说，不同学校学生均没有表现出年级差异。在四年级和五年级，男生策略情感得分的学校间差异不显著；在六年级，好学校和中等学校的男生在策略情感得分上显著高于差学校的男生。教师应特别注意培养男生对英语学习策略的积极情感，使他们体会到应用英语学习策略的效果。对于女生来说，在四年级，不同学校学生的策略情感无显著差异，随着年级升高，出现较大变化。在好学校，策略情感呈上升趋势，好学校六年级女生的策略情感水平远高于中等学校和差学校的六年级女生。中等学校的学生在五年级达到最高点，超过好学校的学生，之后又迅速下滑，到了六年级则与好学校的学生出现较大差距。差学校学生的策略情感无显著变化，一直处在较低水平。好学校的学生在良好的学习氛围与教师引导下，经过两年的英语学习，会逐渐体会到策略的益处，逐渐培养出对策略较高的认同感，在六年级表现出较高的策略情感水平。中等学校女生的策略情感得分在六年级下降更为显著，这可能与小升初的考试压力较大有关。差学校的学生在策略情感上的表现不佳，这可能与差学校的教师有关。教师缺乏对学生策略运用的直接引导，学生难以通过自己的努力获得并正确运用策略或产生对策略的认同，难以形成策略探索与运用的喜悦感，策略情感也就难以提升。差学校的教师应改变观念，充分认识到策略学习的价值，自主积累英语学习策略，并把策略运用的成功感传递给学生，激发学生产生相应的积极情感。

（三）策略意识、策略情感对小学生英语学习策略的运用具有显著影响

本研究发现，策略意识、策略情感和小学英语学习策略之间有显著相关。策略意识和策略情感对小学英语学习策略有显著的正向预测作用。本团队前期研究

表明，高策略意识能够促进策略的择用，策略意识对策略有直接预测作用（莫秀锋，刘电芝，2007；曹华清，刘电芝，2004）。虽然目前对策略情感的研究相对较少，但有大量研究证实了学习策略与积极情绪呈显著正相关。由此可推论，个体拥有较高的策略意识和策略情感，就会拥有较高的学习和探索、使用策略的意愿，更多地使用策略，产生学习效益，从而产生更积极的策略情感，积极的策略情感又会使个体产生更高的策略意识，获得更多策略及其使用效果，这样不断良性循环。在这种良性循环中，策略意识是至为重要的。本研究发现，策略意识对策略的预测作用强于策略情感，这也在一定程度上佐证了三者在循环中各自产生的作用。

1. 策略情感在策略意识和英语学习策略之间的调节效应

统计结果发现，在具有策略意识的情况下，策略情感作为“第二自变量”也对小学英语学习策略的运用产生影响。虽然策略意识能够直接影响小学英语学习策略的水平，但从意识转化为策略，往往还需一个较长的过程。在这个学习过程中，策略本身也是需要消耗认知资源的，特别是在策略学习初始阶段（Miller，1993）。而情绪和动机不仅能调节注意力和认知，对认知还有增力的作用（Eynde，2006）。一些学生虽然意识到策略的重要性，学习和使用策略的愿望强烈，但从开始学习到完全掌握策略，特别是一些高水平策略，可能需要较长时间坚持练习才能有所收获。如果学习过程中缺乏积极的策略情感，无法从策略学习和使用的过程中获得喜悦感，这个过程就会难以坚持而半途而废。拥有较高策略情感的学生能够利用情感的作用，克服在策略学习及使用中的困难，因此他们在策略的掌握和应用中的表现也更好。另外，学生具有高策略情感还意味着使用策略并在学习中获益时，会体验到更强的策略认同度和愉悦感。这种喜悦感能够增强学习动机，并最终促进英语的策略学习。除此之外，也有研究者发现，策略意识与策略行为结果可能出现不一致，只有强烈的策略意识，而并未掌握策略的使用条件，只会导致策略的机械使用（刘电芝，黄希庭，2005）。积极情绪会促进学生灵活地使用学习策略，而消极情绪则使学生刻板地使用学习策略（Ainley & Corrigan，2005）。

2. 策略探索喜悦感、策略运用喜悦感在策略意识与学科认知策略之间的中介效应

本研究发现，策略探索喜悦感、策略运用喜悦感在策略意识与学科认知策略之间存在部分中介效应，即在加入策略探索喜悦感或策略运用喜悦感后，策略意识对学科认知策略的路径系数由 0.82 下降为 0.62，说明策略意识除直接影响学科认知策略外，还通过影响策略情感间接对学科认知策略起作用。

策略探索喜悦感在策略意识与元认知策略之间、策略意识与情感 / 社会策略之间存在中介效应。在加入策略探索喜悦感这一变量后，策略意识对元认知策略的路径系数由 0.84 下降为 0.73，对情感 / 社会策略的路径系数由 0.80 下降为 0.49，中介效应与总效应之比分别为 11.80%、37.35%。而策略运用喜悦感对元认知策略、情感 / 社会策略的路径系数不显著。可见，策略探索喜悦感的作用远远大于策略运用喜悦感的作用。

五、小结

（1）小学生英语学习的策略意识、策略情感尚不理想。教师要重视对小学生英语学习的策略意识、策略情感的培养。

（2）在小学生英语学习的策略意识、策略情感上，学校、性别的主效应非常显著：好学校优于中等学校，中等学校优于差学校；女生优于男生。教师要根据学校、年级和性别的特点来培养小学生英语学习的策略意识、策略情感。

（3）小学生英语学习的策略意识、策略情感均能影响他们对英语学习策略的掌握和运用，但策略意识的影响更大；策略情感在策略意识与英语学习策略之间具有调节效应，也具有部分中介效应。策略探索喜悦感的作用显著大于策略运用喜悦感的作用。教师在教学过程中要注意激励与引导，促进学生在发现策略的过程中体会到学习的快乐。

第三节　小学生策略意识和策略情感对数学学习策略掌握的影响

一、问题提出

学习策略的掌握与运用，不仅取决于学习策略本身的性质，还取决于一些相关因素，如学习动机、自我效能感等。不同学习倾向（行为导向、任务导向、社会导向、逃避学习）会导致不同学习策略的选用（Mäkinen & Olkinuora，2004）。学生对知识与学习的信念（如知识是否明确、能力是否稳定、学习是否迅速等）会影响不同学习策略的选择与运用水平（Tove et al.，2005）。学习导向的动机会导致学生采用复杂的学习策略，成就导向的动机会导致学生采用简单的学习策略（Atputhasamy & Aun，2006）。

对策略的积极情感能够促进学生去发现与使用策略。关于数学学业情绪的研究发现，控制学生已有的学习水平后，女生比男生有更多的消极情绪和更少的积极情绪；消极情绪下的学习内源性动机不足，因而不利于学习水平的提高（俞国良，董妍，2007）。数学焦虑情绪能够影响学生的策略选择，并且随着年级的上升，数学焦虑情绪对策略选择的影响日益显著。可见，情感在很大程度上影响着数学学习，那么数学策略情感又是如何影响数学学习策略运用的呢？目前，有关的实证研究比较少见。

在策略的影响因素中，对策略意识的研究也很少。很多教学与学习经验都证明了策略意识的重要性（关文信等，1998；冯刚，1998）。有无策略与策略意识紧密相关，策略意识是运用策略的前提，在很大程度上决定了策略的数量与质量。策略意识究竟是如何影响策略获得与运用的呢？本研究专门考察策略意识和策略情感对小学生数学学习策略掌握和使用状况的影响，以弥补已有研究的不足，并为策略的教学提供建议。

二、研究方法

（一）研究对象

我们采取整群抽样，在苏州、无锡两地随机选择不同层次的 6 所小学。根据当地教育局提供的数据，按学校的教学与生源质量将学校分为好学校和一般学校两类。用正式问卷对 788 名学生进行测试，回收有效问卷 721 份，问卷有效率 91%。在有效问卷的填写者中，男生 392 人，女生 328 人，性别信息缺失的 1 人；四年级 239 人，五年级 217 人，六年级 265 人。

（二）研究工具

1. 小学数学策略意识诊断问卷

自编小学数学策略意识诊断问卷。通过开放式访谈，收集了对小学数学学习策略习得和掌握具有积极作用的有关题目，经过一线专家教师的修改，形成初测问卷。对苏南地区 755 名小学生进行测试，对初测结果进行探索性因素分析以确定问卷结构及题目。调查小学数学教研员与高级教师 44 人，请他们评价问卷题目的适宜性，保留 75% 以上的专家型教师认可的题目，形成正式问卷。问卷的克龙巴赫 α 系数为 0.79，重测信度为 0.64。通过验证性因素分析考察问卷的结构效度，χ^2/df 为 1.88，*RMSEA* 为 0.04，*GFI*、*NFI*、*IFI*、*CFI* 均大于 0.98，问卷模型拟合理想。总之，问卷的信度、效度良好。

该问卷一个维度，共 5 题，如“在做数学题时，我注意总结有效的解题方法”“我经常留意那些数学学习好的同学所使用的方法”。

2. 小学数学策略情感诊断问卷

自编小学数学策略情感诊断问卷，编制方法同上。采用探索性因素分析确定问卷结构及题目。保留 75% 以上的专家认可的题目，形成正式问卷。问卷的克龙巴赫 α 系数为 0.85，重测信度为 0.70。总之，问卷的信度、效度良好。

该问卷一个维度，共 6 题，如“和同学一起探讨数学学习方法，对我来说是一件快乐的事”“做数学题时，当我知道可以用什么方法时，我很兴奋”。

两个问卷的题目均采用陈述式的 5 级评定，分别为“我完全是这样、我一般是这样、我有时候这样、我多数不这样、我完全不这样”，依次记为“5、4、3、2、

1”分；得分越高，则表示策略意识越强，策略情感越积极。

小学生数学学习策略运用状况的数据是用小学数学学习策略诊断问卷进行调查所得的数据（详见第四章第三节）。

（三）程序与统计分析

采取纸笔测试的方式随机整班施测。数据采用 SPSS 18.0 进行统计分析。

三、研究结果

（一）小学生数学学习的策略意识和策略情感现状

1. 小学生数学学习的策略意识和策略情感的总体状况

小学生数学学习的策略意识、策略情感分别为 3.61 分、3.93 分，处于中等水平，不够理想。结果详见表 6–15。

表 6–15　小学生数学学习的策略意识和策略情感的基本状况

	数学学习策略	策略意识	策略情感
M	3.45	3.61	3.93
SD	0.67	0.83	0.86

进一步的相关样本 t 检验得出，策略意识和数学学习策略之间（相关系数 $r=0.85$，$p<0.001$）、策略情感和数学学习策略之间（相关系数 $r=0.78$，$p<0.001$）、策略意识和策略情感之间（$r=0.757$，$p<0.001$）均呈高相关。在发展水平上，策略情感显著高于策略意识（$t=14.671$，$p<0.001$）。

2. 小学生数学学习的策略意识和策略情感的人口学变量分析

对策略意识和策略情感进行学校、年级、性别三因素方差分析，结果见表 6–16，学校、性别的主效应显著，学校和年级的交互作用显著。

表 6-16　策略意识和策略情感的人口学变量分析

差异来源	策略意识	策略情感
学校	27.33***	21.70***
年级	1.11	1.19
性别	5.50**	9.95***
学校 × 年级	16.17***	13.43***
学校 × 性别	2.11	0.04
年级 × 性别	0.29	1.11
学校 × 年级 × 性别	1.17	1.90

对主效应显著的性别因素进行 F 检验，结果见表 6-17，男生的策略意识水平和策略情感水平均显著低于女生。

表 6-17　不同性别学生的策略意识和策略情感的差异分析（$M \pm SD$）

	策略意识	策略情感	数学学习策略
男生	3.55 ± 0.83	3.81 ± 0.89	2.37 ± 0.66
女生	3.69 ± 0.81	4.08 ± 0.78	3.56 ± 0.67
F	0.002*	9.628***	0.166***

在策略意识上，对学校和年级的交互作用进行分析。如图 6-2 所示，好学校学生的策略意识在各个年级均高于一般学校的学生，前者呈现倒 V 字形，后者呈现 V 字形。在四年级，好学校的起点高，但与一般学校尚未达到显著差异水平（$p > 0.05$）；在五年级，好学校显著高于一般学校（$t = 7.492$，$p < 0.001$）；在六年级，两类学校持平，无显著差异（$p > 0.05$）。

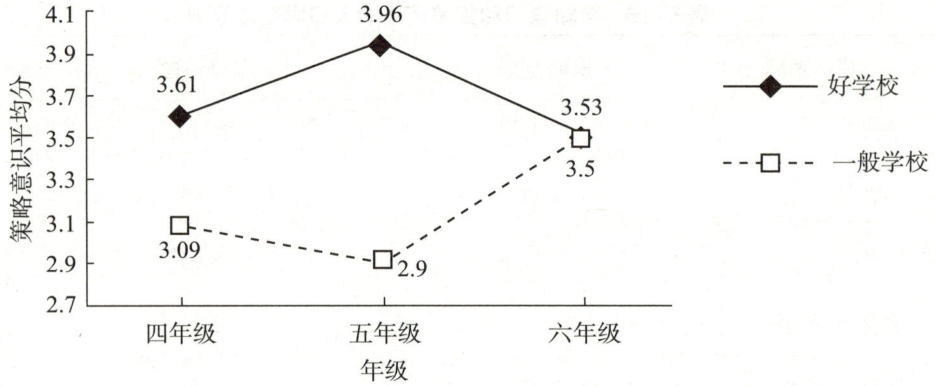

图 6-2　学校和年级在策略意识上的交互作用

在策略情感上，对学校和年级的交互作用进行分析。如图 6-3 所示，策略情感的走势与策略意识的走势大体一致。在好学校，随着年级的升高，学生的策略情感得分先上升后下降，依然呈现倒 V 字形；在一般学校，随着年级的升高，学生的策略情感得分先小幅度下降后大幅度上升，呈现 V 字形。在四年级，好学校的起点较高，但与一般学校尚未有显著差异（$p > 0.05$）；在五年级，好学校显著高于一般学校（$t = 6.536$，$p < 0.001$）；在六年级，一般学校赶超好学校，但尚未达显著差异水平（$p > 0.05$）。

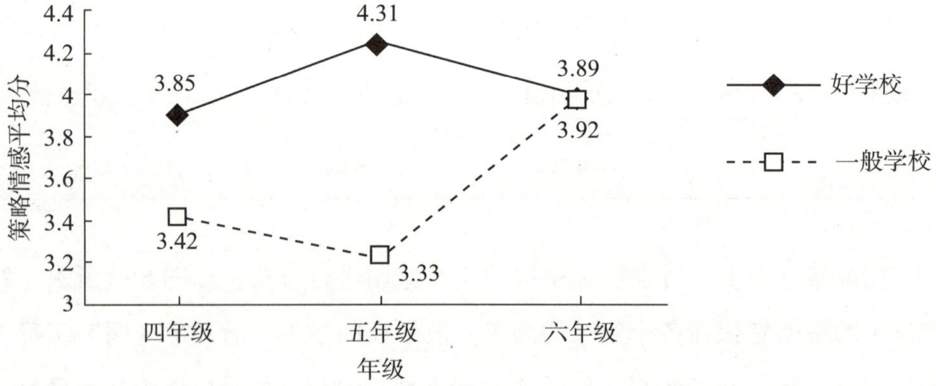

图 6-3　学校和年级在策略情感上的交互作用

（二）策略意识和策略情感对小学生数学学习策略的预测作用

为探求策略意识、策略情感对数学学习策略的预测作用及其大小，首先将变量值统一转换成平均数为 0、标准差为 1 的 Z 分数，然后以策略意识、策略情感的得分为自变量，以数学学习策略的得分为因变量，进行逐步多元回归分析。结果表明，复相关系数 R 为 0.879，表明线性回归关系非常密切，调整 R^2 为 0.773，表明模型拟合效果很好。方差分析结果中 $F=1\ 235.057$（$p<0.001$），所以该模型是有统计学意义的，即策略意识、策略情感与数学学习策略之间的线性关系是显著的。回归方程：数学学习策略的得分 = 0.668 + 0.498 × 策略意识的得分 + 0.252 × 策略情感的得分。比较策略意识、策略情感的偏回归系数可以看到，策略意识（$\beta=0.498$，$t=28.038$，$p<0.001$）对数学学习策略的影响要大于策略情感（$\beta=0.252$，$t=19.969$，$p<0.001$）对数学学习策略的影响。

四、讨论

（一）小学生数学学习的策略意识、策略情感的基本情况

小学生数学学习的策略意识、策略情感的均分分别为 3.61 分、3.93 分，处于中等水平。这表明：小学生会在一定程度上去探求有效的数学学习策略，并试图将其运用到学习中，但意识性还不够，需要进一步加强；数学学习策略的成功使用在中等程度上激活了小学生的情绪，他们在探索、发现数学学习策略的过程中，在掌握和运用一种数学学习策略后，会有积极的情绪体验，但这种体验不是很强烈。因此，在实际教学中，教师要注重培养学生的策略意识。有强烈策略意识的个体，不仅会自我总结有效的学习策略，也会随时随地观察、模仿他人有效的学习策略（张荣华，刘电芝，2012）。教师应鼓励学生探索、发现新的学习策略，并且使用必要的奖励措施来增强学生的积极情绪体验。

本研究发现，女生的策略意识高于男生。究其原因，从小学生的自我意识发展水平来看，女生比男生高，她们会较早地关注自己的行为及其后果，自我控制能力强，女生通常比男生更早意识到学习的重要性。另外，女生的自我效能感显著高于男生（单志艳，2007），表现为女生比男生更相信自己能够完成学业任务，因而更加持之以恒地努力学习，这种内部驱动力直接导致了女生比男生具有更强的策略意识。本研究发现，女生的策略情感也高于男生。无论在东方还是在西

方，女性都被认为更加“情绪化”（Belk & Smell，1986）。在学习过程中，女生比男生会有更强烈的情绪体验，同时能够更为清晰地识别并记忆自己的情绪。在策略情感上，女生也体现出同样的特点。因此，教师应该对男生的策略意识、策略情感给予足够的关注，激发他们对策略探索与运用的意识，培养他们良好的策略使用习惯，以达到更好的教学效果。

在策略意识和策略情感上，学校和年级的交互作用显著。具体表现为：好学校学生的策略意识在各个年级均高于一般学校的学生，前者先上升后下降，呈现倒V字形，后者相反，呈现V字形。策略情感和策略意识发展趋势基本一致，随着年级的升高，好学校学生的策略情感得分先上升后下降，呈现倒V字形，一般学校学生的策略情感得分先小幅度下降后大幅度上升，呈现V字形。无论是策略意识还是策略情感，好学校和一般学校学生在四年级和六年级均无显著差异，只有在五年级，好学校的得分均显著高于一般学校的得分。究其原因，通常情况下，小学的生源差异并不十分显著，但好学校除了具备更强的师资力量和硬件设施之外，更重视对学生学习方法的培养，更善于激发学生的学习动机，让学生感受到学习的乐趣，自主寻找好的学习方法，并在寻找与发现的过程中获得积极的情绪体验。这也是好学校的学生在四到五年级数学知识量显著增加、学习难度显著提高的情况下，有相对较高的策略意识和策略情感的原因。在好学校，随着年级的升高，策略意识可能会被慢慢内化，表现为学生会无意识地去学习使用新方法，而最初对策略使用的兴奋感也随着该策略使用有效的持续刺激而消退到了一个平衡点。然而，一般学校的学生起点低，随着年级的升高，学生会面临更大的学习压力，为升入较好的初中，必须取得良好的成绩，这与有效的学习策略又是分不开的，于是学生寻找学习策略的意识得以增强。学习策略的有效运用能够唤起学生积极的情感体验，于是学生更有意识地去学习和使用更多的新策略，策略意识、策略情感的水平大大提高。由此可见，在一般学校，学生的策略意识、策略情感在后期具有较大的发展空间。不同学校要根据学生的具体情况采取相应的鼓励措施，在中低年级就应注重培养学生良好的学习习惯，为后续进入更高年级的学习打下坚实的基础。

（二）小学生数学学习的策略意识、策略情感对数学学习策略的运用具有预测作用

本研究表明，小学生数学学习的策略意识与其数学学习策略水平有极其显著的相关（$p<0.001$），即策略意识强的学生会更多地运用数学学习策略。这与已有研究（莫秀锋，刘电芝，2007）相符。强烈的策略意识能够激发学生搜索并使用学习策略，从而提高策略水平。

本研究表明，小学生数学学习的策略情感与其数学学习策略水平亦有极其显著的相关（$p<0.001$）。也就是说，策略情感水平高的学生会更多地运用数学学习策略。已有研究（孙芳萍，陈传峰，2010）表明：学业情绪对学业成绩具有预测作用，而学业成绩对学业情绪具有回馈作用。由此可见：保持良好的情绪能够促使学生去探索使用有效的学习策略，学习策略的有效使用又会使学生产生积极的情绪体验，从而形成情感与策略相互促进的良性循环。

以策略情感、策略意识的得分为自变量，以数学学习策略的得分为因变量进行的逐步多元回归分析的结果表明：策略意识、策略情感与数学学习策略之间有显著的线性关系，对数学学习策略的解释率为77.3%。回归方程为：数学学习策略的得分 = 0.668 + 0.498 × 策略意识的得分 + 0.252 × 策略情感的得分。与策略情感相比，策略意识的预测作用更大。

五、小结

（1）小学生数学学习的策略意识、策略情感均处于中等水平，有待提高。教师应有目的地引导并鼓励学生去发现和使用各种学习策略，及时地关注与鼓励学生策略情感的发展。

（2）性别是影响小学生数学学习的策略意识、策略情感的重要因素。女生比男生有更高的策略意识和策略情感。

（3）在小学生数学学习的策略意识、策略情感中，学校和年级的交互作用显著。好学校的学生策略意识、策略情感发展早，起点高，均呈倒V字形，而一般学校的学生策略意识、策略情感发展滞后，起点偏低，均呈V字形。一般

学校若能更早关注学生策略意识、策略情感的发展，将会使学生养成乐于用策略解决问题的习惯，并获得更好的发展。

（4）小学生数学学习的策略意识、策略情感与策略总体之间有显著的线性关系，策略意识、策略情感是影响策略运用的重要因素。小学阶段数学学习的策略意识、策略情感的培养对学生今后的数学学习有深远的影响。数学是一门基础学科，提高这一学科的学习效率也将有助于其他学科的学习。

第七章　影响初中生学科学习策略掌握的主要因素

策略意识和策略情感对中学生掌握学科学习策略有哪些影响？本团队通过调查发现，中学生的策略意识和策略情感的发展尚不理想，尤其是策略意识水平更低。优秀生的策略意识和策略情感水平通常高于中等生和后进生。

第一节　初中生策略意识和策略情感对语文学习策略掌握的影响

一、问题提出

奥克斯福德（Oxford，1989）在有关学习策略的研究中发现，动机、态度、焦虑和个性的相互作用决定着学习者是否愿意采用某种学习策略。国内对策略影响因素的研究大多沿用这样的思路，即着重考察学习者因素和任务情境因素。学习者因素主要涉及态度与动机、认知风格、智力水平、年龄、经验等方面，而任务情境因素则主要指向任务本身的特征及学习环境等。如王振宏和刘萍（2002）提出，学生的自我效能感与学习动机、成就归因、成就目标、学习策略等各种认知信念之间具有相关性。汪琴（2013）发现，归因、动机、自我效能感、英语成绩都对学习策略起着直接的影响，且各变量之间相互作用并共同影响学习策略。通过这些研究，我们可以得知学习策略与这些影响因素之间的关系，但除了这些因素，学习者对于自己学习、发掘和使用策略的态度、情感，无疑也是影响策略获得数量和运用程度的更为直接的内在原因，意识和情感两个方面无疑属于这种内在原因的核心内容，而这两方面并没有得到策略研究者的重视。对于策略意识的探讨，目前尚少见专门的研究，大多分散在策略研究的相关论述中。奥马利和查莫特（O'Malley & Chamot，1990）的研究发现，有效的学习者能够意识到他所使用的策略及使用该策略的原因。策略意识有助于唤起学习者对策略的关注、获得与反思，促进学习者有效选择策略、合理利用策略等。崔冠宇（2007）指出，策略意识是影响策略获得数量的重要因素。张荣华和刘电芝（2012）指出，有强烈策略意识的个体不仅会自我总结有效的学习策略，也会随时随地观察、模仿他人有效的学习策略。情感是人对客观事物的一种态度，反映着客观事物与人的需要之间的关系。学习者在学习过程中由于策略的掌握和使用而引发的情绪情感也会直接作用于策略的学习和择用。

本研究采用自编的初中语文策略意识问卷和初中语文策略情感问卷为调查工具，考察学生的策略意识、策略情感的基本状况及其对策略运用的影响。

二、研究方法

（一）研究对象

本研究采取整群随机抽样的方法，抽取苏南地区 5 所中学的学生。用正式问卷对 900 名初中生进行测试，回收有效问卷 887 份，问卷有效率为 98.6%。在有效问卷的填写者中，男生 449 人，女生 429 人，性别信息缺失的 9 人；初一 344 人，初二 270 人，初三 272 人，年级信息缺失的 1 人。随机抽取其中的 92 名进行重测，其中男生 54 人，女生 38 人。

（二）研究工具

1. 初中语文策略意识诊断问卷

自编初中语文策略意识诊断问卷。通过开放式访谈，收集了有关题目，经过一线专家教师的修改，形成初测问卷。对苏南地区 682 名初中生进行初测，采用探索性因素分析以确定问卷结构及题目。问卷共 7 个题目，由策略使用意识和策略信念意识两个维度组成。调查初中语文教研员与高级教师 44 人，请他们评价问卷题目的适宜性，保留 80% 以上的专家型教师认可的题目，形成正式问卷。问卷的克龙巴赫 α 系数为 0.76，重测信度为 0.66。采用验证性因素分析考察问卷的结构效度，χ^2/df 为 3.77，*RMSEA* 为 0.06，*CFI*、*GFI*、*NFI*、*AGFI* 均在 0.96 以上，问卷模型拟合良好。总之，问卷的信度、效度良好。

策略使用意识维度共 4 题，如"我总想把新知道的方法用在语文学习中"。

策略信念意识维度共 3 题，如"我相信语文成绩提高的关键是改善学习方法"。

2. 初中语文策略情感诊断问卷

自编初中语文策略情感诊断问卷，编制方法同上。采用探索性因素分析确定问卷结构及题目。问卷共 8 个题目，由策略使用情感和策略探索情感两个维度组成。80% 以上的专家（专家总数 44 人）认可的题目予以保留。问卷的克龙巴赫 α 系数为 0.83，重测信度为 0.74。采用验证性因素分析考察问卷的结构效度，χ^2/df 为 3.23，*RMSEA* 为 0.05，*CFI*、*GFI*、*NFI*、*AGFI* 均在 0.96 以上，问卷模型拟合良好。总之，问卷的信度、效度良好。

策略使用情感维度共 5 个题目，如"当我用新方法做对语文题目时，我很有成就感"。

策略探索情感维度共 3 个题目，如"我能在探索语文这门课程的新学习方法中体验到乐趣"。

两个问卷的题目均采用陈述式的 5 级评定，分别为"我完全是这样、我一般是这样、我有时候这样、我多数不这样、我完全不这样"，依次记为"5、4、3、2、1"分；得分越高，则表示策略意识越强，策略情感越积极。

初中生语文学习策略运用状况的数据是用初中语文学习策略诊断问卷进行调查所得的数据（详见第五章第一节）。

（三）数据分析

数据采用 SPSS 16.0 和 Amos 7.0 进行分析和处理。

三、研究结果

（一）初中生语文学习的策略意识和策略情感的基本状况

初中生语文学习的策略意识和策略情感的平均分都是 3.49 分（见表 7–1），处于接近中等的水平。从各维度的得分来看，初中生的策略信念意识和策略使用情感均达到了中等水平。进一步进行配对样本 t 检验发现，策略信念意识的得分极其显著地高于策略使用意识的得分（$p < 0.001$），策略使用情感的得分也极其显著地高于策略探索情感的得分（$p < 0.001$）。

表 7–1　初中生语文学习的策略意识和策略情感的基本状况

	策略意识			策略情感		
	策略信念意识	策略使用意识	总	策略使用情感	策略探索情感	总
M	3.79	3.27	3.49	3.56	3.38	3.49
SD	0.79	0.73	0.65	0.79	0.84	0.71

（二）初中生语文学习的策略意识和策略情感的差异

将性别、年级和成绩（指语文成绩，根据语文成绩将学生分为优秀生、中等生、后进生）作为自变量来考察初中生策略意识和策略情感的分布差异。单因素方差分析的结果显示，在策略意识和策略情感上，性别、年级、成绩的主效应显著，不存在交互作用（见表 7–2）。

表 7–2　策略意识和策略情感的分布差异

差异来源	策略意识		策略情感	
	df	*F*	*df*	*F*
成绩	2	39.50^{***}	2	25.90^{***}
年级	2	4.26^{**}	2	4.80^{**}
性别	1	13.91^{***}	1	19.90^{***}
成绩 × 年级	4	0.53	4	0.52
成绩 × 性别	2	1.15	2	1.48
年级 × 性别	2	0.30	2	0.06
成绩 × 年级 × 性别	4	0.84	4	0.83

1. 不同成绩的学生策略意识和策略情感的差异

针对不同成绩的学生策略意识和策略情感的差异进行单因素方差分析，结果表明：差异极其显著（见表 7–3）。进一步的比较发现，在策略信念意识维度上，优秀生和中等生之间差异不显著，在其余维度上，优秀生显著高于中等生，中等生显著高于后进生。

表 7–3　不同成绩的学生策略意识和策略情感的比较

			MD	*SE*	*p*
策略意识	优秀生	中等生	0.23	0.050	0.000
		后进生	0.62	0.056	0.000
	中等生	后进生	0.38	0.050	0.000
策略情感	优秀生	中等生	0.25	0.055	0.000
		后进生	0.59	0.063	0.000
	中等生	后进生	0.34	0.056	0.000

2. 不同性别的学生策略意识和策略情感的差异

对性别进行独立样本 t 检验，结果发现，在策略意识和策略情感上，女生均显著高于男生（见表 7–4）。

表 7–4　不同性别的学生策略意识和策略情感的差异（$M \pm SD$）

	男	女	t
策略意识	3.37 ± 0.70	3.63 ± 0.56	-6.03^{***}
策略情感	3.35 ± 0.74	3.66 ± 0.65	-6.55^{***}

3. 不同年级的学生策略意识和策略情感的差异

对年级进行单因素方差分析，结果表明，不同年级的学生在策略意识和策略情感上有显著差异［策略意识，$F(2, 883)=3.97$，$p<0.05$；策略情感，$F(2, 883)=4.59$，$p<0.05$］。其中初二学生最低，初一学生和初三学生之间在策略意识和策略情感上都有显著差异，$p<0.05$。初一学生和初三学生之间、初二学生和初三学生之间在策略意识上并无差异。初一学生和初三学生之间在策略情感上差异显著，初一学生显著高于初三学生，而初二学生和初三学生之间在策略情感上差异并不显著（如图 7–1 所示）。

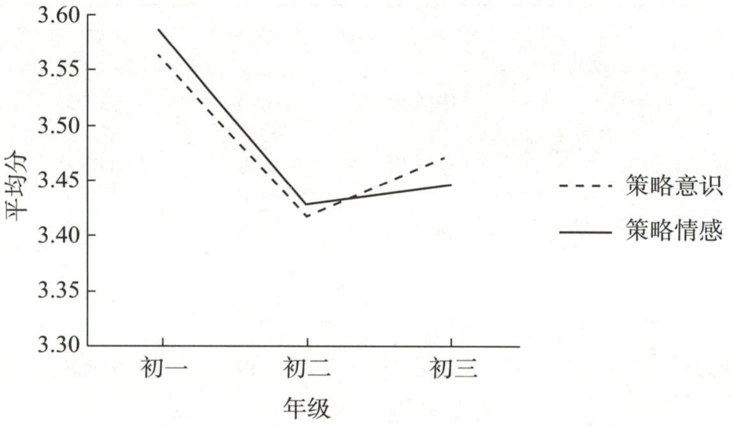

图 7–1　策略意识和策略情感随年级变化的趋势

（三）策略意识、策略情感和语文学习策略之间的关系

对策略意识、策略情感和语文学习策略进行相关检验，策略意识和语文学习策略的相关系数为 0.78（$p<0.001$），策略情感和语文学习策略的相关系数为 0.77（$p<0.001$），策略意识和策略情感的相关系数为 0.76（$p<0.001$）。

为了进一步考察策略意识、策略情感对语文学习策略的预测作用，采用逐步回归的方法，以语文学习策略为因变量，以策略意识和策略情感为自变量，结果发现：当策略意识和策略情感都进入模型时，拟合度最好。回归方程为：语文学习策略的得分 $=0.75+0.41\times$ 策略意识的得分 $+0.35\times$ 策略情感的得分。策略意识和策略情感确实对语文学习策略有显著的正向预测作用，其中策略意识的预测作用更大。

四、讨论

（一）初中生语文学习的策略意识和策略情感的发展尚嫌不足

本研究表明，初中生在策略意识和策略情感上的得分都在3.5分以下，属于接近中等的水平。张荣华、刘电芝（2012）指出，有强烈策略意识的个体，不仅会自我总结有效的学习策略，也会随时随地观察、模仿他人有效的学习策略。田良臣、刘电芝（2002b）指出，主体体验不足或缺乏主体体验会制约学习策略教学有效性的发挥，影响学习策略教学的进一步开展。在教学过程中，教师要潜移默化地增强学生对于策略使用的意识和情感。例如：在评述课业成绩时，渗透策略对课业成绩的重要性，提高学生对学习策略的意识；在学生发现或使用新策略的时候加以鼓励，激发他们对于学习策略的热情。这样才能充分发挥学生学习的能动性，使学生更好地自主探索、使用学习策略，策略教学才能获得更好的成效。

本研究发现，在策略意识中，学生的策略信念意识（如“我相信语文成绩提高的关键是改善学习方法”）显著高于策略使用意识（如“我总想把新知道的方法用在语文学习中”），而在策略情感中，学生的策略使用情感（如“当我用新方法做对语文题目时，我很有成就感”）显著高于策略探索情感（如“和同学一起探讨语文学习方法，对我来说是一件快乐的事”）。这表明，学生已经开始领悟并且相信学习策略的重要性，认为学习策略对课业成绩会有帮助，但是不能将对学习策略重要性的认知转化为实际使用策略的意识。学生在获得某种学习策略时会有快乐感，但是在探索策略时缺乏快乐感。究其原因，一方面，学生在学习中有惰性，在完成认知任务时往往会倾向于使用自己喜欢的策略，另一方面，教师往往注重讲授，不注重培养学生的主动性和探索精神，学生很少自己去探索，未形成探索的习惯和能力。策略探索快乐感的缺乏会极大程度地制约学生对于新的学习策略的获得，从而减少策略使用的快乐感，形成恶性循环。策略意识和策略情感相互作用，学生要先对策略建立起信心，对策略敏感，然后在探索和使用策略的过程中获得快乐，才会更加有意识地寻找并使用策略，形成良性循环。

（二）成绩、性别、年级是影响策略意识和策略情感的因素

本研究发现，不同成绩的学生在策略意识和策略情感上有极其显著的差异，具体表现为优秀生显著高于中等生，中等生显著高于后进生。这表明策略意识和策略情感跟学生的学业成绩有显著关联。崔冠宇（2007）认为：从总体上看，在其他条件不变的情况下，策略意识高的群体会比策略意识低的群体采用更多的策略。策略意识水平越高，意味着策略运用水平越高。而对策略的掌握数量和运用水平，又直接关系到学生的学业成绩。王筱枚（2008）发现，优秀生有较高的学习热情、强烈的求知欲望和浓厚的学习兴趣。情感的驱动可以有效促进学业成绩的提高，学业成绩的提高又会进一步增强学生对学习的热情，使他们更加积极主动学习。在策略信念意识上，优秀生和中等生之间并无显著差异，而中等生显著高于后进生。这提示我们，提高策略信念意识也许是后进生“脱困”的重要途径。教师要引导和鼓励后进生在学习策略的获得和使用中寻找成就感，培养他们对学习策略的信心，让他们在思想上认识到良好的学习策略对于学习的重要性，增强策略信念意识。

本研究发现，性别在策略意识和策略情感上的主效应显著，女生显著地优于男生。从中学生自我意识和自我控制能力发展的特点来说，男女生在自我意识的成熟时间上有差异，女生一般早于男生，女生在有意识的调整和监控上比男生更好（张向葵等，2003）。因此，女生在对待学习的问题上态度更端正，自控能力更强，对记诵性内容的学习有良好的耐心与坚持性，学习的主动性与目的性更强，更积极地寻找方法去提高学习成绩和学习能力。教师应该更加关注男生对语文的学习态度，包括对语文学习策略的态度，增强他们对语文学习策略的兴趣。

本研究发现，不同年级的学生在策略意识和策略情感上也有着显著差异。初一是策略意识、策略情感发展最好的年级，初一学生的策略意识显著高于初二学生，初一学生的策略情感显著高于初三学生。这可能是由于初一学生刚进入中学，学习难度的增大和学生对于新知识的新鲜感使得他们对于策略的需求较为旺盛。教师也会试着教授一些方法与技巧，而对于初二、初三的学生，教师更多地关注知识性内容而不是方法的教学，因而学生的策略意识和策略情感都下降了。

在策略意识和策略情感上，初三学生优于初二学生，但差异不显著。如果教师能充分认识到策略教学的重要性，始终坚持对学生进行学习策略的培养，特别是在初二年级加强策略意识和策略情感的培养，那么学生就会不断提高对学习策略的使用频率，从而为升入高中的学习打好基础。

（三）初中生语文学习的策略意识和策略情感能预测其对语文学习策略的掌握和运用情况

本研究发现，策略意识和语文学习策略之间、策略情感和语文学习策略之间、策略意识和策略情感之间均存在高相关。进一步的回归分析表明，策略意识和策略情感在很大程度上可以预测语文学习策略的掌握和运用情况。已有研究（刘电芝，黄希庭，2007）发现，无策略者大多缺乏策略意识，而策略训练的成果相当程度地体现在这部分被试身上。这说明策略意识的多寡在很大程度上影响了策略的掌握和使用效果。策略情感是沟通学习策略与问题情境的中介桥梁，是主体能动性的体现。对于语文学习策略的掌握和运用来说，策略意识和策略情感都是不可缺少的重要因素。

五、小结

（1）初中生语文学习的策略意识和策略情感处于接近中等的水平。在策略意识中，初中生的策略信念意识优于策略使用意识。在策略情感中，初中生的策略使用情感优于策略探索情感。教师要注意培养学生的策略使用意识和策略探索情感。

（2）不同成绩的初中生在语文学习的策略意识和策略情感上差异明显，优秀生显著优于中等生，中等生显著优于后进生。在策略信念意识上，后进生显著差于中等生。教师要注意增强后进生的策略意识和策略情感，帮助他们“脱困”。

（3）不同性别的初中生语文学习的策略意识和策略情感差异明显，女生显著优于男生。不同年级的初中生语文学习的策略意识和策略情感有显著差异，初一最高，初二最低。教师要关注男生策略意识和策略情感的培养，要防止初二学生策略意识和策略情感的回落。

（4）初中生语文学习的策略意识和策略情感均与其语文学习策略有高相关，并对其语文学习策略有预测作用。增强学生的策略意识和策略情感是促进他们掌握并运用语文学习策略的重要途径。

第二节　初中生策略意识和策略情感对英语学习策略掌握的影响

一、问题提出

英语学习策略的运用不仅受到外部因素的影响，还在很大程度上受到学习者内部因素的影响，内部因素中情感和意识的影响至关重要。

策略意识强的人对策略有较多的了解，能够认识到策略的价值，并主动地去发现策略（刘电芝，傅玉蓉，2003）。有研究表明，策略意识和元认知策略是紧密联系的，强烈的策略意识有利于学生对学习过程进行更好的调节和管理。李宏（2005）认为，策略意识还可以激发策略的运用。有研究通过访谈了解到：初中生及教师都表示学习应该有策略意识，而不是一味苦干（关文信等，1998；谷生华等，1998；冯刚，1998）。另外，如果主体没有真正体会到策略的有效性，即便有策略，也会缺乏运用的意识与愿望，也难以自觉灵活地运用策略（田良臣，刘电芝，2002b），从而导致策略的利用性缺陷。因此，策略意识是学习策略有效运用的先决条件和决定性因素。

情感是人对客观事物是否符合自己需要而产生的态度体验。学习情感对认知过程和结果有着直接影响（蔡敏，2010）。就英语学习而言，情感因素尤为重要。美国语言学家克拉申（Krashen，1981）的情感过滤假设将情感因素视为可调节的过滤器，他认为语言输入只有通过过滤器才能到达大脑中的语言习得中枢，并为大脑所理解，最终发展成为习得能力。策略学习同样需要情感的启动与激发。策略情感是学习策略使用中学习者的主观体验，这种主观体验不仅对学习策略的教学产生重要的影响，还有助于学习者在变化的情境中把握相关策略的精髓，为广泛的迁移与应用奠定认知基础（田良臣，刘电芝，2002b）。由此可见，在英语学习过程中，激发学生对英语学习策略的积极体验是促进学生英语学习的一个关键步骤。

然而，目前对策略意识和策略情感的研究依然停留在理论思辨水平，系统和专门的论述还比较欠缺，实证研究更是匮乏。本研究采用自编的初中英语学习策略意识问卷和初中英语学习策略情感问卷对初中生英语学习的策略情感和策略意识进行调查，考察其对初中英语学习策略的影响，以期为将来的相关研究和教学实践提供理论依据。

二、研究方法

（一）研究对象

采取整群随机抽样的方法，抽取苏南地区不同层次的 6 所中学的学生 640 人，用正式问卷施测，回收有效问卷 613 份，问卷有效率为 95.8%。在有效问卷的填写者中，男生 318 人，女生 295 人；初一 248 人，初二 154 人，初三 211 人。4 周后，选取 120 名初中生进行复测，回收有效问卷 104 份，其中男生填写的有效问卷 41 份，女生填写的有效问卷 63 份。

（二）研究工具

1. 初中英语策略意识诊断问卷

自编初中英语策略意识诊断问卷。通过开放式访谈，收集了对初中英语学习策略习得和掌握具有积极作用的有关题目，经过一线专家教师的修改，形成初测问卷。对苏南地区 6 所中学的 760 名初中生进行初测，对初测数据进行探索性因素分析以确定问卷结构及题目，保留 80% 以上的专家（专家总数 44 人）认可的题目，形成正式问卷。问卷的克龙巴赫 α 系数为 0.85，重测信度为 0.70。总之，问卷的信度、效度良好。

该问卷一个维度，共 8 题，如“我经常留意那些学习好的同学所使用的方法”“在做英语题时，我注意总结有效的答题方法与技巧”“考试时，我会根据题量和难度合理安排时间”。

2. 初中英语策略情感诊断问卷

自编初中英语策略情感诊断问卷，编制方法同上。采用探索性因素分析确定问卷结构及题目，保留 80% 以上的专家（专家总数 44 人）认可的题目，形成正式问卷。问卷的克龙巴赫 α 系数为 0.86，重测信度为 0.72。总之，问卷的信度、效度良好。

该问卷一个维度，共 7 题，如“我能在探索学习英语的新方法中体验到乐趣”“和同学一起探讨英语学习方法，对我来说是一件快乐的事”“当我发现或者学会一种新的英语学习方法时，会很开心”“当我用新方法做对英语题目时，我很有成就感”。

两个问卷的题目均采用陈述式的 5 级评定，分别为“我完全是这样、我一般是这样、我有时候这样、我多数不这样、我完全不这样”，依次记为“5、4、3、2、1”分；得分越高，则表示策略意识越强，策略情感越积极。

英语学习策略运用状况的数据是用初中英语学习策略诊断问卷进行调查所得的数据（详见第五章第二节）。

（三）施测方式

采取纸笔测试的方式群体施测。

（四）数据分析

数据采用 SPSS 17.0 和 Amos 7.0 进行录入和分析。

三、研究结果

（一）初中生英语学习的策略意识和策略情感现状

调查结果显示，初中生英语学习的策略意识和策略情感的平均分分别为 3.40 分、3.42 分（见表 7–5），尚不理想。

表 7–5　初中生英语学习的策略意识和策略情况的基本情况

	策略意识	策略情感
M	3.40	3.42
SD	0.80	0.83

（二）初中生英语学习的策略意识和策略情感的人口学变量分析

分别以策略意识得分和策略情感得分为因变量，以学校、年级、性别、成绩（指英语成绩）为自变量，进行多因素方差分析，结果见表 7–6、表 7–7。

表 7–6　策略意识的人口学变量分析

差异来源	*SS*	*df*	*MS*	*F*
学校	2.46	2	1.23	2.54
性别	8.16	1	8.16	16.87***
年级	1.32	2	0.66	1.36
成绩	47.26	2	23.63	48.85***
学校 × 性别	0.39	2	0.19	0.40
学校 × 年级	5.10	4	1.27	2.63*
学校 × 成绩	0.55	4	0.13	0.28
性别 × 年级	1.05	2	0.53	1.09
性别 × 成绩	4.09	2	2.04	4.23
年级 × 成绩	1.28	4	0.32	0.66
学校 × 性别 × 年级	0.89	4	0.22	0.46
学校 × 性别 × 成绩	1.72	4	0.43	0.89
学校 × 年级 × 成绩	3.20	8	0.40	0.83
性别 × 年级 × 成绩	0.47	4	0.12	0.25
学校 × 性别 × 年级 × 成绩	6.69	8	0.84	1.73

表 7-7　策略情感的人口学变量分析

差异来源	*SS*	*df*	*MS*	*F*
学校	3.13	2	1.57	2.97
性别	13.20	1	13.20	25.02***
年级	0.82	2	0.41	0.78
成绩	53.67	2	26.84	50.86***
学校 × 性别	0.62	2	0.31	0.59
学校 × 年级	5.38	4	1.34	2.55*
学校 × 成绩	0.64	4	0.16	0.30
性别 × 年级	1.78	2	0.89	1.69
性别 × 成绩	1.71	2	0.86	1.62
年级 × 成绩	1.24	4	0.31	0.58
学校 × 性别 × 年级	2.97	4	0.74	1.41
学校 × 性别 × 成绩	1.51	4	0.38	0.72
学校 × 年级 × 成绩	2.11	8	0.26	0.50
性别 × 年级 × 成绩	0.94	4	0.23	0.44
学校 × 性别 × 年级 × 成绩	3.94	8	0.49	0.93

从表 7-6、表 7-7 可知，在策略意识和策略情感上，性别和成绩的主效应极其显著，学校和年级的交互作用显著。

对学校和年级在策略意识和策略情感上的交互作用进一步分析，结果表明：在初一，好学校和中等学校学生的得分显著高于差学校学生的得分，好学校和中等学校之间无显著差异；在初二、初三，三类学校之间无显著差异。在好学校和中等学校，不同年级学生的得分没有显著差异；在差学校，初二、初三学生的得分显著高于初一学生的得分，初二和初三学生之间不存在显著差异。

（三）不同成绩的学生策略意识和策略情感的差异

以成绩为自变量，以策略意识和策略情感为因变量，进行方差分析。结果（见表 7-8）表明：不同成绩的学生在策略意识（$F=69.86$，$p<0.001$）和策略情感（$F=71.23$，$p<0.001$）上得分的差异极其显著，随着成绩的提高，学生的策

略意识和策略情感都在明显上升。LSD 事后检验表明，在策略意识和策略情感上，成绩好的学生明显优于成绩中等的学生，成绩中等的学生明显优于成绩差的学生。

表 7–8　不同成绩的学生策略意识和策略情感的比较（$M \pm SD$）

	策略意识	策略情感
成绩好（235 人）	3.79 ± 0.64	3.81 ± 0.72
成绩中等（177 人）	3.40 ± 0.71	3.46 ± 0.75
成绩差（203 人）	2.97 ± 0.82	2.95 ± 0.79
F	69.86^{***}	71.23^{***}

（四）策略意识和策略情感对英语学习策略的回归分析

对策略意识、策略情感和英语学习策略进行相关分析，结果表明，策略意识和英语学习策略之间有高相关（$r = 0.88$，$p < 0.001$），策略情感和英语学习策略之间有高相关（$r = 0.88$，$p < 0.001$）。

为深入考察策略情感和策略意识预测英语学习策略的可能性及相对作用的大小，将策略意识和策略情感作为自变量，将英语学习策略作为因变量进行多元回归分析。结果（见表 7–9）表明，策略意识和策略情感均进入回归方程，策略情感对英语学习策略的影响略大于策略意识。回归方程为：英语学习策略的得分 = 0.48 × 策略情感的得分 + 0.47 × 策略意识的得分。

表 7–9　策略意识和策略情感对英语学习策略的回归系数检验

自变量	R^2	F	B	β	t
策略意识			0.43	0.47	18.42^{***}
策略情感			0.45	0.48	20.11^{***}
策略意识 × 策略情感	0.83	$1\,483.71^{***}$			

四、讨论

（一）初中生英语学习的策略意识和策略情感尚不理想

从总体上来看，初中生英语学习的策略意识和策略情感尚不够理想。初中生虽然会去寻找探索行之有效的学习方法，并试图将其运用到学习上，但是有意性还不够，仍然需要进一步加强。另外，初中生在探索、发现学习策略的过程中，以及在掌握并使用了一种学习策略后会有积极的情绪体验，但是并不强烈。

刘电芝和傅玉蓉（2003）曾将学习策略课堂教学的类型分为三种，意识训练是其中的一种。意识训练旨在使学生能够对学习策略有较多的了解，认识到学习策略的价值，常留意并关注学习策略的运用及其有效性。意识训练能够使更多的学生在较短的时间内掌握学习策略，从而提高学生的学习质量。田良臣和刘电芝（2002b）将学习策略教学过程分为五个阶段：价值认同阶段、策略尝试阶段、主体体验阶段、迁移与应用阶段和新策略生成阶段。其实，主体体验可以作为一个关键因素伴随于学习策略教学的各个阶段，制约并影响学习策略教学的有效性。学生对学习策略的积极情感会促进他们对学习策略的有效运用。所以，教师要加强对学生进行策略意识和策略情感的训练。

（二）学校和年级在策略意识和策略情感上的交互作用显著

学校和年级在策略意识和策略情感上的交互作用显著。随着年级的上升，不同学校的学生在策略意识和策略情感上的变化不同。在初一，不同学校的学生在策略意识和策略情感上的差异显著，主要表现为好学校和中等学校的学生优于差学校的学生；在初二，差学校的学生策略意识和策略情感迅速提高，与好学校和中等学校的学生无显著差异；在初三，不同学校学生的差异变得更小。这可能是因为差学校的初一学生起点低，英语学习的策略情感还未被充分激发，同时发现和使用策略的意识也比较低。随着年级的上升，相对于好学校和中等学校的学生，差学校学生的升学压力更大，如何取得好成绩变成了他们学习的重要目标，而良好成绩的获得与有效的学习策略是分不开的，所以，学生为了取得好成绩，必须积极主动寻找高效的学习方法，这就表现为策略意识的提高。差学校的教师要利用学生策略意识和策略情感变化的这一特点，充分调动学生使用学习策略的积极性，引导学生正确、高效地使用学习策略。

（三）策略意识和策略情感对英语学习策略有直接影响

本研究表明，策略意识和策略情感能够直接影响英语学习策略，这与同类研究（莫秀锋，刘电芝，2005；曹华清，刘电芝，2004）相符。女生的策略意识和策略情感都高于男生，这可能是女生英语学习成绩普遍高于男生的重要原因。策略意识对初中生学习策略的择用具有显著的直接作用，策略意识高的学生，择用学习策略的水平也相应地高。策略情感对英语学习策略也具有直接影响，策略情感能够促进英语学习策略的择用。有研究者（张荣华，刘电芝，2012）指出，儿童发现或者获得策略的情绪会极大地影响他们对策略的后续使用。要想促进学生对英语学习策略的掌握和运用，教师应注意培养学生英语学习的策略意识和策略情感。

五、小结

（1）初中生英语学习的策略意识和策略情感尚不够理想。初中女生英语学习的策略意识和策略情感显著高于初中男生。

（2）在初中生英语学习的策略意识和策略情感上，学校和年级的交互作用显著。在初一，差学校的学生在策略意识和策略情感上不如好学校和中等学校的学生；在初二、初三，三类学校之间无显著差异，表明差学校也可以迎头赶上。

（3）不同成绩的初中生在英语学习的策略意识和策略情感上差异极其显著。随着成绩的提高，初中生的策略意识和策略情感都在明显上升。

（4）初中生英语学习的策略意识和策略情感能够直接影响他们对英语学习策略的使用，其中策略情感的影响更大。

第三节　初中生策略意识和策略情感对数学学习策略掌握的影响

一、问题提出

近年来，与具体学科相结合的学习策略研究不断涌现（刘电芝，高岚等，2013；姚梅林，2000；张锦坤，连榕，2007）。有关学习策略掌握的影响因素也成为研究者关注的一个重要方面。已有研究中，有从背景变量诸如性别、年级等进行考察的（周国韬，张林，2002；王恩国等，2007），有从个体内部因素如归因、学习满意度、学习效能感、动机和情绪等进行探讨的（张林，张向葵，2003），还有从外部因素如策略训练、社会支持等方面进行分析的（刘电芝，黄希庭，2008；高丙成，刘儒德，2011）。

在国内诸多有关学习策略掌握的影响因素的研究中，关注策略意识的尚不多见。袁晓琳等人（2006）指出，策略使用的观念越强烈，学生在学习中策略的使用也会更频繁。曹华清（2003）认为，在学习策略的影响因素中，策略意识对学习策略的影响是最大的。在本研究的开放式访谈中，也有许多中学师生认为对学习策略的有意注意能更有效地帮助学习，这进一步印证了策略意识在学习策略掌握过程中的重要作用。早期的国外相关研究表明，如果学习者能意识到所用策略的原因，就能主动选择那些适合学习要求的策略（O'Malley & Chamot，1990）。奥克斯福德（Oxford，1990）指出，策略意识训练是学习策略训练的有效途径之一。因此可以认为，将策略意识作为学习策略掌握的重要影响因素是合理的，是具有研究价值的。

那么，策略意识如何影响学习策略的掌握，该过程是否受到其他因素的影响，这些都值得进一步探究。有研究（莫秀锋，刘电芝，2005）发现，策略意识和策略行为在实际教学中存在脱节现象。学习策略的掌握受制于人格、情境、情感等诸多因素，并非简单的一两个方面可以衡量。因此，许多后继者对这些影响因素进行了深入研究，得到了不少有价值的研究成果。比如：由于任务过难而引起的情感抑制会导致学习策略的使用困难，从而影响学习策略的有效获得（张庆宗，2008）；情感干预可以激发学生的内在学习兴趣，使学生在概念、应用等多个层面更好地掌握学习策略并提高学习成绩（张素敏，2010）；情感倾向会影响特定行为倾向并最终导致寻求知识行为的发生（邓今朝，2009），说明了个体情感对于学习策略掌握的重要性。更有研究者发现，在情绪情感上的稳定管理和控制，能够保证学习策略掌握水平的一致性，避免策略水平随年级升高而产生巨大波动（张荣华等，2008），这进一步明确了情感因素在学习策略掌握过程中的重要作用。所以可以推论，策略情感对于学习策略从意识层面转化到实际掌握的过程中可能起到了重要的作用——积极的策略情感有助于学习策略掌握，策略情感可能是策略意识与学习策略变异关系的中介变量。

二、研究方法

（一）研究对象

采取整群随机抽样法，抽取苏州和无锡共 6 所初中的学生作为研究对象。共发放正式问卷 950 份，回收有效问卷 872 份，问卷有效率为 91.79%。在有效问卷的填写者中，男生 433 人，女生 421 人，性别信息缺失的 18 人；初一学生 291 人，初二学生 309 人，初三学生 272 人。

（二）研究工具

1. 初中数学策略意识诊断问卷

自编初中数学策略意识诊断问卷。经过 18 名专门从事学习策略研究的心理学研究者和专家的 5 次研讨，并结合开放式访谈，收集了有关初中生发现、收集和掌握数学学习策略时策略意识水平的题目。经一线专家和教师补充修改后，形成初评问卷。对苏州、无锡 5 所中学的 648 名初中生进行初测，对初测数据进行探索性因素分析以确定问卷结构及题目，形成正式问卷。问卷的克龙巴赫 α 系数为 0.78，重测信度为 0.82。总之，问卷的信度、效度良好。

该问卷一个维度，共 6 题，如“我总是试图发现学好数学的方法”“对新获得的解题方法，我会想想还可以用在哪些地方”。

2. 初中数学策略情感诊断问卷

自编初中数学策略情感诊断问卷，编制方法同上。采用探索性因素分析以确定问卷结构及题目。问卷的克龙巴赫 α 系数为 0.80，重测信度为 0.83。采用验证性因素分析以确定问卷的结构效度，χ^2/df 为 3.10，*RMSEA* 为 0.04，*GFI*、*NFI*、*IFI*、*CFI* 均为 0.97 以上，问卷模型拟合理想。总之，问卷的信度、效度良好。

该问卷共 7 题，包括策略拥有情感和策略探索情感两个维度。

策略拥有情感维度共 3 题，体现对已掌握学习策略的主体情感，如“当我用新方法做对数学题目时，会很有成就感”“每当运用一种巧妙方法轻松解决一道数学难题时，我会感到很自豪”。

策略探索情感维度共 4 题，体现对策略探索过程的主体情感，如“我会在探索数学这门课程的新学习方法中体验到乐趣”“和同学一起探讨数学学习方法，对我来说是一件快乐的事”。

两个问卷的题目均采用陈述式的 5 级评定，分别为“我完全是这样、我一般是这样、我有时候这样、我多数不这样、我完全不这样”，依次记为“5、4、3、2、1”分；得分越高，则表示策略意识越强，策略情感越积极。

初中数学学习策略运用状况的数据是用初中数学学习策略诊断问卷进行调查所得的数据（详见第五章第三节）。

三、研究结果

（一）初中生数学学习的策略意识和策略情感的现状

根据教育部门提供的升学学业成绩数据，将学校分为较差、中等和较好三种类型。初中生数学学习的策略意识和策略情感的描述性统计见表 7-10。

表 7-10　初中生数学学习的策略意识和策略情感的描述性统计（$M \pm SD$）

	策略意识	策略情感
较差学校	3.15 ± 0.68	3.61 ± 0.69
中等学校	3.38 ± 0.81	3.80 ± 0.80
较好学校	3.49 ± 0.72	3.93 ± 0.75
总体	3.36 ± 0.77	3.78 ± 0.78

初中生数学策略意识平均分为 3.36 分，表明其策略意识尚不够强烈，对数学学习策略更多地表现为被动接受而不是主动发现并掌握。初中生数学策略情感平均分为 3.78 分，处于中等水平。

将初中生自评的数学成绩排名分别与其策略意识得分、策略情感得分、数学学习策略得分进行相关分析，相关系数分别为 0.43（$p<0.01$）、0.41（$p<0.01$）、0.50（$p<0.01$），均为中等程度的显著正相关。

（二）初中生数学学习的策略意识分析

以学校、年级和性别为自变量，以策略意识得分为因变量，进行 3×3×2 的多因素方差分析。结果显示：学校的主效应显著，$F(2, 836)=6.80$，$p<0.01$；年级的主效应显著，$F(2, 836)=3.18$，$p<0.05$；性别的主效应不显著 $F(1, 836)=1.13$，$p>0.10$；学校和年级的交互作用显著，$F(4, 836)=4.46$，$p<0.01$。对学校和年级的交互作用进行事后检验，结果如图 7–2 所示。在初一，较差学校学生的策略意识得分（2.98 分）显著低于中等学校学生的策略意识得分（3.62 分）和较好学校学校学生的策略意识得分（3.65 分）；在初二和初三，不同学校学生的策略意识得分无显著差异。较差学校学生的策略意识得分随年级升高呈上升趋势，而中等学校和较好学校学生的策略意识得分则随年级升高呈现类似 V 字形曲线的走势，这表明相对其他两类学校的学生，较差学校的学生随着年级升高，策略意识水平有较大上升空间。

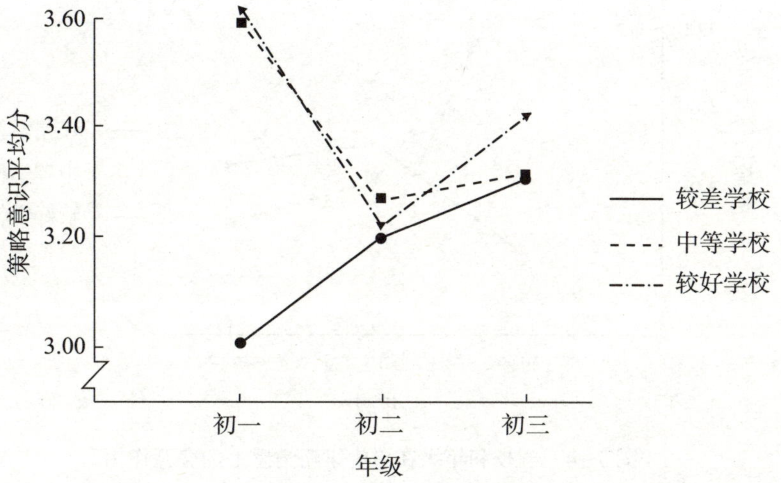

图 7–2　学校和年级在策略意识上的交互作用

（三）初中生数学学习的策略情感分析

以学校、年级和性别为自变量，以策略情感得分为因变量，进行3×3×2的多因素方差分析。结果显示：学校的主效应显著，$F(2, 836)=5.48$，$p<0.01$；年级的主效应显著，$F(2, 836)=5.02$，$p<0.01$；性别的主效应显著，$F(1, 836)=4.16$，$p<0.05$；学校、年级和性别的交互作用显著，$F(4, 836)=4.14$，$p<0.01$。对学校、年级和性别的交互作用进行事后检验，结果如图7–3、图7–4所示。女

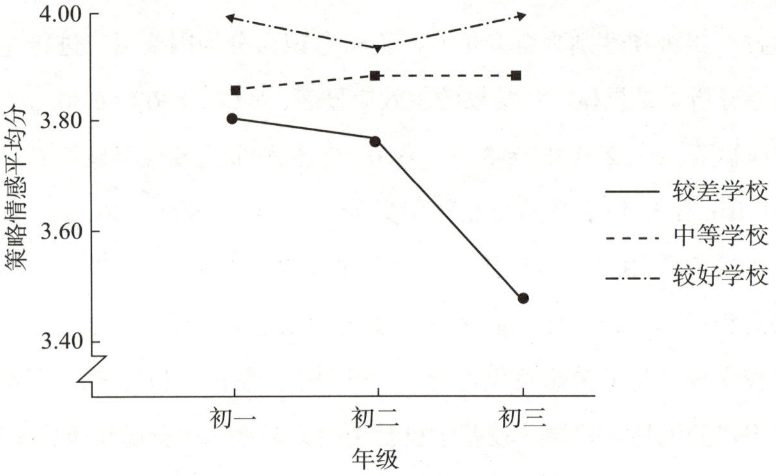

图7–3　学校和年级在女生策略情感上的交互作用

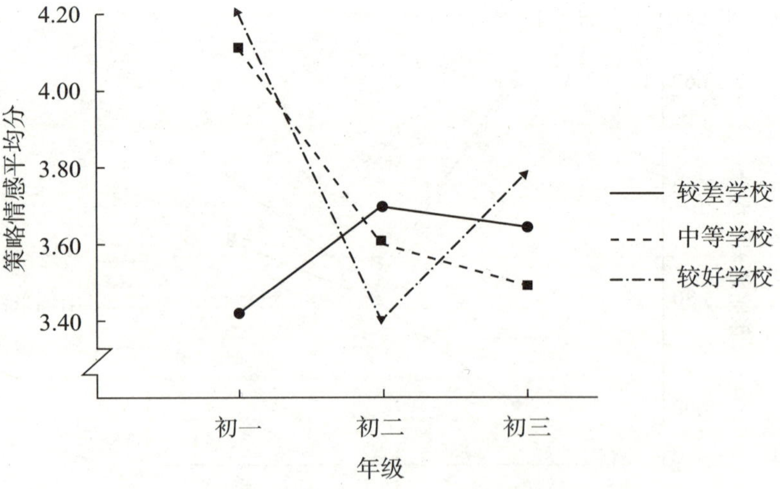

图7–4　学校和年级在男生策略情感上的交互作用

生的策略情感水平显著高于男生（$p<0.01$）。在初三，较差学校女生的策略情感得分显著低于较好学校和中等学校女生的策略情感得分；在初一和初二，不同学校女生的策略情感得分无显著差异。在初一，较差学校男生的策略情感得分显著低于较好学校和中等学校男生的策略情感得分；在初二和初三，不同学校男生的策略情感得分无显著差异。较差学校男生和女生的策略情感得分呈现相反的走势，值得教育者重视与关注。

对策略情感两个维度得分进行的配对样本 t 检验显示，策略拥有情感的得分（$M=4.07$，$SD=0.92$）显著高于策略探索情感的得分（$M=3.57$，$SD=0.89$），$t(871)=16.12$（$p<0.001$）。这体现了初中生数学学习策略在情感上的特定现象，即初中生往往对已掌握的数学学习策略拥有更加积极的主观情感，而对未知的数学学习策略则表现出相对冷淡的情感和较低的探索热情。

（四）初中生数学学习的策略情感的中介效应检验

1. 策略意识、策略情感和数学学习策略的相关分析

相关显著是中介效应检验的基础，因此先进行变量间的相关分析。结果见表7-11，策略意识、策略情感和数学学习策略之间呈中等或较高相关，相关均非常显著，可进行中介效应检验。

表 7-11　策略意识、策略情感和数学学习策略的相关分析结果

	策略意识	策略情感	策略拥有情感	策略探索情感	数学学习策略
策略情感	0.68**				
策略拥有情感	0.47**	0.83**			
策略探索情感	0.69**	0.90**	0.50**		
数学学习策略	0.84**	0.70**	0.47**	0.71**	

2. 策略情感的中介效应检验

根据中介效应检验程序（温忠麟等，2004），采用 AMOS 17.0，以方差极大似然法对策略情感的中介效应进行估计和检验：将所有数据中心化（均值

为 0)，先检验策略意识对数学学习策略的直接效应（如图 7–5 所示），然后检验加入中介变量策略情感之后模型的参数及各路径系数的显著程度（如图 7–6 所示）。

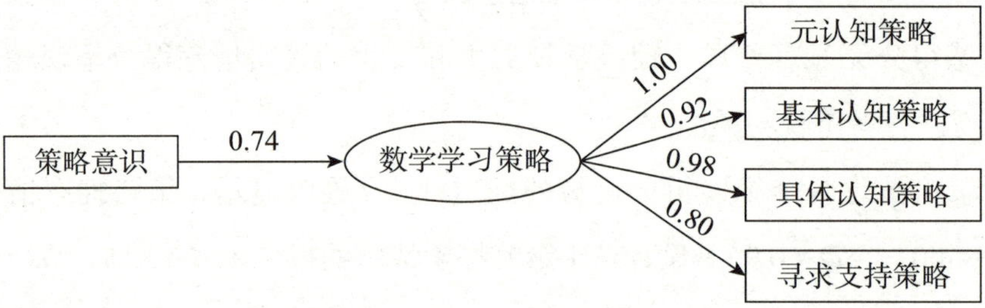

图 7–5　策略意识对数学学习策略的直接效应模型

注：数字为路径系数 β，正值表示正向预测作用，数值越大则正向预测作用越大。下同。

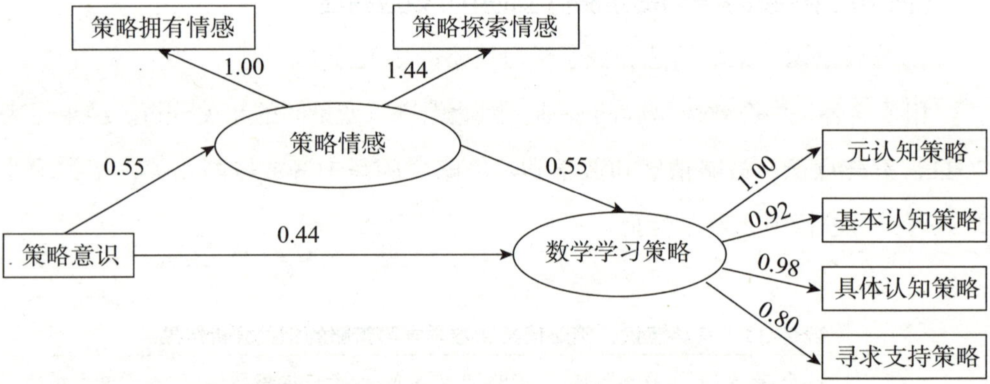

图 7–6　策略情感在策略意识和数学学习策略之间的中介效应模型

直接效应检验模型拟合较好，策略意识对数学学习策略的直接作用路径系数显著（$\beta=0.74$，$SE=0.02$，$p<0.001$）。中介效应检验模型拟合理想，策略意识影响策略情感的路径系数（$\beta=0.55$，$SE=0.03$，$p<0.001$）、策略情感影响数学学习策略（$\beta=0.55$，$SE=0.07$，$p<0.001$）的路径系数均显著。这说明策略意识和策略情感均直接影响数学学习策略，同时，策略意识也直接影响策略情感。加入中介变量后，策略意识和数学学习策略之间的路径系数 β 从 0.74（$SE=0.02$，$p<0.001$）下降为 0.44（$SE=0.04$，$p<0.001$），所以策略情感在策略意识和数

学学习策略之间存在部分中介效应，中介效应值为 0.30，占总体变异（0.74）的 41%，即中介效应能解释自变量和因变量二者间关系变异的 41%。

（五）策略拥有情感和策略探索情感的中介效应检验

由于策略情感在策略意识和数学学习策略之间存在中介效应，因此尝试检验策略情感的两个维度是否存在中介效应。如果这两个维度都存在中介效应，其效应大小又会有怎样的差异？对包含多个中介变量的模型建模的方法主要有两种：（1）将多个中介变量放在同一模型中；（2）建立多个只含有一个中介变量的模型，相互进行横向比较。按第一种方式尝试建模后，模型拟合不好。因此尝试按第二种方法建模，即将策略拥有情感和策略探索情感作为单独的中介变量，分别放入策略意识和数学学习策略的变异模型中。

1. 策略拥有情感的中介效应检验

表 7–11 表明，可以进行策略拥有情感的中介效应检验。中介效应检验模型（如图 7–7 所示）拟合较好。策略意识对策略拥有情感具有直接影响，其路径系数 β 为 0.56（$SE=0.04$，$p<0.001$）；策略意识和策略拥有情感直接影响数学学习策略，策略意识的影响较大，其路径系数 β 为 0.70（$SE=0.02$，$p<0.001$），策略拥有情感的影响较小，其路径系数 β 为 0.07（$SE=0.02$，$p<0.001$）。策略意识和数学学习策略之间的路径系数 β 从 0.74（$SE=0.02$，$p<0.001$）下降为 0.70（$SE=0.02$，$p<0.001$）。所以，策略拥有情感在策略意识和数学学习策略之间存在部分中介效应，中介效应值为 0.04，占总体变异（0.74）的 5%，即中介效应能解释自变量和因变量二者关系变异的 5%。

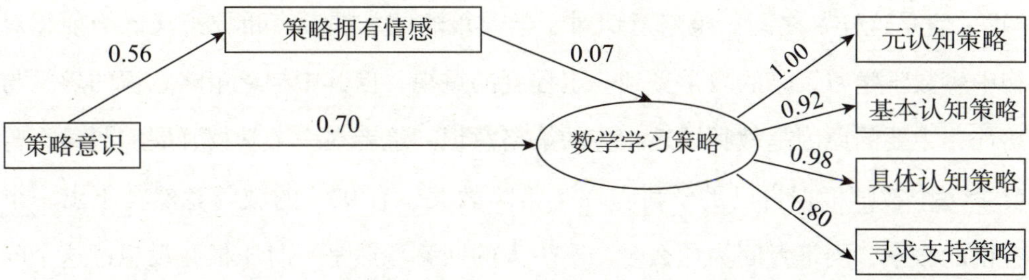

图 7–7　策略拥有情感在策略意识和数学学习策略之间的中介效应模型

2. 策略探索情感的中介效应检验

表 7-11 表明，可以进行策略探索情感的中介效应检验。中介效应检验模型（如图 7-8 所示）拟合理想。策略意识对策略探索情感具有直接影响，其路径系数 β 为 0.79（$SE=0.03$，$p<0.001$）；策略意识和策略探索情感直接影响数学学习策略，策略意识的影响较大，其路径系数 β 为 0.58（$SE=0.02$，$p<0.001$），策略探索情感的影响较小，其路径系数 β 为 0.19（$SE=0.02$，$p<0.001$）。策略意识和数学学习策略之间的路径系数 β 从 0.74（$SE=0.02$，$p<0.001$）下降为 0.58（$SE=0.02$，$p<0.001$）。所以，策略探索情感在策略意识和数学学习策略之间存在部分中介效应，中介效应值为 0.16，占总体变异（0.74）的 22%，即中介效应能解释自变量和因变量二者关系变异的 22%。

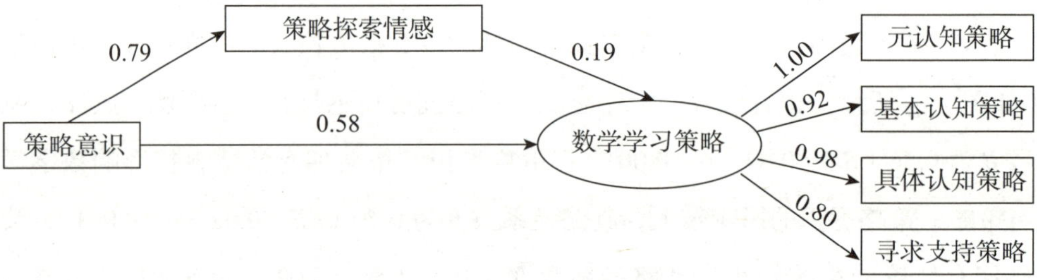

图 7-8　策略探索情感在策略意识和数学学习策略之间的中介效应模型

四、讨论

（一）初中生数学学习的策略意识现状

在数学学习中，初中生的策略意识并不很强烈，处于“我有时候这样”和“我一般是这样”之间。策略意识对于学习策略的掌握具有重要意义。当前，对初中生数学学习策略的教学受到一定程度的重视，但其中缺乏策略意识的教学与培养，主要的原因是教师缺乏相应的策略意识。笔者在一个学校开展实验时，曾要求每个教师根据自己的学科写一个策略教案，有 90% 的教师竟然写不出一个合格的教案。当笔者问为什么时，不少人的回答竟然是平时压根儿没想过这个问题。这反映了教师策略意识教学的普遍缺失，导致了学生策略意识的缺失；学生策略意识的普遍缺乏又致使其欠缺捕捉、探索有效学习策略的能力，最终影响了学习策略的高效掌握。

从年级来看，随着年级的升高，较好学校和中等学校学生的策略意识出现了先下降后略升高的趋势，而较差学校学生的策略意识水平则不断提高。在初一，较好学校和中等学校学生策略意识的得分显著高于较差学校学生，而进入初二和初三后，这种学校类型差异消失了。三类学校学生的这种发展趋势已在不同学科及不同学习策略的研究中得到证实（Cheng et al., 2014；刘电芝，戴惠，惠晓红，2013）。究其原因，可能有如下几方面：其一，较差学校初一学生在小学阶段往往是心理成熟较晚，比较贪玩，且学习不甚努力的，其相应也缺乏对学习策略的重视，所以表现出较低的策略意识起点。但随着学生年龄的增长及相应的心理成熟，加之数学学习内容和难度的加深，他们不得不寻找有效的学习策略以提高数学学习效率，因而学习策略逐步开始受到重视，学生有意识地加强了对学习策略的搜索、学习和掌握。这表明较差学校学生与较好学校及中等学校学生的策略意识差距，主要体现在起点较低上，但完全有与其他学校学生相同的发展潜力。其二，随着年级的升高，学业压力的增大和自由支配时间的减少使得学习策略使用受限（张林，张向葵，2003），具体表现为机械的反复练习大量增加，学生已从动脑筋思考变为自动化反应，学习策略和学习内容产生了消极的固化联系，这也导致了学生实际使用学习策略的频率变少了，于是较好学校与中等学校的学生在初二与初三表现出对学习策略敏感性的下降。其三，有研究发现，高中生学习策略的缺失是其低学业成就的重要原因（胡象岭等，2005）。这表明随着升学考试等学业压力的增大，套用已固化的解题思路并不能满足学习任务高效完成的要求，因此探索新的、更有效的学习策略的需求再次被激发，这种学习方面的诉求也就导致了初三学生的策略意识水平再次提升。

无论对于哪类学校的学生，策略意识的培养均应是教学的重要组成部分，教师都应当在学生策略意识的获得和培养上扮演重要角色。对于较差学校的学生，教师应抱有信心，认识到他们在策略意识上有极大的发展空间，应主动地引导和激发他们的策略意识。对于较好学校和中等学校的学生，教师应该引导他们在保持原有的学习策略的基础上，根据学习的内容和要求，留意和探索新的学习策略，使他们保持对学习策略的敏感性、好奇心。

（二）初中生数学学习的策略情感现状

在数学学习中，初中生的策略情感处于中等水平，这对他们掌握数学学习策略具有积极作用。在策略情感中，初中生的策略探索情感显著差于策略拥有情感（$p<0.001$）。学习方法的探索过程是相对枯燥和艰苦的，其对学习的效果也非立竿见影。因此，相对于已拥有的、能即时解决问题的学习策略来说，学生对未掌握的新学习策略需要有更高的主动探求精神，且相应的探索过程亦有一定难度。如果没有刻意培养，初中生的策略探索情感水平必然会较低。

已有研究（周榕，何广铿，2014）证实，积极的学习情感态度对于学习成绩的提高具有重要作用，其重要性甚至超过了学习策略本身。从策略情感的角度来看，积极的情感不仅能激发学生的学习兴趣，同时也有利于学生更好地掌握学习策略，从而提高学习成绩。进一步来看，初中生策略情感随年级变化的整体趋势（尤其是男生），与诸多研究发现学习策略随年级增长呈现V字形变化趋势的结果非常类似（刘电芝等，2013；Cheng et al.，2014；彭文波，刘电芝，2005），这说明策略情感与学习策略存在着重要的共变联系。可见，情感态度对学习成绩提高的作用非同一般。因此，教师在初中教育过程中需进一步提高学生的策略情感水平。拥有积极的策略情感不但是提高学校教学质量的重要途径，更是学生掌握学习策略的关键要素。

从性别来看，女性在积极情感方面表现出更高的水平（袁晓琳等，2006）。通常相较于男生，女生由于在自主学习管理上更具稳定性优势，所以其学习策略随年级变化而产生的波动也较小（张荣华等，2008）。在数学学习中，女生延续了这种情感优势，尤其是中等学校和较好学校的女生，其策略情感没有随年级变动而产生剧烈的波动。较差学校的学生在策略情感上，男女走势相反，女生的策略情感水平随年级的升高而下降，男生的策略情感水平随年级的升高而缓慢提升。这说明：其一，学校类型对女生的策略情感水平具有重要影响，较差学校的女生更容易受学校环境与氛围的影响，而男生则更多地受自我心理成熟水平的影响，其策略情感水平随心理成熟度的不断提升而提高；其二，策略情感水平的急剧下降可能与学生没有体会到学习策略的掌握有助于学业成绩的提高有关。学习策略掌握水平高的学生，往往是认同学习策略的价值并且坚持使用学习策略的学生（何木叶等，2014）。较差学校的初三女生在策略情感上出现雪崩式下降，学校教师应当对此予以足够重视，需及早预防与引导，因为策略情感的急速下降会极大地阻碍学习策略的掌握，最终严重影响学业成绩。

对较好学校和中等学校的男生来说，其在刚进入初中时的策略情感水平起点较高，但在初二和初三时与较差学校的男生之间没有了差异，具体表现为较好学校男生的策略情感在初二时显著下滑，在初三时缓慢回升，以及中等学校男生的策略情感随年级的升高而不断降低。刚入初中，学习内容的新颖性和学习方法上的高效性会给学习较好的男生带来些许的欣喜，但随着学习的深入，较好学校所进行的大量的反复练习会导致学生的积极情感逐渐丧失，而且男生较女生更加情绪化的特点逐渐显露（Belk & Smell, 1986），导致男生的策略情感水平普遍下降。教师要及时关注男生策略情感的波动性，不断激发其积极的策略情感。相对于较好学校来讲，较差学校的练习任务较轻，学生的策略情感能够顺其自然地发展。

（三）策略意识和数学学习策略的中介变量——策略情感

策略意识对数学学习策略的掌握起直接的促进作用，路径系数值高达 0.74，表明策略意识是影响数学学习策略的重要因素。加入中介变量策略情感后，策略意识直接影响策略情感的路径系数值为 0.55。同时，策略意识通过策略情感间接影响数学学习策略，中介效应值为 0.30，占总体变异（0.74）的 41%。学生有意识地关注数学学习策略或具备积极的策略情感，均可以帮助其更好地掌握数学学习策略。积极关注数学学习策略可帮助学生获得更多的数学学习策略，进而产生积极的策略情感，这些策略情感又能够促进学生获得更多的数学学习策略。因此，在初中数学的教学中，策略意识和策略情感的提升均是非常重要的内容。

在策略拥有情感上，初中生呈现出较高的水平（$M=4.07$）。但策略拥有情感对策略意识与数学学习策略变异关系的解释率仅为 5%，影响力远低于策略探索情感（$M=3.57$，解释率为 22%）。这从情感维度上反映出初中生对已习得的数学学习策略的固着心态，以及策略拥有情感对于掌握数学学习策略的较低贡献性。究其原因，策略拥有情感反映的仅是对现状的满足感，这往往与浅层学习动机紧密联系，会在一定程度上降低学生的内源性学习动机水平。已有研究（莫秀锋，刘电芝，2005）发现，内源性学习动机的下降是阻碍数学学习策略掌握的重要原因。可见，尽管策略拥有情感具有促进学生学习的作用，但如果其发展水平大大超过了策略探索情感，可能就存在阻碍数学学习策略发展的隐患，即学生会在已有数学学习策略上故步自封，停滞不前。这就要求教师一方面在实际教学过程中加以注意，既要发挥策略拥有情感促进数学学习策略掌握的正向作用，也要避免可能由其带来的消极影响；另一方面更要激励学生自己去探索、发现新的数学学习策略，这种由自我探索获得的成就感与喜悦感会大大地提升学生的情感体验。

策略探索情感对策略意识与数学学习策略变异关系的解释率为22%，远高于策略拥有情感，这说明提升策略探索情感能够更有效地促进数学学习策略的掌握。同时这也提示教育工作者，策略情感两维度所起的作用不能相提并论，策略探索情感的培养更为重要。实际上，学生探索学习策略的过程是自主学习的过程（Zimmerman，1989）。自主学习是一种相当重要的学习形式。自主学习有利于认知策略发挥更好的效果并最终提高学业成绩（Pintrich & De Groot，1990）。高自主能力学习者的学习成绩显著好于低自主能力学习者（雷雳等，2002）。对学习策略探索过程的积极情感无疑能够促使自主学习进一步发展；如果学生拥有探索学习策略过程的积极情感，就会使这种探索行为得到强化，促使学习策略掌握水平提高的同时也带来自主学习的诸多裨益。然而，本研究中，初中生策略探索情感的得分远低于策略拥有情感的得分，这不仅反映出当今初中生主动学习精神的缺失，也表明现实教学过程中对策略探索情感培养的严重不足。更为可惜的是，至今为止绝大多数教师并没有真正领会探索精神的重要，培养探索精神的“发现式”“探究式”课堂教学也大都流于形式。

策略拥有情感和策略探索情感的中介效应解释率分别为5%和22%，相加的值仍远小于策略情感的解释率（41%），这说明在策略情感中，此两个维度是相辅相成、缺一不可且交互促进的。在数学教学过程中，教师提升学生的策略探索情感水平，可以为学生进一步拥有数学学习策略奠定基础。在引导学生探索数学学习策略时，教师要有耐心，要注意时刻保持学生积极的策略探索情感。学习的结果固然重要，但探索精神的培养更为重要。探索精神是个体能动学习的体现，探索精神的养成使人能主动学习、高效学习、快乐学习与创造性地学习，学习者最终将会受益无穷。

五、小结

（1）初中生数学学习的策略意识、策略情感尚待提高。初中生的策略意识、策略情感、数学学习策略分别与数学成绩呈中等程度的正相关。在较好学校和中等学校，学生的策略意识水平呈现出先陡然下降后略微回升的曲折走势。

（2）初中女生的策略情感水平总体上显著高于初中男生。在较差学校，女生的策略情感水平在初三年级显著下降。

（3）初中生数学学习的策略意识对数学学习策略的掌握有直接影响，也可以通过策略情感的中介效应产生影响。策略情感直接影响初中生对数学学习策略的掌握，策略情感的两个维度在策略意识和数学学习策略的变异关系中均具有部分中介效应。

（4）与策略拥有情感相比，策略探索情感对数学学习策略的预测力更大，但初中生的策略探索情感得分显著低于策略拥有情感得分。教师要注意初中生策略探索情感的培养。

第四节　初中生策略意识和策略情感对物理学习策略掌握的影响

一、问题提出

学习策略的灵活使用对于学习效率的提高、自主学习能力的培养都有着积极的意义（庞维国，2001）。学习策略对学业成绩的重要作用已被很多研究所证实（孙明蓓，卢国华，2012）。哪些因素会影响学生学习策略的获得和使用呢？金刚玉等人（2012）指出，自我效能感与学习策略存在高相关，多元智力倾向与学习策略存在高相关。可见，学生学习策略的形成和发展过程会受到个体自身多方面因素的影响。其中，策略意识和策略情感的影响逐渐引起人们的关注。

中学时期是个体身心发展的关键时期，也是学习策略形成和发展的关键时期。相较于数学学习策略、英语学习策略等，对物理学习策略的研究一直比较匮乏，而对物理学习策略影响因素的研究更是少之又少。已有研究（刘电芝，戴惠，惠晓红，2013）证实，物理学习策略的形成与发展有其独特之处。那么，物理学习的策略意识和策略情感对物理学习策略有什么影响？本研究通过自编的问卷来考察初中生物理学习的策略意识和策略情感的特点，以及二者与物理学习策略之间的关系，为物理教学提供实证依据。

二、研究方法

（一）研究对象

本研究采取整群随机抽样的方法，抽取苏南地区 10 所中学的学生。初测被试 724 人，回收有效问卷 697 份，问卷有效率为 96.27%。在初测有效问卷的填写者中，男生 345 人，女生 338 人，性别信息缺失的 14 人；初二 440 人，初三 256 人，年级信息缺失的 1 人。正式测试被试 753 人，回收有效问卷 748 份，问卷有效率为 99.34%。在复测有效问卷的填写者中，男生 359 人，女生 370 人，性别信息缺失的 19 人；初二 449 人，初三 299 人。随机抽取复测被试中的 124 人进行重测，发放问卷 124 份，回收有效问卷 112 份，其中男生填写的有效问卷 55 份，女生填写的有效问卷 57 份。

（二）研究工具

1. 初中物理策略意识诊断问卷

自编初中物理策略意识诊断问卷。通过多次专家讨论及对初中物理骨干教师的两次调查，结合我国情况确定初测问卷，并对 724 名初中生进行初测。采用探索性因素分析以确定问卷结构及题目，保留 60% 以上的专家（专家总数 54 人）认可的题目，形成正式问卷。问卷的克龙巴赫 α 系数为 0.83，重测信度为 0.67。采用验证性因素分析考察问卷的结构效度，χ^2/df 为 3.01，*RMSEA* 为 0.04，*GFI*、*NFI*、*IFI*、*CFI* 均在 0.98 以上，问卷模型拟合良好，符合测量学要求。总之，问卷的信度、效度良好。

该问卷共 8 题，包括策略使用意识和策略信念意识两个维度。策略使用意识维度共 5 题，是指在学习过程中有意识、能动地使用学习策略的主观状态，如“在做物理题时，我注意总结有效的解题方法”“当我某个阶段物理成绩较好时，我会去总结好的学习方法并运用到后续学习中”。策略信念意识维度共 3 题，是指对学习策略的使用有一定的信念，希望去使用学习策略的主观状态，如“我总想掌握更多有效的物理学习方法”“我相信物理成绩提高的关键是改善学习方法”。

2. 初中物理策略情感诊断问卷

自编初中物理策略情感诊断问卷，编制方法同上。采用探索性因素分析确定问卷结构及题目，保留 60% 以上的专家（专家总数 54 人）认可的题目，形成正式问卷。问卷的克龙巴赫 α 系数为 0.85，重测信度为 0.69。采用验证性因素分析以确定问卷的结构效度，χ^2/df 为 2.03，*RMSEA* 为 0.03，*GFI*、*NFI*、*IFI*、*CFI* 均在 0.99 以上，问卷模型拟合理想。总之，问卷的信度、效度良好。

该问卷共 7 题，包括策略拥有情感和策略探索情感两个维度。策略拥有情感维度共 3 题，体现对已掌握学习策略的主观情感，如“做物理题时，当我知道可以用什么方法时，我很兴奋”“当我用新方法做对物理题目时，我很有成就感”。策略探索情感维度共 4 题，体现对策略探索过程的主观情感，如“我很乐意接受和使用新的物理学习方法”“我能在探索物理这门课程的新学习方法中体验到乐趣”。

两个问卷的题目均采用陈述式的 5 级评定，分别为“我完全是这样、我一般是这样、我有时候这样、我多数不这样、我完全不这样”，依次记为“5、4、3、2、1”分；得分越高，则表示策略意识越强，策略情感越积极。

初中物理学习策略运用状况的数据是用初中物理学习策略诊断问卷进行调查所得的数据（详见第五章第四节）。

（三）程序与数据分析

采取纸笔测试的方式群体施测，当场回收问卷。用 SPSS 15.0 进行探索性因素分析，用 AMOS 7.0 进行验证性因素分析。

三、研究结果

（一）初中生物理学习的策略意识和策略情感的基本情况

初中生物理学习的策略意识和策略情感的基本情况见表 7-12。初中生策略意识的平均分为 3.35 分，表明策略意识水平不够好；初中生策略情感的平均分为 3.63 分，表明策略情感水平中等。经方差分析检验，初中生的策略情感显著好于策略意识。初中生的策略信念意识显著好于策略使用意识（$t=9.21$，$p<0.001$），拥有性情感显著好于探索性情感（$t=5.86$，$p<0.001$）。

表 7-12　初中生物理学习的策略意识和策略情感的基本情况

	策略意识			策略情感		
	策略使用意识	策略信念意识	总问卷	策略拥有情感	策略探索情感	总问卷
M	3.24	3.52	3.35	3.73	3.55	3.63
SD	0.82	0.90	0.75	1.05	0.87	0.85

（二）初中生物理学习的策略意识和策略情感的人口学变量分析

根据当地教育局提供的数据，将所调查的学校分为三个层次：好、中等、差。以学校、年级、性别、成绩（学生自我报告的物理成绩排名）为自变量，分别以策略意识和策略情感为因变量，进行多因素方差分析，结果见表 7-13 和表 7-14。在策略意识上，学校、性别、成绩的主效应显著，而在策略情感上，只有成绩的主效应显著。

表 7–13　策略意识的差异性检验

差异来源	*SS*	*df*	*MS*	*F*	*p*
学校	4.84	2	2.42	5.33	0.005**
年级	0.28	1	0.28	0.63	0.42
性别	1.86	1	1.86	4.11	0.04*
成绩	9.98	4	2.49	5.49	0.00***
学校 × 年级	0.22	2	0.11	0.24	0.78
学校 × 性别	1.23	2	0.61	1.36	0.25
学校 × 成绩排名	3.11	8	0.38	0.85	0.55
年级 × 性别	0.05	1	0.05	0.12	0.72
年级 × 成绩	0.72	4	0.18	0.40	0.80
性别 × 成绩	1.11	4	0.27	0.61	0.65
学校 × 年级 × 性别	0.24	2	0.12	0.27	0.76
学校 × 年级 × 成绩	1.08	7	0.15	0.34	0.93
学校 × 性别 × 成绩	1.93	7	0.27	0.60	0.75
年级 × 性别 × 成绩	0.41	3	0.13	0.30	0.82
学校 × 年级 × 性别 × 成绩	0.40	2	0.20	0.44	0.64

表 7–14　策略情感的差异性检验

差异来源	*SS*	*df*	*MS*	*F*	*p*
学校	2.10	2	1.05	1.64	0.19
年级	1.07	1	1.07	1.66	0.19
性别	1.68	1	1.68	2.62	0.10
成绩	6.80	4	1.70	2.65	0.03*
学校 × 年级	0.08	2	0.04	0.07	0.93
学校 × 性别	1.65	2	0.84	1.31	0.26
学校等级 × 成绩	5.43	8	0.68	1.08	0.38
年级 × 性别	0.19	1	0.19	0.31	0.57
年级 × 成绩	1.45	4	0.35	0.54	0.70
性别 × 成绩	0.30	4	0.07	0.11	0.97
学校 × 年级 × 性别	0.49	2	0.25	0.38	0.67
学校 × 年级 × 成绩	1.66	7	0.23	0.37	0.92
学校 × 性别 × 成绩	5.16	7	0.73	1.15	0.33
年级 × 性别 × 成绩	1.42	3	0.47	0.74	0.52
学校 × 年级 × 性别 × 成绩	0.49	2	0.24	0.38	0.68

1. 不同学校的初中生在策略意识上的差异

为了进一步探讨差异来源，将主效应显著的学校因素单独进行方差分析，结果见表 7-15。在策略使用意识维度上，不同学校之间的差异显著（$p<0.01$），进一步的 LSD 多重比较得出，好学校和中等学校之间差异并不显著（$p>0.05$），好学校和差学校之间、中等学校和差学校之间差异显著，而三种学校在策略信念意识维度上的差异并不显著。

表 7-15　不同学校的初中生策略意识的情况（$M \pm SD$）

	策略使用意识	策略信念意识	策略意识
好学校	3.29 ± 0.70	3.59 ± 0.78	3.40 ± 0.61
中等学校	3.37 ± 0.83	3.54 ± 0.91	3.43 ± 0.76
差学校	3.02 ± 0.76	3.49 ± 0.94	3.20 ± 0.73
F	11.89^{**}	0.36	6.52^{***}

2. 不同性别的初中生在策略意识上的差异

在策略意识上，性别的主效应显著（$F=0.043$，$p<0.05$）。进一步的独立样本 t 检验发现，女生的策略意识明显好于男生（$t=3.14$，$p<0.01$）。在策略使用意识上，性别差异并不显著（$t=1.36$，$p>0.05$），而在策略信念意识上，女生明显好于男生（$t=4.91$，$p<0.001$）。结果见表 7-16。

表 7-16　不同性别的初中生策略意识的情况（$M \pm SD$）

	策略使用意识	策略信念意识	策略意识
男	3.21 ± 0.84	3.37 ± 0.94	3.27 ± 0.79
女	3.28 ± 0.78	3.69 ± 0.83	3.44 ± 0.69
t	1.36	4.91^{***}	3.14^{**}

3. 不同成绩的初中生在策略意识和策略情感上的差异

在策略意识和策略情感上，成绩的主效应显著。进一步的检验（见表 7-17）

表明，成绩差和中等偏下的学生在策略意识和策略情感上明显不如其他学生（$p<0.05$）。这说明随着成绩的提高，学生的策略意识和策略情感水平也明显上升。

表 7–17　不同成绩的初中生策略意识和策略情感的情况（$M\pm SD$）

	差	中等偏下	中等	中等偏上	好	F
策略意识	2.76±0.70	2.24±0.70	3.39±0.71	3.53±0.65	3.76±0.85	18.43^{***}
策略情感	2.94±0.91	3.54±0.83	3.67±0.83	3.78±0.72	4.20±0.70	18.95^{***}

（三）策略情感和策略意识对物理学习策略的回归分析

为深入考察策略情感和策略意识预测物理学习策略的可能性及相对作用的大小，将策略情感和策略意识作为自变量，将物理学习策略作为因变量，进行多元回归分析。进入回归方程的显著变量为策略意识和策略情感。复相关系数 R 为 0.82，表明线性回归关系非常密切；决定系数 R^2 为 0.68，表明模型拟合效果很好，解释率为 68%。策略意识的 β 值为 0.63，策略情感的 β 值为 0.12，前者对物理学习策略的影响更大。

四、讨论

（一）初中生物理学习的策略意识和策略情感总体水平不够理想

从本研究结果可见，初中生策略意识水平不够好，策略情感水平中等，从总体上看，不够理想。在物理教学中，教师要充分激发学生对学习策略的积极情感，从而促进学习策略的有效运用。教师切忌急功近利，应更多地注重学生策略意识的提高和积极情绪的激发，鼓励其对策略的主动探索，要注意提示学生关注策略的运用及其有效性，体验到策略的价值，从而促进学生物理成绩的提高。

（二）不同学校的初中生在物理学习的策略意识上存在差异

本研究发现，在物理学习的策略意识上，学校的主效应显著，差学校显著低于好学校和中等学校，而好学校和中等学校之间差异并不显著。刘电芝、戴惠和惠晓红（2013）在研究中发现，学校环境达到一定水平后，对学生物理学习策略的影响逐渐减弱，不起决定性作用。这表明学生的策略意识和学生对物理学习策略的掌握具有高度的一致性。

（三）初中女生物理学习的策略意识，尤其是策略信念意识明显好于初中男生

刘电芝、戴惠和惠晓红（2013）在研究中发现，初中生的物理学习策略水平从初二到初三年级显著下降，其中主要原因是女生物理学习策略水平的下降。从物理学习的情况来看，女生成绩通常不如男生。而本研究发现，女生的策略意识尤其是策略信念意识明显好于男生，体现出策略意识与策略行为结果不一致，原因可能是女生只有强烈的策略意识，却并未掌握策略的使用条件，从而导致策略的机械使用。若能给予女生更多参与和锻炼的机会，培养女生分析问题的能力，性别差异将趋于消失（刘电芝，黄希庭，2005）。

（四）策略意识和策略情感对物理学习策略有重要的影响

回归分析表明，策略情感和策略意识能够直接影响物理学习策略。教师在教学时应注意培养学生的策略意识和策略情感，让学生体验各种不同的方法，与他们一起讨论哪些方法有用，哪些方法无用，鼓励他们反思为什么有用，为什么无用，以增强他们对策略的敏感性和积极的情感体验。这样，学生不再是被动地接受策略知识，而是对策略运用产生深刻的理解，从而真正具备策略选择与运用的能力。

五、小结

（1）初中生物理学习的策略意识水平不够好，策略情感水平中等。教师需注意提高初中生物理学习的策略意识。

（2）在物理学习的策略意识上，学校的主效应显著，差学校显著低于好学校和中等学校，好学校和中等学校的差异不显著。

（3）初中女生物理学习的策略意识尤其是策略信念意识优于男生。在物理教学中，教师应注意将女生的策略意识优势转化为行为优势，帮助她们提高物理

成绩。

（4）初中生物理学习的策略情感和策略意识能够直接影响他们的物理学习策略，其中策略意识的影响更大。策略意识是产生策略的前提，个体只有拥有更多的策略，才能保证策略运用的成功，进而才能获得更多的积极情感。教师如果能遵循这一发展路径引导学生，势必会促进学生物理成绩的提高。

第五节　初中生策略意识和策略情感对化学学习策略掌握的影响

一、问题提出

掌握学科学习策略有助于学生提高学习成绩已成为教育者、研究者的共识。杨海波、戴惠和刘电芝（2014）指出，化学学习策略对化学成绩的贡献率是26%，高于通用学习策略对化学成绩的贡献率。

随着研究的推进，策略意识逐渐进入研究者的视野。袁晓琳等人（2006）认为，策略使用的观念越强烈，学生对学习策略的使用也会越频繁。曹华清（2003）认为，策略意识对学习策略的作用甚至是其诸影响因素中最大的。奥马利和查莫特（O'Malley & Chamot，1990）认为，如果学习者能意识到使用策略的原因，就能主动选择那些适合当前学习材料的策略。因此，笔者认为，策略意识是影响策略掌握的重要因素，对策略意识的探讨能帮助我们从元认知层面深入理解学习的心理过程。

此外，由于任务过难而引起的情感抑制会导致学习策略的使用困难，从而影响学习策略的有效习得（张庆宗，2008）。情感干预可以激发学生的内在学习兴趣，使学生更好地掌握学习策略并提高学习成绩（张素敏，2010）。对情感的管理和控制能够保证学习策略掌握水平的一致性，避免策略水平随年级升高而产生巨大波动（张荣华等，2008），这进一步明确了情感因素在学习策略掌握过程中的重要作用。所以，可以推论，策略情感在学习策略从意识层面转化到实际行动的过程中可能起到了重要的作用。

二、研究方法

（一）研究对象

随机选取漳州地区某中学初三学生104人进行正式测试。回收有效问卷97份，问卷有效率为93.27%。在有效问卷的填写者中，男生49人，女生48人。施测时间为初三第二学期第一个月，被试的化学成绩是该学期第一次化学考试的成绩。

（二）研究工具

1. 初中化学策略意识诊断问卷

自编初中化学策略意识诊断问卷。通过多次专家讨论及对初中化学骨干教师的两次调查，结合我国情况确定初测问卷，并对苏州、无锡地区6所中学的528名初三学生进行初测，对数据进行探索性因素分析以确定问卷结构及题目，形成正式问卷。间隔两周后，从中随机抽取218名被试进行重测。问卷的克龙巴赫 α 系数为0.77，重测信度为0.82。以化学成绩排名为效标，计算效标与问卷总体平均分的相关，相关系数为0.41，达到极其显著的水平（$p<0.01$）。总之，问卷的信度、效度良好。

该问卷一个维度，共6题，如“在做化学题时，我注意总结有效的解题方法”“当我某个阶段化学成绩较好时，我会去总结好的学习方法并运用到后续学习中”。

2. 初中化学策略情感诊断问卷

自编初中化学策略情感诊断问卷，编制方法同上。采用探索性因素分析确定问卷结构及题目，形成正式问卷。问卷共7题，由策略拥有情感和策略探索情感两个维度构成。问卷的克龙巴赫 α 系数为0.82，重测信度为0.84。用验证性因素分析考察问卷的结构效度，χ^2/df 为1.95，*RMSEA* 为0.06，*GFI*、*NFI*、*IFI*、*CFI* 均为0.94以上，问卷模型拟合理想。总之，问卷的信度、效度良好。

两个问卷的题目均采用陈述式的5级评定，分别为“我完全是这样、我一般是这样、我有时候这样、我多数不这样、我完全不这样”，依次记为“5、4、3、2、1”分；得分越高，则表示策略意识越强，策略情感越积极。

初中化学学习策略运用状况的数据是用初中化学学习策略诊断问卷进行调查所得的数据（详见第五章第五节）。

三、研究结果

（一）不同性别的初中生化学学习的策略意识和策略情感的比较

初中生化学学习的策略意识和策略情感的基本状况不理想（见表7–18）。独立样本 t 检验的分析表明：策略意识不存在性别差异，$t(95)=-0.39$，$p>0.05$；策略情感不存在性别差异，$t(95)=-1.90$，$p>0.05$。

表7–18　不同性别的初中生化学学习的策略意识和策略情感的比较（$M\pm SD$）

	策略意识	策略情感
总	3.14 ± 0.71	3.62 ± 0.69
男生	3.12 ± 0.63	3.49 ± 0.60
女生	3.17 ± 0.78	3.74 ± 0.75

（二）不同成绩的初中生化学学习的策略意识和策略情感的比较

将化学成绩排名在前27%的被试作为优秀生，将化学成绩排名在后27%的被试作为后进生，将其余被试作为中等生。单因素方差分析的结果表明，只有后进生和中等生的策略意识有显著差异，其余均无显著差异（见表7–19）。

表7–19　不同成绩的初中生化学学习的策略意识和策略情感的比较

			MD	*SE*	*p*
策略意识	后进生	中等生	−0.317*	0.157	0.047*
	中等生	优秀生	0.221	0.157	0.164
	优秀生	后进生	0.096	0.177	0.589

续表

			MD	SE	p
策略情感	后进生	中等生	−0.315	0.171	0.069
	中等生	优秀生	0.139	0.171	0.418
	优秀生	后进生	0.176	0.193	0.364

（三）策略意识和策略情感对化学学习策略的回归分析

为进一步考察策略意识和策略情感对化学学习策略的影响，采用逐步回归的方法，以化学学习策略为因变量，以策略意识和策略情感为自变量。结果发现，策略情感被排除在模型以外，而策略意识对化学学习策略预测的模型拟合良好。策略意识对化学学习策略的预测作用为37%（$\beta=0.37$），贡献显著（$t=15.2$，$p<0.001$）。

四、讨论

（一）初中生化学学习的策略意识和策略情感的基本情况

本研究发现，初中生化学学习的策略意识和策略情感均不理想，策略意识的平均分3.14分，策略情感的平均分3.62分。教师必须使学生意识到策略对于学习知识的重要性，才能激发他们对学习策略的关注、使用与总结。学生在策略使用过程中获得成功，会激发他们对于策略的积极情感，从而形成良性循环，促进学习策略的有效运用。

化学是初中生新学习的学科，快速掌握化学学习策略对大多数初中生来说是有困难的。而理科教师惯常采用题海战术，轻视策略的重要性，更不用说在日常教学过程中刻意培养学生的策略意识和策略情感。笔者在指导中学教师进行策略教学时发现，很多理科教师完全没有意识到策略的重要性，甚至对强调策略、策略意识以及策略情感存在抵触情绪。因此，提高学生的策略意识和策略情感的根本途径是要让教师意识到学习策略的重要性。只有当教师发现策略确实在学生的学习中可以起到积极的推动作用时，自己的策略意识和策略情感才会增强，才会有意识地去引导学生学习和使用学习策略。

（二）不同性别、不同成绩的初中生化学学习的策略意识和策略情感的比较

从表 7–18 可见，男生策略意识的平均分为 3.12 分，策略情感的平均分为 3.49 分，女生策略意识的平均分为 3.17 分，策略情感的平均分为 3.74 分。男生策略意识、策略情感的平均分较女生更低，女生策略情感的平均分虽然超过 3.5 分，但也没有达到水平较高的 4 分。这说明不论男女，其策略意识和策略情感都需要进一步培养与提升。在本研究中，不同性别的初中生在策略意识和策略情感上没有达到统计检验的显著差异，但从均值来看，女生比男生要高。人们通常认为男生在理科方面比女生更强，但本研究中，男生并未体现出此优势。一方面，可能是因为化学学科是“理科中的文科”，背诵内容较多，更需要耐心与韧劲，这方面往往是女生的优势；另一方面，女生一般在自我意识的成熟时间上早于男生，在有意识的调整和监控上也比男生更好，学习相对于男生也更努力。因此，教师应该特别注重对男生进行策略意识的训练和策略情感的激发，着重改善男生对化学学习策略的态度。

对不同成绩的学生进行对比发现，中等生的策略意识显著优于后进生。常雯和李远蓉（2008）发现，化学成绩优异的学生运用学习策略的水平明显高于化学学习困难者。这说明在化学学科中，策略的良好使用是成绩的重要保障，而策略意识的缺乏是后进生落后的主要原因之一。刘电芝（1989）研究发现，后进生学习差主要源于基础知识有漏洞与缺乏学习策略。因此，教师不仅要弥补后进生的基础知识缺陷，更要有意识地训练他们的策略意识。

（三）策略意识和策略情感对化学学习策略的影响

以策略意识和策略情感为自变量，以化学学习策略为因变量所进行的回归分析表明，策略意识进入回归方程，对化学学习策略有 37% 的预测作用。这说明策略意识对化学学习策略有特别显著的影响。在化学教学中，要想提高学生的策略使用频率，一定要增强其策略获得和使用的意识。

五、小结

（1）初中生化学学习的策略意识和策略情感均不够理想，还有待提高。

（2）不同性别的初中生在策略意识和策略情感上并没有表现出显著差异。

（3）不同成绩的初中生在化学学习的策略意识上存在差异，表现为中等生的策略意识显著优于后进生的策略意识。不能主动地学习与使用策略是后进生落后的主要原因。

（4）初中生化学学习的策略意识对其化学学习策略有预测作用。对后进生的训练不能依靠“题海战术”“机械练习”，而应先弥补基础知识的缺陷，后加强策略意识，再增补策略知识，这样依次进行才能取得良好效果。

第四部分　培育篇

如何培育学生的策略意识与行为呢？第八章、第九章拟对此问题进行回答。第八章通过报告本团队在不同学科领域开展的策略教学实验，阐释策略教学设计、策略教学程序、策略教学方式与教学效果等；第九章从策略教学的有效性出发，系统地梳理并总结了有关文献，特别是对本团队三十多年的策略教学研究进行了总结，为策略的有效教学提供路径。

第八章　策略教学的实验研究

教师们对知识教学都很熟悉，但绝大多数教师不知道如何进行策略教学。策略教学与知识教学既有共性，也有特殊性。本章汇集了本团队在几个不同学科领域开展的策略教学实验。结果表明：集中的策略专门训练，可以在较短时间内提高学生的学习效果；策略专门训练优于策略渗透训练；不同调控模式的策略教学，对不同层级学生的效果是不一样的。

第一节　小学儿童简算策略的获得及延迟效果的实验研究

一、问题提出

儿童认知能力的一个重要来源就是使用策略解决问题（Geary & Burlinglam-Dubree，1989），因此，发展儿童的认知策略已成为促进儿童认知能力的重要途径。在儿童身上通常体现出四种基本加法策略：数手指（counting fingers）、手指（fingers）、言语数数（verbal counting）和检索（retrieving）。前三种策略是支持性策略（backup strategy），也叫数数策略；最后一种策略指儿童直接从长时记忆中检索出问题答案。西格勒（Siegler，1988）在研究中考察一年级儿童在加法等任务中的策略选择，发现“不那么好”（not-so-good students）、“好”（good students）、“极好”（perfectionists）三类学生在解题速度、解题准确性和选择不同策略上存在差异。

学生通过日常的练习与实践活动，自然而然地获得学习策略固然重要，但这是一个漫长的过程，且只有少部分自我领悟能力高的学生才能自发获得。因此，研究者开展了不同的策略训练，并取得了突出的成效。国内学者关于策略训练的研究也表明，通过开设专门的学习策略指导课，可以在短时间内使学生获得学习策略，同时可以极大地增强学生对策略的意识性和敏感性。策略的意识性和敏感性是自我生成策略的根本条件（刘电芝，1989；张庆林等，1997）。西格勒（Siegler，2003）认为，儿童缺少足够的计算策略或不善于运用策略，不是存在高级思维的缺陷或不足。更多的练习和策略运用方面的指导或许是提高他们算术技能最为有效的办法。

本研究围绕小学儿童的简算策略而展开。简算是简便运算的简称，它是衡量小学数学计算能力的一项重要指标。简算指依据数式的特点，运用一定的运算规则或窍门，简化运算过程和具体数据，使常规计算变得简便和迅速的一种计算。本研究试图考察简算策略教学的效果，以及不同的教学方法对简算策略教学效果的影响，以进一步丰富已有的策略教学理论，并为大面积提高学生的学习能力探索一条课堂教学改革的有效路径。

二、研究方法

（一）被试

被试为某小学四年级三个班的学生，共 171 人，其中男生 88 人，女生 83 人。

（二）实验设计

本研究采用平衡组实验设计。

（三）实验程序

1. 前测

对学生计算知识掌握的情况进行前测。前测内容由以下三个部分组成。

（1）口算测验。口算测验由 40 道加、减、乘、除口算题组成，要求学生直接写出得数。测验完成时间 5 分钟。每题 2.5 分，满分 100 分。

（2）笔算测验。笔算测验由 20 道加、减、乘、除笔算题组成，要求学生写出计算过程。测验完成时间 30 分钟。每题 5 分，满分 100 分。

（3）计算的概念、公式、定律测验。该测验由 40 道考察有关计算的概念、公式和定律的题目组成。测验完成时间 20 分钟。每题 2.5 分，满分 100 分。

将以上三个测验对三个自然班进行测试，剔除各班的极端分数，结果表明，三个班得分均无显著差异（$p > 0.05$）。以随机方式确定实验班和对照班。三个班中的两个班为实验班：实验 1 班 60 人，实验 2 班 59 人。对照班 52 人。

2. 简算策略实验课的实施

（1）构建简算策略体系，确定实验内容。根据文献和访谈，总结出加、减、乘、除整数简算策略的主要类型。加法和减法的简算策略为：①基准数策略；②变化顺序凑整策略；③拆数、凑数凑整策略。乘法的简算策略为：①变换运算顺序凑整策略；②运用常用数据计算策略；③运用乘法公式、定律简算策略。除法简算策略为：①同时缩小策略；②运用除法规律简算策略；③乘除混合简算策略。

（2）实验实施的方式与时间。实验在四年级上学期进行。根据策略训练内容，实验课共计 13 课时，持续 2.5 周集中进行策略教学。实验班由原任教师根据实验内容进行教学，实验 1 班采用讲授方式教简算策略，实验 2 班采用探究方式教简算策略；对照班由原任教师根据教材和补充内容在相应时间内进行计算内容的教学。

3. 后测

后测在实验结束后进行。后测内容包括口算测验、笔算测验和一份考察学生对实验的评价和体会的问卷。

（1）口算测验。该测验难度较小，共 40 题。每题 2.5 分，满分 100 分。记录每个学生的计算时间，以考察学生的计算速度。

（2）笔算测验。该测验难度较大，共 40 题。每题 2.5 分，满分 100 分。测验完成时间 30 分钟。要求学生写出计算过程，以考察学生是否运用了简算策略及计算的正确率。

两个实验班和对照班的后测同步进行。对实验的评价和体会的问卷只在实验班测试。

4. 延迟后测

延迟后测安排在后测 45 天后进行。延迟后测内容为难度相等的两个测验。

（1）不提示简算测验。采用不激活简算指导语，即只提出计算要求，要求学生尽可能快地计算。由 20 题组成，每题 5 分，满分 100 分。测验完成时间为 15 分钟。考察学生的计算速度和正确率。

（2）提示简算测验。采用激活简算指导语，即明确提出简算要求，要求学生怎样算简便就怎样算。由 20 题组成，每题 5 分，满分 100 分。测验完成时间 15 分钟。要求学生写出计算过程，以考察学生是否运用了简算策略及计算的正确率。

为防止暗示效应，延迟后测先安排第一个测验，3 天后再安排第二个测验。

三、研究结果

采用 SPSS 11.0 软件对实验结果进行分析。

图 8-1 表明，实验 1 班和实验 2 班后测的口算成绩和笔算成绩均远远高于对照班。对照班口算平均分比实验班少 11～12 分，笔算平均分比实验班少 23～27 分，平均每题的口算时间比实验班多 5～8 秒，且各班之间差异显著［笔算，$F(2,\ 167)=28.29$，$p<0.000$；口算，$F(2,\ 170)=8.815$，$p<0.000$；口算速度，$F(2,\ 170)=9.21$，$p<0.000$］。进一步的 LSD 多重比较表明，实验 1 班和实验 2 班在口算、笔算和口算速度上差异不显著（$p>0.05$），而对照班与实验 1 班和实验 2 班的差异非常显著（口算，$p<0.000$；笔算，$p<0.001$；口算速度，$p<0.01$）。该项结果表明：（1）测题难度无论是大还是小，经过简算策略训练的实验班的成绩均优于对照班，其计算速度也快于对照班。（2）采用讲授式的实验 1 班和采用探究式的实验 2 班，学生成绩差异不显著。

相关样本 t 检验（见表 8-2）表明，在提示简算和不提示简算的情况下，实验班延迟后测的成绩差异不显著，不同层次的学生延迟后测的成绩差异均不显著。这表明简算策略训练的效果并未由于时间的延长和不提示简算而减弱。

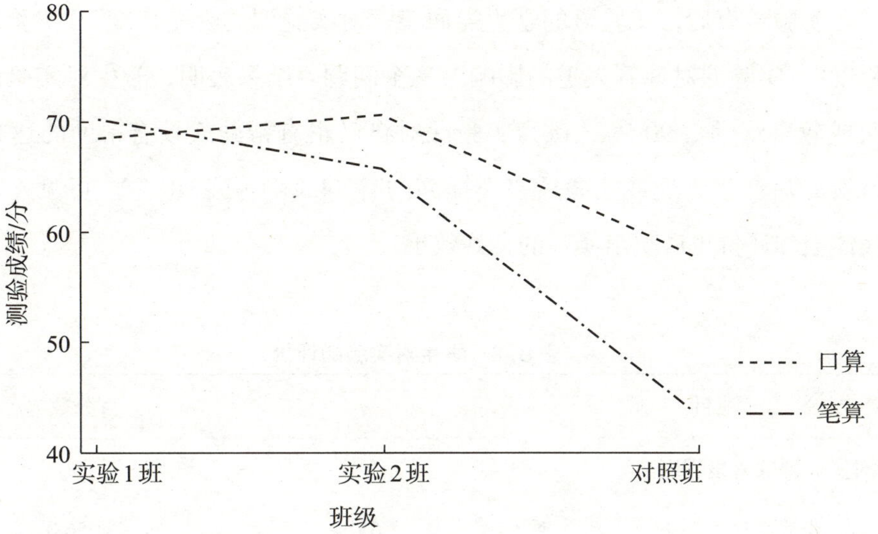

图 8-1　实验班和对照班后测成绩比较

表 8-1　提示和不提示延迟后测成绩比较

		n	M	SD	r	t	p
提示简算（合班）		119	73.82	16.503	0.692	0.799	0.426
不提示简算（合班）		119	72.90	15.602			
提示简算（实验 1 班）		60	72.58	17.454	0.835	0.511	0.611
不提示简算（实验 1 班）		60	71.92	17.686			
提示简算（实验 2 班）		59	75.08	15.522	0.477	0.614	0.514
不提示简算（实验 2 班）		59	73.90	13.231			
优秀生	提示简算	32	88.13	8.107	0.206	0.553	0.585
	不提示简算	32	87.03	9.576			
中等生	提示简算	65	74.15	10.706	0.338	1.267	0.210
	不提示简算	65	72.23	10.571			
后进生	提示简算	22	52.05	16.595	0.523	−0.688	0.490
	不提示简算	22	54.32	14.984			

注：合班指两个实验班人数合并。优秀生、中等生、后进生是按前测成绩划分的。

在实验结束后，实验班的学生需回答“对实验课的喜爱程度”“实验课的帮助程度”“实验课对计算兴趣的影响”三个问题。结果表明，学生对实验课非常喜欢或较喜欢的占 90.5%，认为实验课对自己很有帮助或较有帮助的达 81.8%，评价实验后产生兴趣或实验后兴趣提高的有 54.3%（见表 8–2）。可见，学生的自我体会和评价也反映出实验的良好效果。

表 8–2　学生对实验的评价

项目	n	百分数 /%
对实验课的喜爱程度		
非常喜欢	65	56.0
较喜欢	40	34.5
说不清楚	5	4.3
较不喜欢	4	3.4
很不喜欢	2	1.7
实验课的帮助程度		
很有帮助	62	53.4
较有帮助	33	28.4
说不清楚	14	12.1
帮助不大	5	4.3
完全无帮助	2	1.7
实验课对计算兴趣的影响		
一直有兴趣	48	41.4
实验后有兴趣	32	27.6
实验后兴趣更浓	31	26.7
一直无兴趣	5	4.3

四、讨论

（一）简算策略教学训练对小学生计算水平提高的影响

本研究表明，简算策略教学训练能大幅度提高实验班学生的计算成绩、计算速度和计算兴趣。刘电芝（1989）的应用题解题思维策略训练也表明，在策略训练中注重激发学生的学习兴趣与讲授策略使用的条件化知识，能促进学生对策略的掌握。本研究之所以能取得十分明显的效果，除了借鉴前人总结的有效经验外，还结合计算的特点，采取了以下有效促使策略掌握的教学方法：（1）将策略运用的内隐过程外显化、具体化和程序化。如在策略教学中，将简算计算程序分解为仔细观察数字特征—判断能否进行简算—运用有关简算方法进行简算—总结简算的方法。这样使学生有思维轨迹可依，能按步骤依次进行操作，从而减少了计算的盲目性和试误性。（2）给出简明扼要、突出简算实质的策略名，便于学生记忆和提取。研究者曾专门建议，教师在策略教学中应给每个策略命名，给学生提供策略名的清单或张贴在教室里的公告牌上。在策略教学中，我们采用演绎法或归纳法揭示策略名字，如凑整十或整百的简算策略、变换运算顺序的凑整策略、拆因扩整策略等等。策略的命名，确实起到了提纲挈领的作用。（3）突出策略操作算子的目的与价值。在策略教学中，我们自始至终强调简算操作算子的目的与价值。例如，讲拆因扩整策略时，强调为什么要拆因，拆因的目的是什么。（4）突出条件化知识的教学。条件化知识指策略使用的条件与范围。每教一个策略，突出策略使用的条件化知识。例如，讲变换运算顺序的凑整策略时，让学生讨论并总结出其使用的条件：①同一级运算才能使用；②变换顺序时，必须带着符号走。这样，可增强学生运用策略的正确性与迅速性。（5）让学生在学习策略后自己对新策略进行回顾和解释。克劳利和西格勒（Crowley & Siegler，1999）的研究表明，让学生解释策略为什么有效，可以加强他们对策略的理解与精确记忆，同时也强化了他们对这一策略的选择。本研究在每次的策略教学过程中，专门增加了学生对策略的复述与解释这一环节，发现该环节可加强学生对策略运用的把握。

（二）激活与不激活简算指导语对简算成绩的影响

本研究采用激活简算指导语（提示测验）和不激活简算指导语（不提示测验）进行延迟后测，考察实验班被试简算实验的延迟效果。结果表明，在呈现这两种不同指导语的情况下，实验班被试的简算成绩差异不显著。弗拉维尔（Flavell，1976）在研究复述策略时提出两种不同的认知缺陷：一种是产生性缺陷，即不具备策略或策略能力；另一种是利用性缺陷，即已具备策略，但在应该使用时不知道去使用。本研究中延迟后测的结果表明，被试并未表现出利用性缺陷的存在。我们认为，利用性缺陷并不必然产生。如果策略训练方法得当（如：策略教学外显化、具体化、程序化；既教策略，也教条件化知识，并注重提升学生的策略意识，使学生明确意识到策略的有效性；练习多样，巩固充分），利用性缺陷是完全可以避免的，本研究就是一个例证。从表 8-1 中可以看出，优秀生、中等生、后进生在延迟后测中未显示出差异，这与西格勒（Siegler，1988）揭示的不同层次学生在策略运用上存在差异有所不一致。我们认为，西格勒考察的是策略的自然获得，而我们进行的是专门的策略训练。自然获得的策略很大程度上取决于个体的智力水平，而通过专门的策略训练所获得的策略主要取决于教育的作用，只要教学得当，这种差异是可以避免的。

（三）不同教学方法对简算策略训练的影响

本研究结果显示，采用讲授式和探究式的教学方法进行策略教学，其结果无明显差异。该研究结果与已有有关研究不尽一致。我国研究者方平等人（2000）进行的数学学习策略实验证实，不同的策略训练方式对训练效果有显著影响。本研究结果与他人研究结果不一致，可能的原因是：（1）本研究中采用的教学方法与他人研究中采用的教学方法不一致；（2）我国学生长期习惯于讲授式教学，对探究式教学尚不适应，因此该方法的优越性在本研究中尚未体现出来。

五、小结

（1）在本实验条件下，设立实验班和对照班，专门开设简算策略教学训练课能大幅度提高实验班学生的计算成绩、计算速度和学习计算的兴趣。

（2）采用激活简算指导语（提示测验）和不激活简算指导语（不提示测验）进行延迟后测，实验班学生的测验成绩无明显差异。这表明只要教学方法得当，利用性缺陷可避免。

（3）采用讲授式和探究式教学方法进行策略教学，结果无明显差异。

第二节　说明文形式图式阅读策略训练提高初二学生阅读理解水平的实验研究

一、问题提出

阅读策略是一种重要的学习策略，是读者在阅读活动中，为达到理解文章的目的，尝试运用的必要的手段、方法和技术。“准确”“快速”“高效”是阅读的基本要求，也是培养学生阅读能力的主要方面。

阅读的目的在于理解。所谓理解，即提取文章的意义，是读者以阅读材料信息的接收、编码等为基础，根据已有信息构建内部心理表征，进而获得意义的过程。当阅读材料中的线索激活了学生头脑中的图式后，图式就会被阅读材料中的信息具体化，使他们利用图式去同化新知识，或者改变旧图式，以便接受新知识（张向葵等，1997）。图式实际就是知识的一种表征系统，是知识在大脑中的存储单元。

阅读是读者与文章相互作用的过程，包括所有水平的图式的协调。研究认为，读者头脑中的图式越多、越完善，则越易被激活，调用的可能性越大，调用的速度越快，阅读的效率也越高。

（一）形式图式阅读策略

阅读理解不仅受到文章的语言、内容的影响，而且受到文章结构的影响。结构是文章的框架，如果把文章的中心思想比作灵魂，把文章的材料比作血肉，那么文章的结构就如骨骼。显然，如果没有骨骼，最美好的灵魂和最丰满的血肉也就无所依托。文章理解的实质就是在读者头脑中构建起一个关于文章内容、层次及主题的表征系统。根据图式阅读理论，读者的阅读能力由三种图式决定，即语言图式、内容图式和形式图式（陈思清，1992）。

语言图式是指读者对构成阅读材料的语言的掌握，即关于语言的知识，如字词句、语法等，它一般属于文章信息的表层编码；内容图式是指读者关于文章主题的知识，即读者的背景知识（如文化、经验等），有时也理解为事件图式或脚本（script）；形式图式是指读者关于文章结构的知识，即文章信息的组合方式。

根据阅读图式表征理论，可以构建一个文章表征的图式模型（如图 8–2 所示）。

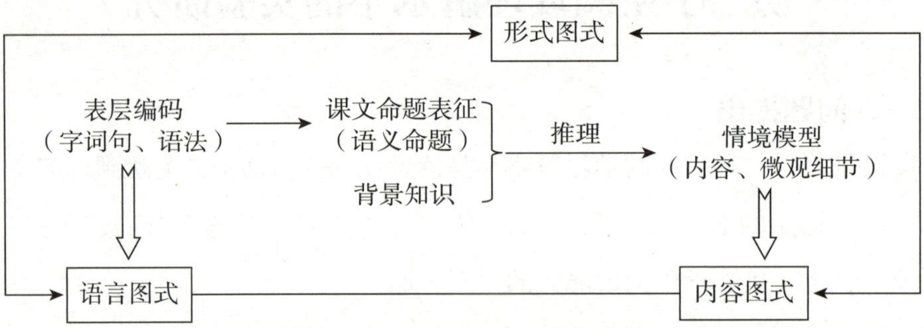

图 8–2　文章表征的图式模型

一篇文章的全部信息是以结构为基础组织起来的，结构在这里充当了文章的骨骼。基于上述模型的阅读理解，在大脑中，文章信息存在三种编码方式的表征，即语义表征、情境表征、表象表征（图形化信息的表征），三种表征系统分别对应语言图式、内容图式和形式图式。对于一篇文章而言，形式图式支撑着内容图式和语言图式，是二者的生长点。形式图式相对于内容图式和语言图式而言，是抽象的“图形”符号的网络，该网络的各个节点犹如人体的关节，高层关节的内容就是文章的（高层）要点。这些要点的内容是以内容图式或语言图式的形式被表征的。因此，在阅读中如果激活、调用了相应的形式图式，就如看到了该文的结构或提纲，知道了文章的内容是怎样被组织起来的。形式图式越丰富，读者对不同结构的文章的信息及其组合方式把握越准确，阅读速度也就越快。我们认为，对读者进行文章形式图式的教学训练，让他们学会运用形式图式的知识去阅读文章，会有利于他们的阅读理解。这种阅读策略就称为形式图式阅读策略。

（二）研究的实验假设

在基础教育阶段，培养学生的阅读能力是语文教学的重难点。说明文的教学被认为是提高学生阅读能力的“瓶颈”。

本研究以初中二年级学生为训练对象，教给他们说明文形式图式阅读策略，以期通过系统的训练提高他们的说明文阅读能力及整体阅读理解水平。我们认为：（1）说明文形式图式阅读策略训练对学生的阅读理解有良好的促进效果；（2）说明文形式图式阅读策略训练可以提高学生的阅读理解速度；（3）说明文形式图式阅读策略训练能够提高学生对记叙文和议论文的阅读理解水平；（4）在阅读过程中，在激活训练图式和不激活训练图式两种条件下，被试对文章信息的再认与保持存在差异。本研究把初中语文说明文的形式图式概括为五种（如图 8-3 至图 8-7 所示），在此基础上可构建复杂多变的形式图式（如图 8-8 至图 8-10 所示）。

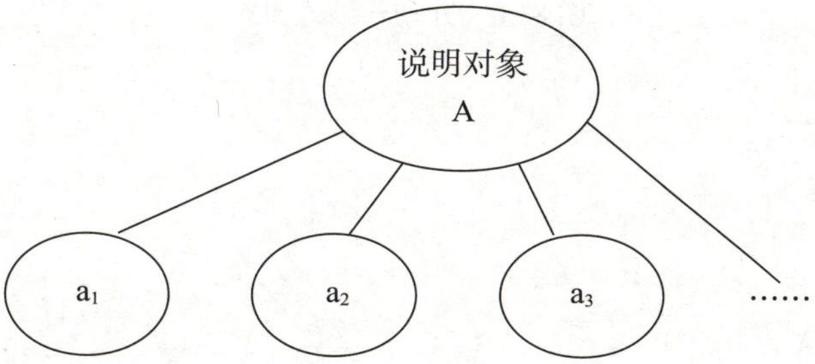

图 8-3　总（概括）—分（具体）式形式图式

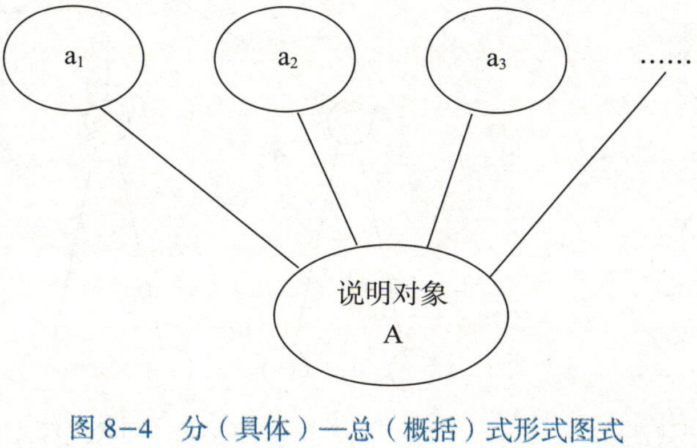

图 8-4　分（具体）—总（概括）式形式图式

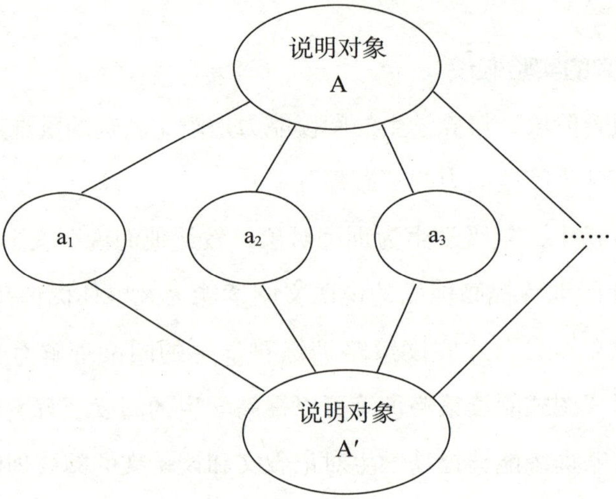

图 8-5　总（概括）—分（具体）—总（概括）式形式图式

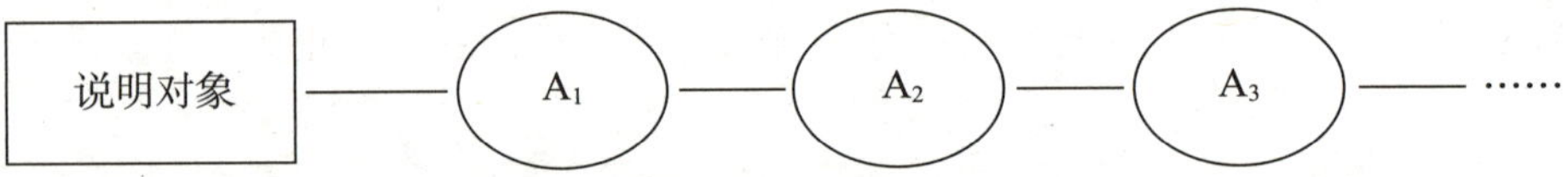

图 8-6　并列式形式图式

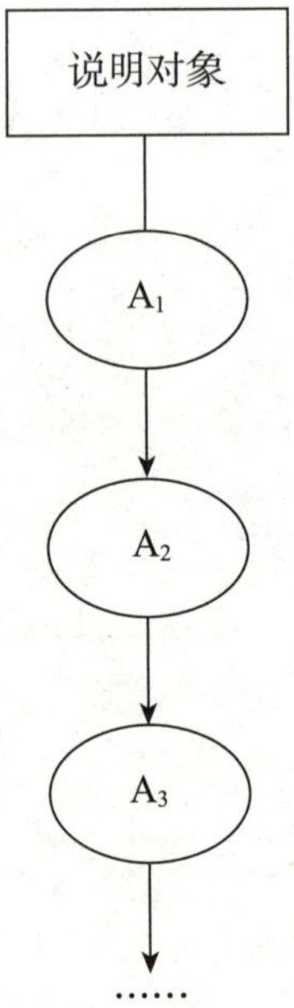

图 8-7　递进式形式图式

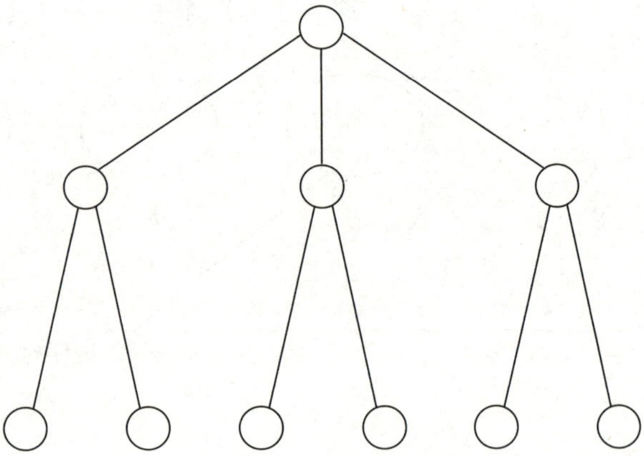

图 8-8　网状式形式图式

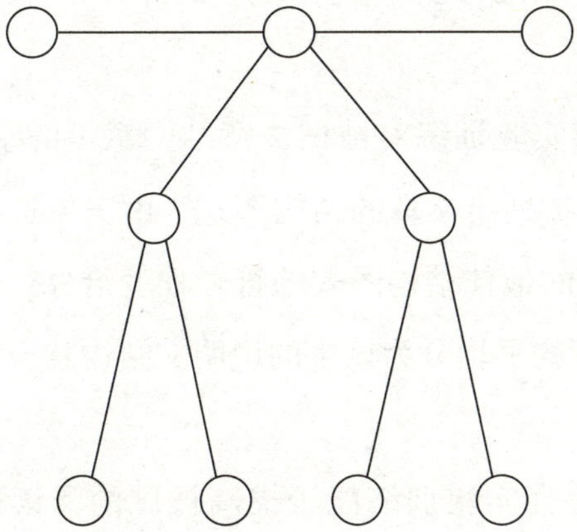

图 8-9　线中有网式形式图式

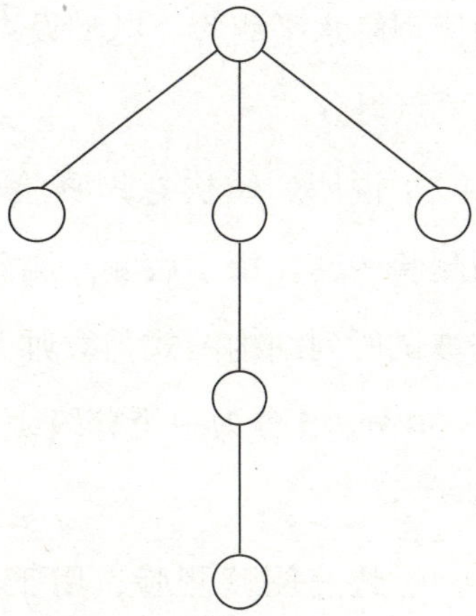

图 8-10　网中有线式形式图式

二、研究方法

（一）实验设计

本研究采用平衡组实验设计，自变量为说明文形式图式阅读策略训练，因变量为学生的阅读理解水平。

（二）实验材料

1. 实验训练材料

编制专用的《实验教程》，实验班学生人手一册。《实验教程》包括总（概括）—分（具体）式、分（具体）—总（概括）式、总（概括）—分（具体）—总（概括）式、并列式、递进式等五种形式图式的内容。每种形式图式的教学包括“开宗明义”“触类旁通”“小结提示”“回想·反思”四个部分。

2. 测查材料与计分方法

（1）说明文阅读理解水平测验。编制两套等质试卷（所有测查材料均由主试与实验学校任课教师共同编制、审定），一套用于前测，一套用于后测。根据我国学者的研究（万云英，1993；莫雷，1999）并参考初中语文教学大纲的要求，结合本研究的目的，把初中二年级语文阅读理解水平的测查指标分为以下几个方面：①课文中心思想的把握；②课文篇章结构的理解；③文章关键句段的理解；④文章细节知识的掌握。前三者为文章的高层要点。根据以上几个方面编制说明文阅读理解水平测验。题型设有选择题和开放式填空题。测验的计分分为总分、高层要点得分。

（2）说明文结构意识测验。为考察实验训练对被试文章结构意识的掌握，编制测验一套，用于后测。测验要求被试列出文章的结构图式。由三位资深教师按被试所列结构图式与教师共同认定的最佳结构图式的符合程度给分，分值为0~30分，5分为一个分级，三位教师的平均分为该生的说明文结构意识测验得分。

（3）快速阅读测验，用于后测，考察实验训练能否提高被试的阅读理解速度。选择三篇难度不等的科普说明文，按由易到难的顺序排列，每篇文章350~1 200字。参照说明文阅读理解水平测验构建指标，编制快速阅读测验的题目，问题以选择题的形式呈现，每篇文章设4~6个问题。规定测验时间为10分钟。

（4）迁移测验，用于后测，考察说明文形式图式阅读策略训练后，被试对记叙文、议论文的阅读理解是否存在迁移效应。选取难度不等的记叙文、议论文各两篇，根据说明文阅读理解水平测验的测试指标编制题目，题型为选择题和开放性填空题。按记叙文得分、议论文得分、总分计分。

（5）延迟（再认）测验，考察实验训练对被试阅读再认的影响。选取三篇难度不等的说明文，字数为300~1 000字，各设计4~10个问题，其中2~5个问题考察高层要点，2~5个问题考察细节知识。所列问题的正确选项是文章中对某个问题陈述的原文，各个选项之间有一定的干扰性。问题以选择题的形式呈现。测验按总分、高层要点得分、细节知识得分计分。

（6）保持（回忆）测验。采用延迟（再认）测验三篇文章之中的一篇为测验材料。为了控制回忆的首因效应和近因效应，选择位于延迟测验中间的那篇文章为保持（回忆）测验的测验材料。让被试回忆并写出该文的内容，写得越多越好。评分时按照被试回忆信息量的多少给分，将三位教师对某个被试评定的平均分作为被试的保持（回忆）测验得分。测验按总分、高层要点得分、细节知识得分计分。

（三）被试选择

被试来自重庆市江北区建北中学（普通初级中学）和重庆市复旦中学（渝中区重点完全中学）两校的初中二年级。以两所学校 2000 年春季期末语文成绩为参考，结合任课教师的意见，分别在两校的初中二年级选择各方面大致相当的两个班级进行前测。前测试卷回收后，根据说明文阅读理解水平测验的得分情况，剔除各班的极端分数后进行统计分析，根据统计结果随机确定实验班和对照班。被剔除的学生仍在原自然班中学习，但不作为实验被试来考察，其成绩不做统计处理。

（四）实验操作

1. 前测

进行说明文阅读理解水平测验的测试。

2. 实验训练方式

两所学校的实验班采取不同的训练方式（建北中学的实验班和对照班分别称为实验 1 班和对照 1 班，复旦中学的实验班和对照班分别称为实验 2 班和对照 2 班）。

实验 1 班采取专门讲授《实验教程》与教学渗透相结合的训练方式（称为专门训练与教学渗透相结合）。在不打乱实验班原有教学计划的基础上，从 9 月中旬开始，每周专设 2 课时进行实验训练，共计 11 周。另外，《语文》第三册共有 4 个单元的说明文，在相应的说明文的课堂教学中，教师将形式图式阅读策略训练的方法移植到课堂教学中。这种渗透训练从实验训练之初开始，一直到实验训练课结束时停止。实验 1 班的专门实验训练课和渗透训练课总课时为 40 课时。

实验 2 班采用集中实验训练的方式（通称集中训练）。实验课从期中考试后开始，持续 4 周，每周 5 课时，综合练习 2 课时，共计 22 课时（与实验 1 班相比，减少 2 课时的机动时间）。另外，让被试以自学的方式进行课外练习（教师适当抽查自学情况）。实验 2 班的总课时量与实验 1 班大致相当。实验训练从 2000 年 11 月上旬开始，到 12 月底结束。

两个对照班各自以适当的方式学习实验班的课外选文，但不进行阅读策略的训练。

3. 后测

后测安排在两所学校实验班实验训练课结束一周后进行，实验班和对照班同时测验。后测内容包括快速阅读测验、说明文阅读理解水平测验（该测验计时，考察被试的阅读速度）、说明文结构意识测验、迁移测验。

4. 延迟（再认）测验

延迟（再认）测验安排在后测 4 周后，在建北中学进行。将建北中学的实验班和对照班被试分别随机地分为人数相等的 A 、B 两组。A 组采用激活图式的指导语（实验班 A 组和对照班 A 组采用功能相同但内容有所差异的指导语，分别为实验班 A 指导语和对照班 A 指导语），B 组采用不激活图式的指导语（ B 指导语）。实验班 A 指导语的功能是让被试在阅读文章之前回忆起形式图式阅读策略的相关知识，对照班 A 指导语的功能是让被试回忆学过的分析课文结构的方法、知识，B 指导语仅仅是让被试知晓阅读任务。各班的其他条件均保持不变。

5. 保持（回忆）测验

在延迟（再认）测验的测试完成 1 小时后，进行保持（回忆）测验的测试。测试的分组情况与延迟（再认）测验相同。

三、研究结果

（一）前测

表 8–3 表明，实验前实验班和对照班被试在说明文阅读理解水平上无明显差异。根据任课教师的意见，将各组被试分别划分为优秀生、中等生、后进生。表 8–4 的数据表明，除实验 2 班的优秀生和对照 2 班的优秀生在说明文阅读理解水平前测总分上存在显著差异外（对照班高于实验班），其余各个层次的实验班被试和对照班被试均无显著差异。总体上看，实验班和对照班的起点大体是一致的，在实验训练之前，实验班并不优于对照班。

表 8–3　实验班和对照班被试说明文阅读理解水平前测成绩（*M*±*SD*）

	高层要点得分（满分 26 分）	总分（满分 44 分）
实验 1 班（30 人）	16.35±2.57	31.10±2.94
对照 1 班（30 人）	15.68±3.07	29.35±4.30
t	0.91	1.84
实验 2 班（38 人）	17.57±4.58	32.91±5.51
对照 2 班（38 人）	17.63±5.56	33.97±6.73
t	−0.06	−0.76
实验合班（68 人）	17.03±3.85	32.11±4.62
对照合班（68 人）	16.77±4.70	31.93±6.19
t	0.35	0.19

注：实验合班指实验 1 班和实验 2 班的总体，对照合班指对照 1 班和对照 2 班的总体。下同。

表 8–4　实验班和对照班不同层次被试说明文阅读理解水平前测成绩（*M*±*SD*）

		高层要点得分	总分
优秀生	实验 1 班（8 人）	19.06±1.59	34.56±1.05
	对照 1 班（7 人）	19.14±1.57	34.64±0.85
	t	−0.09	−0.16
	实验 2 班（10 人）	22.20±0.92	38.85±1.47
	对照 2 班（10 人）	22.10±1.52	40.35±1.53
	t	0.18	−2.24*
	实验合班（18 人）	20.81±2.02	36.94±2.53
	对照合班（17 人）	20.88±2.12	38.00±3.16
	t	−0.11	−1.09
中等生	实验 1 班（17 人）	16.09±1.67	30.76±1.72
	对照 1 班（13 人）	15.35±2.33	29.73±1.95
	t	1.02	1.54
	实验 2 班（17 人）	18.50±2.19	34.03±1.69
	对照 2 班（19 人）	17.68±5.52	35.03±1.72
	t	0.57	−1.75

续表

		高层要点得分	总分
中等生	实验合班（34 人）	17.29 ± 2.27	32.40 ± 2.36
	对照合班（32 人）	16.73 ± 4.60	32.88 ± 3.19
	t	0.63	−0.70
后进生	实验 1 班（5 人）	12.90 ± 1.52	26.70 ± 0.67
	对照 1 班（10 人）	13.61 ± 2.92	24.89 ± 3.65
	t	−0.50	1.08
	实验 2 班（11 人）	11.91 ± 3.35	25.77 ± 3.52
	对照 2 班（9 人）	12.56 ± 4.21	24.67 ± 7.00
	t	−0.38	0.46
	实验合班（16 人）	12.22 ± 2.88	26.06 ± 2.93
	对照合班（19 人）	13.16 ± 3.47	24.92 ± 5.30
	t	−0.86	0.77

（二）后测

1. 实验班和对照班被试说明文阅读理解水平后测成绩、阅读时间及快速阅读成绩

由表 8-5 可知，实验训练后，实验班的说明文阅读理解水平显著高于对照班，实验班的阅读速度优于对照班，实验班的快速阅读成绩显著高于对照班，两种实验训练方式都有明显的效果。

表 8-5　实验班和对照班被试说明文阅读理解水平后测成绩、阅读时间及快速阅读成绩（$M \pm SD$）

	高层要点得分（满分 30 分）	总分（满分 50 分）	时间 /min	快速阅读得分（满分 38 分）
实验 1 班	18.00 ± 3.67	32.60 ± 3.52	14.67 ± 2.51	23.95 ± 3.27
对照 1 班	11.20 ± 5.05	21.33 ± 7.76	18.40 ± 3.09	19.07 ± 4.65
t	5.97^{**}	7.25^{**}	-5.13^{**}	4.71^{**}

续表

	高层要点得分（满分 30 分）	总分（满分 50 分）	时间 /min	快速阅读得分（满分 38 分）
实验 2 班	18.18 ± 3.89	32.54 ± 5.60	16.21 ± 4.72	24.99 ± 4.24
对照 2 班	13.26 ± 3.49	24.00 ± 4.48	20.13 ± 3.73	22.59 ± 4.35
t	5.81^{**}	7.34^{**}	-4.02^{**}	2.43^{*}
实验合班	18.10 ± 3.77	32.57 ± 4.77	15.53 ± 3.95	24.53 ± 3.85
对照合班	12.35 ± 4.34	22.82 ± 6.24	19.37 ± 3.54	21.04 ± 4.79
t	8.25^{**}	10.24^{**}	-5.96^{**}	4.69^{**}

表 8–6 的数据表明，实验班和对照班不同层次被试的实验效果不一。通过实验训练，优秀生和中等生在说明文阅读理解水平和阅读速度两方面都有显著提高，而后进生主要在说明文阅读理解水平上有显著提高，在阅读速度上提高不明显。

表 8–6　实验班和对照班不同层次被试说明文阅读理解水平后测成绩和阅读时间（$M \pm SD$）

		高层要点得分	总分	时间 /min
优秀生	实验 1 班（8 人）	17.00 ± 4.00	32.38 ± 3.85	14.13 ± 1.89
	对照 1 班（7 人）	9.43 ± 5.88	20.00 ± 8.87	17.71 ± 1.60
	t	2.95^{*}	3.59^{**}	-3.92^{**}
	实验 2 班（10 人）	19.25 ± 4.04	34.30 ± 5.24	16.30 ± 5.03
	对照 2 班（10 人）	13.40 ± 4.33	25.10 ± 5.09	18.40 ± 2.55
	t	3.12^{**}	3.98^{**}	−1.17
	实验合班（18 人）	18.25 ± 4.07	33.44 ± 4.65	15.33 ± 4.01
	对照合班（17 人）	11.76 ± 5.25	23.00 ± 7.12	18.12 ± 2.18
	t	4.09^{**}	5.17^{*}	-2.53^{*}

续表

		高层要点得分	总分	时间 /min
中等生	实验 1 班（17 人）	18.71±3.04	33.12±3.79	14.24±2.28
	对照 1 班（13 人）	12.85±3.56	23.69±6.22	19.38±4.15
	t	4.87**	5.14**	−4.34**
	实验 2 班（17 人）	18.85±4.29	33.59±5.77	16.41±5.06
	对照 2 班（19 人）	13.68±3.70	24.68±4.50	21.68±4.19
	t	3.89**	5.19**	−3.42**
	实验合班（34 人）	18.78±3.66	33.35±4.81	15.32±4.02
	对照合班（32 人）	13.34±3.61	24.28±5.19	20.75±4.27
	t	6.07***	7.36**	−5.32**
后进生	实验 1 班（5 人）	17.20±5.26	31.20±1.64	17.00±3.24
	对照 1 班（10 人）	10.67±6.14	19.78±9.00	17.89±1.76
	t	2.00	2.77*	−0.68
	实验 2 班（11 人）	16.18±2.39	29.32±4.67	15.82±4.29
	对照 2 班（9 人）	12.22±1.64	21.33±2.74	18.78±2.44
	t	4.21**	4.52**	−1.84
	实验合班（16 人）	16.50±3.38	29.91±4.01	16.19±3.92
	对照合班（19 人）	11.21±4.43	20.21±6.49	18.16±2.19
	t	3.91**	5.19**	−1.87

2. 实验班和对照班被试说明文结构意识测验的成绩

由表 8-7 可知，实验班结构意识测验的成绩都显著高于对照班。实验 1 班的平均分比对照 1 班高将近 10 分，相比较而言，实验 1 班的效果更明显，这也说明专门训练与渗透训练相结合的效果要比集中训练的效果好。

表 8-7 实验班和对照班被试说明文结构意识测验的成绩（$M \pm SD$）

	结构意识测验得分
实验 1 班	25.50 ± 4.61
对照 1 班	15.83 ± 6.58
t	6.59**
实验 2 班	18.55 ± 7.79
对照 2 班	14.08 ± 8.04
t	2.46*
实验合班	21.62 ± 7.40
对照合班	14.85 ± 7.43
t	5.32**

3. 实验班和对照班被试迁移测验的成绩

由表 8-8 可以看出，实验训练对被试记叙文、说明文的阅读理解水平的影响不一致，专门训练与渗透训练相结合对被试有非常明显的迁移效果，而集中训练对被试没有明显的迁移效果。

表 8-8 实验班和对照班被试迁移测验的成绩（$M \pm SD$）

	议论文得分（满分 20 分）	记叙文得分（满分 18 分）	总分（满分 38 分）
实验 1 班	11.17 ± 3.90	11.43 ± 2.34	22.60 ± 4.81
对照 1 班	6.03 ± 3.47	6.17 ± 2.35	12.20 ± 4.54
t	5.39**	8.69**	8.62**
实验 2 班	7.82 ± 4.29	7.39 ± 3.74	15.22 ± 7.18
对照 2 班	7.84 ± 3.99	8.37 ± 3.01	6.21 ± 6.27
t	−0.01	−1.25	−0.64
实验合班	10.29 ± 4.89	9.46 ± 4.55	19.74 ± 8.29
对照合班	9.71 ± 4.87	7.81 ± 3.85	17.51 ± 7.27
t	0.69	2.28*	1.67

4. 实验班和对照班被试延迟（再认）测验、保持（回忆）测验的成绩

表 8-9 显示，实验班和对照班在延迟（再认）测验总分、高层要点得分上有极显著的差异，而在细节知识得分上无明显差异。在 1 小时后的保持（回忆）测验中，两个班的得分情况与延迟（再认）测验的得分情况一致。可以说明，实验训练的延迟效果更多地来自实验班被试对文章高层要点信息的把握，实验训练使被试对文章高层要点信息的再认变得更加容易了。保持（回忆）测验的结果表明，形式图式阅读策略训练可以促进被试对文章高层要点信息的保持与回忆。

表 8–9 实验班和对照班被试延迟（再认）测验、保持（回忆）测验的成绩（$M \pm SD$）

	延迟（再认）测验			保持（回忆）测验		
	高层要点得分	细节知识得分	总分	高层要点得分	细节知识得分	总分
实验 1 班（30 人）	29.73 ± 6.15	24.77 ± 5.41	54.43 ± 9.80	12.07 ± 4.15	13.40 ± 3.72	25.47 ± 5.68
对照 1 班（30 人）	23.23 ± 7.84	23.30 ± 5.79	46.13 ± 10.78	7.10 ± 4.67	12.07 ± 4.91	19.17 ± 8.18
t	3.57^{**}	1.04	3.12^{**}	4.36^{**}	1.18	3.47^{**}

进一步考察激活图式的指导语和不激活图式的指导语对被试的影响。由表 8-10 可知，实验 1 班 A 指导语组延迟（再认）测验的各项成绩都显著优于实验 1 班 B 指导语组。在 1 小时后的保持（回忆）测验中，除了细节知识得分以外，实验 1 班 A 指导语组的成绩优于实验 1 班 B 指导语组。这表明，实验训练有利于被试对文章高层要点信息的加工，特别是有意识地激活被试的形式图式，可以促进被试对文章高层要点信息的加工以及对文章的再认和回忆。

表 8-10　实验班不同指导语组被试延迟（再认）测验、保持（回忆）测验的成绩（$M \pm SD$）

		延迟（再认）测验			保持（回忆）测验		
		高层要点得分	细节知识得分	总分	高层要点得分	细节知识得分	总分
实验1班	A 组	32.33±4.62	27.53±3.38	59.87±6.38	14.00±4.41	13.73±3.77	27.73±5.99
	B 组	27.13±6.51	22.00±5.72	49.00±9.74	10.13±2.88	13.07±3.77	23.20±4.46
	t	2.52^{*}	3.22^{**}	3.62^{**}	2.85^{**}	0.48	2.35^{*}

注：A 组指 A 指导语（激活图式的指导语）组，B 组指 B 指导语（不激活图式的指导语）组。

四、讨论

（一）说明文形式图式阅读策略训练对初中生说明文阅读理解水平的影响

实验结果表明，说明文形式图式阅读策略训练能够提高被试的说明文阅读理解水平。从表 8-5 来看，无论是测验的高层要点得分还是总分，实验班的成绩均显著优于相应的对照班，二者之间的差异非常显著。总体上，两种训练方式的实验效果都相当明显。从表 8-6 也可看出，不同层次的被试经过实验训练，其阅读理解水平都有不同程度的提高。

说明文形式图式阅读策略训练的过程，是正确选择图式、不断构建图式、灵活运用图式的一个循环往复的过程。如果学生掌握了形式图式，他们就能很容易地分辨出某篇文章或文章的某个部分属于哪种图式。阅读文章的过程，就是将文章各部分的具体信息或线索按照现在被认定的图式不断完善与整合的过程。

（二）说明文形式图式阅读策略训练对初中生阅读速度的影响

表 8-5 的结果表明，说明文形式图式阅读策略训练能够有效地提高被试的阅读速度。这是因为：（1）说明文形式图式阅读策略训练使实验班被试具备了丰富的形式图式，增强了他们对阅读文章的预期。快速阅读文章的过程主要是更多地利用概念驱动的“自上而下”的信息加工过程。由于实验班被试头脑中关于文章形式图式的知识相当丰富，可供调用的预期资源相对于对照班被试要多得多，因此其阅读速度更快。（2）图式网络的组织性使被试头脑中的形式图式易于激

活。（3）实验班被试具备有效的知识提取结构，能够准确、快速地提取储备的形式图式及其阅读策略。

由表 8-5 可知，说明文形式图式阅读策略训练大面积提高了优秀生、中等生的阅读速度，但在后进生阅读速度的提高上效果不明显。在实验中我们了解到，大多数后进生都有主观上放弃努力、不愿接受实验新方法的反应倾向。这是由于后进生经常体验到阅读失败（主要表现为阅读成绩差），因而习得性无助感较强。由于后进生的自我评价低下，即使在可控的情境中也失去主动提升自我评价的努力。在面临新情境时，由于先前的失败经验，他们便会从主观上放弃努力，习惯性地消极应付。

（三）说明文形式图式阅读策略训练对初中生说明文结构意识的影响

说明文结构意识测验要求被试列出说明文的结构框架图，这种框架图所表征的主要是说明文的高层要点信息，以及说明文主要信息之间的关系。表 8-7 的数据说明，通过实验训练，被试对说明文关键信息的把握能力有所提高，增强了说明文结构意识。专门训练与渗透训练相结合的效果之所以更显著，主要是由于被试有更充裕的时间巩固训练策略，增加了迁移练习的机会。

（四）说明文形式图式阅读策略训练对初中生记叙文和议论文阅读理解的迁移影响

表 8-8 的结果表明，专门训练与渗透训练相结合的迁移效果显著，集中训练未产生明显的迁移。这是由于连续集中时间训练，被试对说明文形式图式阅读策略还不能在较短的时间内充分内化，对它的掌握还不稳定，对它的运用也不熟练，因此未达到能够迁移的水平。

（五）说明文形式图式阅读策略训练对初中生再认和回忆的影响

由表 8-9 可知，说明文形式图式阅读训练有利于被试对文章信息特别是高层要点信息的理解，有利于被试对文章信息的再认和回忆。由表 8-10 可知，激活图式的指导语可以促进被试对文章高层要点信息的加工以及对文章的再认和回忆。形式图式是高度概括化的符号系统。当被试头脑中关于说明文形式图式阅读策略的相关知识被激活以后，他们就具备了主动运用说明文形式图式阅读策略的可能性。

五、小结

（1）说明文形式图式阅读策略训练能提高初中生的说明文结构意识，增强他们对文章结构的敏感性；可以显著地提高初中生的说明文阅读理解水平和阅读速度，特别有助于他们对文章高层要点信息的把握。

（2）说明文形式图式阅读训练能提高优秀生、中等生的阅读理解水平和阅读速度，能提高后进生的阅读理解水平。

（3）说明文形式图式阅读策略的专门训练与渗透训练相结合能产生一定的迁移效果，能够提高初中生对记叙文、议论文的阅读理解水平。

（4）有意识地激活学生的说明文形式图式，可促进他们对说明文形式图式阅读策略的应用。

第三节 组块构建记忆策略训练提高高一学生英语词汇学习质量的实验研究

一、问题提出

进入 21 世纪以来，各个国家和民族之间的联系和交往更为密切。英语作为一种全球性语言，是世界科技进步、国际经济发展与文化交流的重要载体，是个体顺应时代和社会发展的重要工具之一。英语词汇学习是英语学习的基础，英语词汇学习策略是英语学习策略的核心和关键，积极探索科学有效的英语词汇记忆策略对于提高学习效率、提高英语词汇学习质量具有重要的实践意义。

英语词汇学习问题已经引起了相关研究者的广泛关注，英语词汇学习策略是关注的焦点。研究所达成的共识是：英语词汇学习绝不是简单的死记硬背，有效的词汇学习包含各种学习策略，尤其是记忆策略，并且英语词汇学习策略与英语词汇学习成绩、英语学习成绩、英语学习情感密切相关。

记忆心理学理论认为，组块是指在人们过去经验中的一个刺激独立体（如一个字母、一个单词、一个成语、一个句子、一个图示、一个事件等），是记忆容量的测量单位，具有扩容性（即短时记忆信息可以通过加大每一组块容量而得到扩充和提高）和差异性（即组块内部组织水平不同或对信息再编码方式不同，则相应的组块所包含的信息量也不同）的特点。而组块扩容（组块化）的关键是在组块之间建立联系或联结，即联想。通过接近联想（时间、空间的接近）、相似联想、对比联想及各种奇特的创造性联想，人们可以将识记的材料深深地印在大脑里。双重编码理论认为，采用两种不同的记忆编码（言语的和视觉的）要比采用一种记忆编码的效果好，大脑中形成的视觉表象有助于增强联想的效果。格式塔理论认为，如果视觉表象描绘的对象是相互作用的，那么一个整体的痕迹（即格式塔）便形成了，这样元素间的相互作用、统一的形象会促进联想学习。此外，许多英语语言学家认为，英语词汇具有组块性，语言的记忆或贮存和输出或使用除了以单个的单词为单位外，更多地是以那些固定和半固定的、模式化了的组块结构（如短语、常用搭配、惯用话语、句子框架和引语）为单位。另外，认知心理学理论认为，新信息的接受一般要经过选择、习得、建构、综合四个阶段，而选择和习得决定学习的数量，建构和综合决定学习的内容和组织方式。外语词汇学习的过程，实际上也是一种新信息的摄入和组织。学习者原有的知识经验显然要对新知识的吸收产生影响，从而产生一系列的重组。学习者选择、习得、建构和综合新的语言知识实际上就是一个运用认知学习策略的过程。根据以上理论，我们认为，如果能通过教学训练教给学生各种联想策略，帮助学生通过各种联想方式（认知策略）使其将新学的英语词汇与已学词汇、知识经验形象、生动地联系在一起，形成新的或更大的组块，那么学生就能将词汇记得更好，词汇学习质量就能得到提高。

根据记忆心理学的组块理论、认知心理学理论、英语词汇学习策略的研究成果及英语词汇的组块性，在吸收了许多优秀教师词汇教学的先进经验和优秀学生的词汇学习方法、技巧的基础上，我们提出组块构建记忆策略。组块构建记忆策略就是根据单词音、形、义的特点，借助学习者的已有知识经验，通过各种联想方式在单词音、形、义之间及新旧单词之间建立各种形象联系，以形成新的或更大的组块的词汇记忆方法（洪显利等，2003）。该策略分为两类：单词内的组块构建记忆策略和单词间的组块构建记忆策略。单词内的组块构建记忆策略包括单词内的音义联想策略和寻旧联想策略，单词间的组块构建记忆策略包括搭配组合联想策略、同韵词搜索联想策略、求异联想策略、图示联想策略、语义联想策略。由此，我们提出如下实验假设：通过对高一学生进行组块构建记忆策略的训练，提高高一学生英语词汇学习质量，为词汇获得方式提供一种新的尝试，为进一步探讨词汇学习理论以及学科学习策略提供一种新的研究思路。

二、研究方法

（一）被试选择

本研究被试来自重庆市江北中学高一年级新生中四个条件大致相等的班级。经过对四个班学生的英语综合知识、英语词汇知识的前测，选出四个班中这两项成绩相匹配的学生 79 对，然后随机确定两个实验班、两个对照班，其中实验 1 班和对照 1 班组成 40 对，实验 2 班和对照 2 班组成 39 对，平均年龄 15.5 岁。剔除的被试仍在原自然班中学习，只是不对其成绩做统计处理。

（二）实验设计

本研究采用平衡组配对控制实验设计。自变量是组块构建记忆策略训练，因变量是被试词汇知识、单词记忆数量、记忆方法，以及英语学习观念、态度和兴趣的训练效果。本研究对主要控制变量的处理是教学时间相同、教学起点相同（被试的英语词汇知识、英语基础知识无显著差异）、教师能力相当（学历相同，经验相当）、教学内容一样、测验时间与要求一致。

（三）实验材料

笔者编写的组块构建记忆策略训练材料是专门的策略教学材料，人民教育出版社的高一《英语》教材（上册）是策略渗透课教材。此外，根据皮连生等人对学习结果的分类（将学习结果分为知识、技能、策略和情感），我们设计了如下测查材料：

（1）高中生英语学习观念、态度、兴趣及单词记忆方法问卷。该问卷共40题，其中英语学习观念、态度、兴趣及单词记忆方法各10题，每题按5、4、3、2、1赋分。该问卷的再测信度为0.77，同时经专家评判，内容效度较高。

（2）英语综合知识测查试卷。采用实验学校高一年级英语教研组编制的中期考试试题，内容包括听力、词汇、词法、阅读、完形、写作等，总分为150分，用于前测。

（3）英语词汇知识测查试卷。根据单词音、形、义的特点编制两份试卷，分别用于前测、后测，题型包括辨音，根据句意写词，写出音、形相近的词，写出词义相近、相反的词，建立语义网络，等等。

（4）英语单词表单。在《英语分阶词典》中选取学生在课堂上没有学的英语单词20个，在非实验班进行初测。根据非实验班学生单词记忆的正确率及对每个单词的记忆难度和形象性的评定，排除已学过的单词，选出难度中等及以上、形象性中等及以下的10个单词，兼顾名词、形容词、动词，制成单词表单，用于后测。

（5）对词汇学习策略训练课的评价问卷。

（四）实验程序

实验分三个步骤进行：

（1）前测。对初步选定的四个班进行英语综合知识、英语词汇知识的测查，据此确定匹配的实验班、对照班。经统计分析，实验班和对照班无显著差异。

（2）实验培育。对实验班进行专门的组块构建记忆策略训练，并渗透于日常教学中。在专门的策略训练过程中，采用认知策略训练和元认知训练相结合的方式进行。具体训练步骤如下：①出示与策略有关的词，让学生先尝试记忆，再说出自己的记忆过程和方法。②简评学生的记忆方法并给予积极的鼓励，而后讲解具体的策略，让学生领悟策略。③让学生运用刚学的策略记忆生词。④引导学生再次对自己的记忆过程和方法及对策略本身的优缺点进行反思、评价。⑤让学生完成课后作业。课后作业包括：使用所学的策略记忆生词；写出自己使用了策略后的体验和感受及对策略本身的评价；在新课文中找出适于采用新策略的词并进行记忆，写出记忆的过程。⑥对学生的作业及时进行评定，选出做得较好的学生的作业在小组中进行交流。对照班按常规方式进行教学。

（3）后测。①对实验班和对照班进行英语词汇知识，英语学习观念、态度、兴趣及单词记忆方法，英语单词记忆数量的测查。②让实验班被试填写对词汇学习策略训练课的评价问卷。

（五）统计分析

本研究采用 SPSS 10.0 软件进行统计。由于本研究采用均衡配对平衡被试，所以采用相关样本 t 检验对实验班和对照班的前后测各项成绩进行差异检验。

三、研究结果

（一）高一学生英语词汇知识后测的结果

从表 8-11 的数据可知，从总体上看，实验班被试的英语词汇知识成绩明显优于对照班，差异达显著性水平。这说明组块构建记忆策略训练提高了实验班被试的英语词汇知识成绩，有助于被试掌握英语词汇知识。从对被试的分层比较看，实验班优秀生的英语词汇知识成绩高于对照班，实验班中等生的英语词汇知识成绩高于对照班，差异均达显著性水平。实验班后进生的英语词汇知识成绩虽高于对照班，但差异未达显著性水平。这一结果表明，组块构建记忆策略训练提高了不同水平被试的英语词汇知识成绩，特别是优秀生和中等生的英语词汇知识成绩。

表 8-11　实验班和对照班被试英语词汇知识后测成绩（$M \pm SD$）

	优秀生	中等生	后进生	总体
实验 1 班	98.00 ± 14.12	75.21 ± 11.39	59.36 ± 8.82	76.43 ± 16.21
对照 1 班	79.29 ± 10.17	63.98 ± 14.63	53.79 ± 10.95	64.88 ± 15.21
r	−0.36	0.42	−0.48	0.49
t	2.46^{*}	4.00^{***}	0.86	4.58^{***}
实验 2 班	98.83 ± 8.47	74.98 ± 17.58	51.14 ± 7.55	74.37 ± 20.39
对照 2 班	86.00 ± 2.77	65.19 ± 13.96	47.14 ± 15.57	65.15 ± 17.20

续表

	优秀生	中等生	后进生	总体
r	0.38	0.15	−0.08	0.52
t	4.01^{*}	2.41^{*}	0.59	3.09^{**}
实验合班	98.38 ± 11.39	75.10 ± 14.67	55.25 ± 8.97	75.41 ± 18.30
对照合班	82.38 ± 8.19	64.59 ± 14.17	50.46 ± 13.39	65.01 ± 16.12
r	−0.22	0.25	−0.09	0.50
t	3.74^{**}	4.29^{***}	1.07	5.35^{***}

（二）高一学生英语单词记忆保持成绩的结果

由表 8-12 的数据可见，从总体上看，实验班被试的单词默写和汉译英成绩均优于对照班，差异达显著性水平。这表明组块构建记忆策略训练提高了实验班被试的单词记忆成绩，有助于被试更好地记忆单词。从进一步的分析中可以看出，无论是在单词默写成绩方面，还是在单词汉译英成绩方面，实验班各水平的被试均优于对照班，其中中等生的差异达显著性水平，而优秀生和后进生的差异不显著。这说明：组块构建记忆策略训练提高了高一学生的单词记忆成绩，特别是中等生的成绩；组块构建记忆策略有利于学生记忆单词，对中等生特别有用。

（三）高一学生英语学习观念、态度、兴趣的测查结果

从表 8-13 可以看出，实验班被试在英语学习观念、态度、兴趣上均优于对照班。这一结果表明，组块构建记忆策略训练在一定程度上改善了学生的英语学习观念、态度，提高了学生的英语学习兴趣。进一步对不同水平被试的分层比较发现，实验班中等生在英语学习观念、态度、兴趣上显著地优于对照班（$p < 0.05$），而对于优秀生和后进生来说，实验班和对照班之间的差异不显著。这说明组块构建记忆策略训练可有效地改善中等生的英语学习观念、态度，提高中等生的英语学习兴趣，对优秀生和后进生的效果不明显。

表 8–12 实验班和对照班被试英语单词记忆保持的成绩（$M \pm SD$）

	优秀生		中等生		后进生		总体	
	默写	汉译英	默写	汉译英	默写	汉译英	默写	汉译英
实验 1 班	8.50 ± 1.58	8.86 ± 1.95	7.12 ± 1.40	7.50 ± 1.61	5.14 ± 2.14	5.43 ± 2.23	7.01 ± 1.83	7.38 ± 2.02
对照 1 班	8.07 ± 1.69	8.14 ± 1.35	5.92 ± 2.41	6.21 ± 2.46	4.50 ± 1.61	4.86 ± 1.95	6.05 ± 2.39	6.31 ± 2.39
r	−0.11	0.58	0.04	0.08	0.10	0.25	0.26	0.33
t	0.47	1.18	2.23^{*}	2.32^{*}	0.67	0.59	2.34^{*}	2.61^{*}
实验 2 班	8.17 ± 1.60	8.50 ± 1.38	7.15 ± 1.79	7.58 ± 1.77	4.93 ± 2.09	5.29 ± 1.73	6.91 ± 2.04	7.31 ± 1.95
对照 2 班	7.92 ± 0.92	8.00 ± 1.41	5.83 ± 2.13	6.12 ± 2.63	4.07 ± 2.21	4.36 ± 1.80	5.83 ± 2.26	6.09 ± 2.54
r	−0.53	−0.41	−0.06	−0.26	0.49	0.53	0.25	0.07
t	0.28	0.52	3.37^{*}	2.11^{*}	1.04	1.43	2.56^{*}	2.47^{*}
实验合班	8.35 ± 1.53	8.69 ± 1.65	7.13 ± 1.59	7.45 ± 1.67	5.04 ± 2.03	5.36 ± 1.92	6.96 ± 1.92	7.34 ± 1.98
对照合班	8.00 ± 1.34	8.08 ± 1.32	5.88 ± 2.45	6.16 ± 2.52	4.29 ± 1.87	4.61 ± 1.82	5.94 ± 2.32	6.20 ± 2.45
r	0.22	0.20	−0.01	−0.11	0.32	0.36	0.26	0.20
t	0.56	1.17	3.29^{**}	3.13^{**}	1.23	1.33	3.48^{**}	3.59^{**}

注：此表结果是被试记忆单词后，中间间隔 10 分钟后的保持成绩。

表 8–13　实验班和对照班被试英语学习观念、态度、兴趣的测查结果（$M \pm SD$）

	观念	态度	兴趣
实验 1 班	3.84 ± 0.37	4.43 ± 0.42	3.21 ± 0.70
对照 1 班	3.65 ± 0.42	4.29 ± 0.50	2.90 ± 0.91
r	−0.07	0.08	0.10
t	2.15^{*}	1.39	1.79
实验 2 班	3.83 ± 0.29	4.38 ± 0.44	3.14 ± 0.79
对照 2 班	3.72 ± 0.30	4.23 ± 0.42	2.93 ± 0.85
r	−0.00	0.12	0.21
t	1.72	1.59	1.27
实验合班	3.84 ± 0.33	4.40 ± 0.43	3.17 ± 0.74
对照合班	3.68 ± 0.36	4.26 ± 0.46	2.91 ± 0.88
r	−0.05	0.10	0.15
t	2.76^{**}	2.11^{*}	2.19^{*}

（四）高一学生单词记忆方法的测查结果

由表 8–14 的数据可以看出，从总体上看，实验班被试在单词记忆方法上优于对照班，差异达显著性水平。这一结果表明，组块构建记忆策略训练可有效地改善学生的英语单词记忆方法。进一步对不同水平被试的分层比较发现，实验班中等生在单词记忆方法上优于对照班，差异达显著性水平，而对于优秀生和后进生来说，实验班和对照班之间无显著差异。这说明组块构建记忆策略训练可较好地改善中等生的单词记忆方法，而优秀生和后进生则受益不够明显。

表 8-14　实验班和对照班被试英语单词记忆方法的测查结果（$M \pm SD$）

	优秀生	中等生	后进生	总体
实验 1 班	4.09 ± 0.63	3.81 ± 0.50	3.97 ± 0.61	3.89 ± 0.54
对照 1 班	3.87 ± 0.27	3.49 ± 0.76	3.57 ± 0.38	3.57 ± 0.65
r	0.06	−0.13	0.37	−0.01
t	0.84	2.19^{*}	1.80	2.36^{*}
实验 2 班	4.07 ± 0.58	3.95 ± 0.55	3.69 ± 0.71	3.92 ± 0.58
对照 2 班	3.95 ± 0.35	3.46 ± 0.76	3.73 ± 0.39	3.58 ± 0.68
r	0.29	0.43	0.48	0.37
t	0.49	3.40^{**}	−0.81	2.94^{**}
实验合班	4.08 ± 0.59	3.88 ± 0.52	3.83 ± 0.65	3.90 ± 0.56
对照合班	3.91 ± 0.30	3.48 ± 0.76	3.65 ± 0.38	3.58 ± 0.66
r	0.17	0.16	0.36	0.19
t	1.01	3.43^{**}	1.07	3.71^{***}

（五）实验班学生对词汇学习策略训练课的评价

问卷调查表明：50.63% 的实验被试喜欢词汇学习策略训练课（实验课）；74.69% 的学生认为实验课对英语学习有帮助；72.65% 的学生认为实验课对其学习英语词汇有帮助、启发；46.84% 的学生增加了英语学习兴趣；44.3% 的学生认为实验课促进了其与其他同学的交流；70.88% 的学生认为实验课“促进了我回顾、反省自己的词汇学习方法”；74.68% 的学生认为实验课“使我学到新的方法与窍门”；74.22% 的学生认为实验课“有利于我扩大词汇量”；64.56% 的学生认为实验课“使我能更好地记单词”；59.49% 的学生认为实验课“使我有意识地用较好的方法记单词”。从学生的反馈可以看出，实验课对学生确实产生了积极的影响，有利于学生学习英语，激发、提高了学生的英语学习兴趣。

四、讨论

（一）组块构建记忆策略训练有助于高一学生掌握词汇

词汇的掌握，有广义和狭义之分，广义的词汇掌握要求学习者掌握词的音、形、义及相关词，狭义的词汇掌握只要求学习者掌握词的音、形、义。本研究从这两个方面对被试进行了考察。表 8-11 的结果是从广义的词汇掌握来考察的，实验班的词汇知识成绩均明显地优于对照班；表 8-12 的结果是从狭义的词汇掌握来考察的，实验班的默写成绩和汉译英成绩都显著地优于对照班。这两个结果表明，无论是从广义的词汇掌握还是从狭义的词汇掌握来看，在高一英语教学中，组块构建记忆策略训练能显著地提高被试的词汇学习成绩。究其原因，我们认为：组块构建记忆策略训练以被试已有的知识经验为基础，使学生的记忆有了牢固的附着点；该训练以学生的积极构建为中心，引导学生充分发挥想象力，构建单词音、形、义之间及单词之间的形象联系，进行多重编码，形成意义组块；该训练注重开发、利用被试储存的丰富的表象，为他们的单词学习与记忆提供了足够的认知资源支持。

（二）组块构建记忆策略训练提高了高一学生英语词汇记忆技能

词汇记忆技能主要体现在学生在一定的时间内记忆单词的数量和记忆单词的方法两个方面。表 8-12 的结果表明，实验班的单词记忆成绩，无论是默写成绩还是汉译英成绩，都显著地优于对照班。表 8-14 的结果表明，实验班被试在单词记忆方法上明显地优于对照班。以上实验结果说明，被试在一定程度上掌握了组块构建记忆策略，提高了英语词汇记忆技能。我们认为，组块构建记忆策略训练为学生提供了较好的英语词汇学习方法，同时注重引导学生对词汇学习方法本身的反思与运用，提高了学生的策略意识。

（三）组块构建记忆策略训练在一定程度上改善了高一学生的英语学习观念、态度，提高了他们的英语学习兴趣

英语学习的观念是指学生对英语学习的影响因素的认识。英语学习的态度是指学生对英语学习的作用及重要性的认识。英语学习的兴趣是指学生在英语学习中的具体表现，是英语学习观念、态度的反映。从表 8-13 可以看出，实验班被

试在英语学习观念、态度、兴趣上都显著地优于对照班。这一结果表明，组块构建记忆策略训练在一定程度上改善了学生英语学习的观念、态度，提高了学生的英语学习兴趣。学生对实验课的评价也进一步印证了上述结果。我们认为，组块构建记忆策略训练为学生提供了轻松愉快的学习环境：注重充分发挥学生的积极性、主动性，注重让学生体验词汇学习的具体过程，注重通过多种方式及时向学生反馈学习结果并对好的学习行为进行强化。

（四）不同水平被试受益程度不同

从本研究可以看出，不同水平的被试在实验中受益大小有差异。在词汇掌握方面，优秀生和中等生的成绩都得到显著的提高，而后进生的提高不明显；在单词记忆方面，中等生受益最大，而优秀生、后进生的受益则不明显；中等生在英语学习观念、态度、兴趣及单词记忆方法上变化最大，而优秀生、后进生的变化则不明显。究其原因，我们认为主要是学生原有的知识背景和学习动机水平不同引起的。

从严格意义上说，学生原有知识背景中有两种知识：策略性知识和非策略性知识。这两种知识在学生学习策略的掌握和运用中有着重要作用，且二者相互作用。同时，任何一种策略教学若激发不了学生的需要，则难以取得成效。学习动机水平决定了学生的参与程度，从而影响学生在实验过程中情感变化的程度。优秀生由于训练前已基本具备这两种知识，“新策略”对其已不新，所以他们单词记忆技能的训练效应不明显；词汇教学采用组块构建方式进一步强化了他们的组块构建记忆意识，从而促进了他们对词汇知识的掌握、记忆，因此他们的词汇知识的成绩训练效应显著；他们本身对英语学习就持积极观念、态度，对英语学习有强烈的兴趣，而训练只是进一步巩固了其原有的观念、态度、兴趣及方法，所以这方面变化不明显。中等生多数具有非策略性知识，缺少策略性知识，且学习策略的缺乏已成为制约他们学习进步的瓶颈，所以，他们一旦获得良好的方法，则能迅速突破瓶颈，提高词汇学习成绩，提高英语词汇学习技能；组块构建记忆策略训练正好满足其需要，他们自然就越积极主动地配合训练，因而越能更好地体验到运用组块构建记忆策略所带来的乐趣、成功、喜悦及有效性，越能体验到自身在学习中的能动作用和主体地位。所以，中等生的观念、态度、兴趣及词汇学习方法趋向于积极的变化。而后进生两种知识都较欠缺，使组块构建记忆策略训练失去牢固的附着点；由于该策略训练要求他们自己动脑构建词汇组块，以及其他的相关要求对于他们来说可能过难，他们难以完成有关的作业。这些可能导致后进生在实验中的参与程度大大受限，所以他们的实验效果不明显。这提示我们：策略教学应根据学生的不同水平做相应的调整，以适应不同水平学生的知识基础；只有真正适合学习者动机水平的教学，才能调动学习者的参与热情，达到预期的教育目的。

五、小结

（1）组块构建记忆策略训练可显著地提高高一学生英语词汇学习质量和词汇记忆技能，能改善高一学生的英语学习观念、态度，激发高一学生的英语学习兴趣。这说明英语词汇学习策略训练是必要的、可行的。

（2）不同水平的学生受益程度不同。优秀生在词汇知识的掌握上受益，而词汇记忆技能的提高不明显，在英语学习观念、态度和兴趣方面变化不明显；中等生在词汇知识的掌握、词汇记忆技能及英语学习观念、态度、兴趣几个方面都受益明显；后进生在词汇知识的掌握、词汇记忆技能及英语学习观念、态度、兴趣几个方面受益都不明显。

（3）组块构建记忆策略训练能提高高中英语词汇教学的整体质量，这为中学英语词汇教学提供了新的方法与途径。

第四节　小学生应用题解题策略教学的分层实验研究

一、问题提出

学习策略的课堂教学是促进学生高效学习的主要途径。已有的学习策略教学几乎都是整班教学，虽然不同的实验表明整体上均有效果，但进一步的分析发现不同层次学生的学习效果是不一样的。

刘电芝（2000）指出，不同水平的学生在生成、拥有和使用学习策略上有巨大的差异，表现在：（1）学习困难的学生缺乏学习策略，他们不能抑制不必要的信息输入，不能有效地选择线索，不能适当地利用编码策略，不能自发地产生解决问题的策略，不能评价使用学习策略的效果；（2）低水平的学生由于缺少丰富的相关经验，难以获得并使用高级的、复杂的学习策略，中等水平或高水平的学生容易获得并使用高效的、复杂的学习策略；（3）不同水平的学生不仅在学习策略使用的数量与频率上有差异，在学习策略使用的质量上也有差异。

学习策略教学的效果不仅与学生的个体差异有关，也与教师的调控方式有关。研究（Vermun & Verloopt，1999）表明，教师的调控方式有以下三种。（1）强调控，指在学习策略教学中，教师采用比较多的调控。在这种调控中，教师自己尽力去执行学习的功能，即教师尽力去接管、替代学生的认知、情感和元认知的活动，教师采用这种方法来阐述学习的内容，并且调节和控制学生对学习内容的加工。（2）分享调控，指在学习策略教学中，教师采用适当的调控。在这种调控中，教师和学生一起承担对学习策略的执行功能，教师刺激学生通过一定的认知、情感、元认知的活动来进行学习。例如，教师鼓励学生一同思考，或通过明确提问、布置作业或任务等含蓄的方式进行策略教学。（3）松散调控，指在学习策略教学中，教师采用比较少的调控。在这种调控中，教师把学习策略的执行功能移交给学生，学生调动自己的认知、情感、元认知的活动来进行学习。

本研究拟考察在学习策略教学中，教师的不同调控方式对不同水平学生的影响。根据上述关于强调控、分享调控、松散调控的界定，本研究确定与其对应的教学模式分别为讲授式、合作式、引导式。对学生的分层是以学生最近三次正式数学测验的平均成绩为指标，每个班级中排名前 27% 的学生是优秀生，排名后 27% 的学生是后进生，其余为中等生。本研究采用“异层同班同法”的方式，即不同层次的学生仍在同一个班上课，三种教学模式分别在三个不同班同时进行。本研究欲揭示不同调控模式对不同层次学生的有效性，从而为个性化的策略教学提供指导与借鉴。

二、研究方法

（一）被试

预测被试：苏州市金阊区外国语实验小学五年级两个班的全体学生。用自编的小学数学五年级应用题测验一和小学数学五年级应用题测验二施测。两个测验的测试间隔时间为一周。根据每道题目的得分情况将两个测验中的题目两两配对，形成难度大致相等的等值测验。

正式实验被试：某小学五年级三个班［五（6）班，五（7）班，五（8）班］的全体学生。将三种教学模式随机分配给这三个班，其中五（6）班为合作式教学模式，五（7）班为引导式教学模式，五（8）班为讲授式教学模式。三个班共计 111 人。剔除缺少测验成绩的被试，共得到有效被试 105 人，其中：男生 54 人，女生 51 人；五（6）班 35 人，五（7）37 人，五（8）33 人；优秀生 29 人，中等生 47 人，后进生 29 人。

（二）研究假设

本研究旨在探讨讲授式教学模式、合作式教学模式、引导式教学模式对不同水平学生应用解题策略的教学效果，从而为更加有效的策略训练提供指导，为更好地实施差异教学提供借鉴。

假设一：通过应用题解题策略教学，学生解应用题的能力有显著提高。

假设二：不同的教学模式适应不同层次的学生。

（三）研究工具

1. 应用题解题策略教学材料

应用题解题策略教学材料由笔者与授课教师一起编写。根据以往研究和小学五年级数学学习内容，确定出四种应用题解题策略。（1）简化策略：删除问题的枝节，突出问题的条件，或者根据数量关系写出简式，以利于问题解决的策略。（2）图解策略：将抽象化的文字表述转化为具体形象的图解的策略。图解策略既有高度浓缩信息的功能，又有直观的特点，利于学生的问题解决。（3）联想策略：通过类比推理来解决问题的策略。（4）逆推策略：从问题的最后结果出发，利用已知条件一步步倒推，直到解决问题的策略。围绕这四种策略选取合适的题目，按照不同的教学模式分别编制三种教案，在相应的实验班进行授课，每次 1 个课时（40 分钟），共 13 个课时。

2. 实验前测和后测试卷

小学数学五年级应用题测验一，用于前测；小学数学五年级应用题测验二，用于后测。两个测验难度大致相当，分别由 10 道应用题组成，其中 3 道题涉及简化策略，3 道题涉及图解策略，2 道题涉及联想策略，2 道题涉及逆推策略。

（四）实验程序

1. 前测

用小学数学五年级应用题测验一对被试施测。

2. 应用题解题策略教学的实施

应用题解题策略教学采用刘电芝（2004）提出的五阶段教学。在讲授式教学模式下，教学阶段包括:（1）趣味引入;（2）策略剖析;（3）课堂练习，策略运用;（4）教师评价;（5）策略反思。在合作式教学模式下，教学阶段包括:（1）目标引入;（2）组织讨论，合作释疑;（3）知识点拨;（4）课堂练习，策略运用;（5）课后练习，师生共评。在引导式教学模式下，教学阶段包括:（1）呈现题目;（2）组织学生自学;（3）学生讲解;（4）练习巩固;（5）学生自评与反思。

3. 后测

用小学数学五年级应用题测验二对被试施测。

（五）数据处理

采用 SPSS 13.0 软件进行数据录入和统计分析。

三、研究结果

（一）前测成绩比较

从表 8-15、表 8-16 可知：三个班前测成绩的平均分略有差异，但是经统计检验（$p>0.05$），没有达到显著性水平；不同层次的学生前测成绩的平均分是有显著差异的，说明学生层次的划分是合理的（$p<0.001$）；班级和学生层次的交互作用不显著（$p>0.05$），即实验前三个班级的起点是相同的。

表 8–15　前测成绩基本情况

	班级			学生层次		
	五（6）	五（7）	五（8）	优秀生	中等生	后进生
M	76.37	71.49	74.00	81.34	73.06	67.83
SD	11.21	10.80	9.68	8.92	9.65	9.78

表 8–16　前测成绩的方差分析

差异来源	*SS*	*df*	*MS*	*F*	*p*
班级	372.25	2	186.13	2.17	0.120
学生层次	2 672.15	2	1 337.57	15.61***	0.000***
班级 × 学生层次	538.32	4	134.58	1.57	0.188

（二）前后测成绩比较

为了考察应用题解题策略教学的效果，将所有被试的前测成绩（$M=73.90$，$SD=10.70$）和后测成绩（$M=76.90$，$SD=15.89$）进行比较，发现差异显著（$p<0.05$，$t=-2.105$）。由此可知，应用题解题策略教学使五年级学生解应用题的能力得到显著提高。

表 8–17 表明，学生在讲授式教学模式下进步最大，在引导式教学模式下进步次之，在合作式教学模式下进步最小。因此，在应用题解题策略教学中，强调控的效果最好。

表 8–17　前后测成绩的平均分比较

	前测成绩的平均分	后测成绩的平均分	提高的平均分
五（6）班（合作式）	76.37	77.31	0.94
五（7）班（引导式）	71.49	75.14	3.65
五（8）班（讲授式）	74.00	78.42	4.42
总	73.90	76.90	3.00

（三）后测成绩比较

对后测数据进行方差分析，结果（见表 8-18）表明，学生层次的主效应显著（$p<0.01$），教师调控方式的主效应不显著，教师调控方式和学生层次的交互作用显著（$p<0.01$）。进一步的 LSD 多重比较结果（见表 8-19）表明：对于优秀生来说，松散调控和强调控的差异显著（$p<0.05$），优秀生最适合松散调控；对于中等生来说，强调控效果最好，但三种调控方式差异不显著；对于后进生来说，强调控和松散调控之间、分享调控和松散调控之间的差异均达到极显著水平（$p<0.01$），后进生最适合强调控，最不适合松散调控。

图 8-11 更直接显示出教师调控方式和学生层次的交互作用。

表 8-18　后测成绩的方差分析

		M	SD	F	p
教师调控方式	分享调控	77.31	13.83	0.557	0.575
	松散调控	75.14	19.74		
	强调控	78.42	13.12		
学生层次	优秀生	86.86	11.27	25.077***	0.000***
	中等生	78.89	12.08		
	后进生	63.69	16.74		
教师调控方式 × 学生层次				4.720**	0.002**

表 8-19　教师调控方式和学生层次交互作用的多重比较分析

	教师调控方式（I）	教师调控方式（J）	均差（I–J）	标准误	p
优秀生	分享调控	松散调控	−8.40	5.584	0.355
		强调控	5.91	5.737	0.665
	松散调控	强调控	14.31	5.737	0.042*

续表

	教师调控方式（I）	教师调控方式（J）	均差（I−J）	标准误	p
中等生	分享调控	松散调控	0.16	4.423	1.000
		强调控	−5.07	4.559	0.610
	松散调控	强调控	−5.22	4.423	0.562
后进生	分享调控	松散调控	16.20	5.584	0.014*
		强调控	−1.53	5.737	0.991
	松散调控	强调控	−17.73	5.737	0.008**

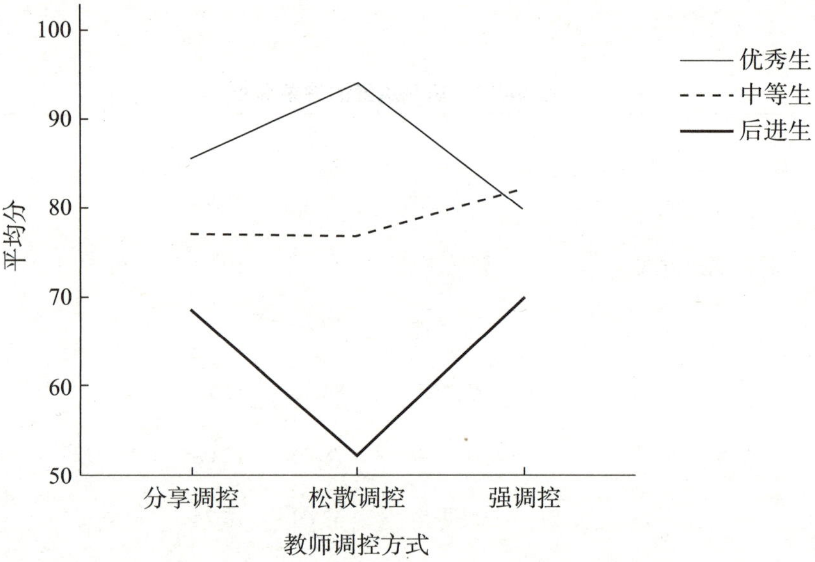

图 8−11　教师调控方式和学生层次的交互作用

四、讨论

（一）应用题解题策略教学能显著提高学生解应用题的能力

从表 8−17 可知，应用题解题策略教学显著提高了全体学生解应用题的能力（$p<0.05$）。结果支持研究假设一，也与以往诸多研究的结果一致。周琰和王学臣（2007）采用问卷调查和访谈相结合的方法，对小学四、六年级共 368 名学生的数学学习观、数学学习策略进行考察，结果发现，数学学习观不能直接作用于

学生的学习成绩，但数学学习策略可以显著地影响学习成绩。张履祥和钱含芬（2000）对小学四年级48名学生进行策略训练，实验结果显示，学习策略训练显著提高了实验班学生的学习能力，训练后实验班学生的语文能力和数学能力测验分数均明显高于控制班。刘电芝（1989）通过解题思维训练显著提高了小学六年级学生的解题能力。徐建奇（2004）对乐山市352名中小学生进行了为期一年的学科学习策略训练，发现学生的学习成绩和学习能力得到显著提高。本研究进一步证实了学习策略教学是必要且可行的。

（二）应用题解题策略教学的调控方式对不同层次的学生产生的效果不同

图8-11表明，强调控对中等生、后进生的帮助最大。后进生普遍缺乏学习策略，自己产生学习策略的能力又较低，因此，教师采用强调控的方式，即讲授式教学模式，可以教给学生学习策略，有利于学生成绩的提高。强调控对中等生有益，这与前人的研究结果一致。例如：多数中等生、后进生较容易通过学习策略训练来提高学习能力（张履祥，钱含芬，2000）；应用题解题思维策略训练可在较短时间内提高实验班学生的学习成绩，激发学生学习数学的兴趣，其中中等生受益最大（刘电芝，1989）。

图8-11还表明，松散调控对优秀生最为有效，强调控对优秀生的效果最差。以往研究比较一致地指出，策略教学可以较好地提高中等生的成绩，而优秀生进步较小。这是由于以往研究的策略教学都是以讲授为主，这种强调控在一定程度上限制了优秀生自我发现、自我探究的能动性的发挥。我国中小学教育采用的是整班授课制，如何在班级授课制中使优秀生有足够的发展空间，充分发挥他们的思维潜力，应该引起广泛重视。

（三）应用题解题策略教学的强调控更利于大部分小学生解题能力的发展

根据表8-17的数据，从整体上来看，应用题解题策略教学的强调控对学生解应用题能力的提高效果最大（平均分提高4.42分）。在我国，教师的日常教学仍然是以讲授式为主。尽管近年来教育改革大力提倡素质教育，但中考、高考的压力使得大多数学校教师自觉或不自觉地滑向了题海战术、应试教育。因此，传统的讲授式教学模式对学生来说更熟悉。相比而言，策略教学的松散调控突出了自学环节，策略教学的分享调控以小组讨论为主，这对于习惯了以传统教学的学生来说，尚需时间适应。尽管松散调控和分享调控给予个体更大的发挥主观能动性的空间，但在策略教学的过程中并未显现出优势。

五、小结

（1）应用题解题策略教学较大幅度地提高了小学生解应用题的能力，这再次证实策略教学是可行的、有效的。

（2）在应用题解题策略教学中，不同的调控方式对不同层级的学生产生的效果不一样。松散调控适合优秀生，强调控适合中等生和后进生。受益学生最多的是强调控。

第九章　学习策略的有效教学

教会学生学习、教会学生思考对于学生的学习非常重要，这已成为当前教育学家和心理学家的共识。从新课程的要求来讲，学习策略的教学应成为教师教学的重要任务，教师应该为学生提供学习策略上的咨询和指导，但教学现实是大多数教师既缺乏这方面的意识，也无相关教学经验。因此，本章着重探讨学习策略教学的有效性问题，为学习策略的教学在我国的兴起与发展提供借鉴。

第一节　学习策略的教学模式和教学内容

一、学习策略的教学模式

（一）渗透教学

渗透教学，指根据知识内容选择合适的策略，有计划、系统地进行策略渗透，即以知识教学为主，以策略教学为辅。在渗透教学中，策略教学随知识教学进行，不需要花费额外的时间，但策略教学可能被知识教学掩盖，使得多数学生难以受益。同时，根据认知资源有限理论，人的认知资源总量有限。渗透教学既教新知识点，又教新策略，超过了大多数学生的认知负荷，他们的认知资源通常仅能保证甚至还难于保证新知识点的学习。因此，渗透教学难于达到策略教学的目的。

（二）专门教学

专门教学，指专讲策略，不涉及新知识，是在原有知识基础上讲授策略。以讲策略为主，以讲知识为辅，讲知识是为讲策略服务，这样大大地减小了认知负荷，学生可以集中注意于策略的学习，在较短时间内有意识地、系统地掌握策略。专门教学要花一定的教学时间，但可起到“磨刀不误砍柴工”之效。

（三）交叉式教学

由于渗透教学和专门教学各有利弊，因此一般认为在一定时间的专门教学基础上，再进行渗透教学，效果较好。此外，策略的专门教学往往受课堂教学时间的限制，很难让学生达到自动化运用的程度，而日常课堂的渗透教学为策略的熟练运用提供了空间。

二、学习策略的教学内容

（一）策略意识训练

策略意识训练的目的是让学生对策略有较多的了解，认识到策略的有效价值，经常留意并关注策略的运用及其有效性。例如，注意在学习中总结有效的学习方法，注意向同伴学习有效的方法，总想把新学的方法运用到解题中。

（二）元认知训练

元认知指对自己认知过程的监视、调节和控制。元认知的主要功能是给主体提供有关认知活动进展的信息，以保证主体随时调节，采取更接近目标的解决办法与手段。例如，这样一些行为就属于元认知的表现：自己发现并纠正练习中的错误；上课走神儿时，自己能及时地把注意转移到课堂上来；监督自己的学习进度，完成预期的学习任务；依据任务完成的情况对自己做出评价；等等。元认知训练应贯穿于整个策略教学中。教师可以通过提问的方式来训练学生的元认知。当学生面对问题时，教师可以提出以下问题：选择什么策略合适？这种策略的使用条件是什么，是否符合当前的问题情境？这种策略的使用程序是什么？当学生使用策略后，教师可以提出以下问题：选用的策略是否有效？（如果无效）是什么原因导致无效的，应该重新选择什么策略？（如果有效）选用的策略为什么有效，该策略还可运用在什么地方？

（三）具体策略训练

具体策略训练包括短时训练和长时训练。短时训练指策略教学时间短，涉及的策略少。短时训练的内容包括：关于策略价值的信息，怎样使用策略，什么时候使用策略，如何评价策略的成功使用。长时训练指策略教学时间长，涉及的策略多。长时训练的内容不仅包括短时训练的内容，而且包括如何监控和评价自己的操作。在训练的初期，教师的指导要多、要细，及时给予外部反馈。随着训练时间的延长，教师应多鼓励学生依靠自我反馈、自我调节和自我控制而不是依靠教师的外部控制来进行策略的学习。

第二节　学习策略的教学阶段和教学方法

一、学习策略的教学阶段

奥克斯福德提出了策略教学的八阶段：（1）确定学习者的需要和有效的学习时间；（2）选择良好的策略；（3）整体考虑策略的训练；（4）考虑动机因素；（5）准备材料和设计活动；（6）实施完整的策略教学；（7）评价策略教学；（8）矫正策略教学。前五步为计划和准备阶段，后三步为实施、评价和矫正阶段。

认知性语言学习方法（the cognitive academic language learning approach，CALLA）专门设计了语言学习策略教学程序，包括以下五阶段。

（1）准备阶段：搜集策略。本阶段的目的是搜集、确认学生使用的各种各样的有效策略。对策略的搜集包括：讨论能够用于当前学习任务的策略；对特定的个人或群体进行面对面的谈话，以了解策略的使用；开展小组活动，让学生描述他们各自在执行一项任务时的思维过程；运用问卷调查等手段了解学生使用过的策略和他们对于使用策略的体会等。

（2）展示阶段：集中解释说明策略。向学生讲述即将教授的策略的特征、有效性和运用的方法。也许最有效的方法莫过于向学生讲解教师自己对策略的运用。比如，教师一边读由投影仪呈现的一段文章一边讲述：如何依据题目做出预测；如何回忆先前的知识；如何有选择性地注意题目和粗体文本；怎样确定不熟悉的词汇，怎样根据上下文推测生词的含义；等等。教师也可以深入描绘各种策略，给每个策略命名，解释清楚何时、怎样才能最有效地运用这些策略及运用这些策略的价值。这样展示可以让学生想象他们自己遇到类似的任务时也能取得成功。

（3）操作阶段：在真正的学习任务中运用策略。操作活动常常是在与同学合作中进行的。比如面对新问题，学生一起讨论最适合采用哪个策略以及为什么；又如读一段资料，讨论遇到的生词，如何通过上下文推断它们的含义，运用概括的方法轮流概述文章的要点。

（4）评价阶段：让学生评价自己在运用策略过程中取得的成功，增强他们对自己学习过程的元认知意识。培养学生自我评价能力的活动包括：让学生回顾自己运用策略的过程；通过问卷，让学生对策略的有效性进行评价。

（5）扩展阶段：学生选定自己认为最有效的策略，把它们运用于不同的学科，并提出对这些策略的个人理解。

刘电芝（2004）提出了策略教学的五阶段。

（1）激趣。通过对话或有趣事例引入新策略，或让学生自发地完成某个学习任务，待其产生困惑或无力解决时，再呈现新策略。总之，以不同的方式、多样化的手法激发学生学习策略的欲望与动机，使学生处于一种求知的积极情感状态。这样，教师的外在指导才能有效地转化为学生自己的内在需要。

（2）策略剖析。首先，教师应深入浅出地说明策略的实质（根据不同年龄对象，采用不同方法。一般来说，对低年级学生宜采用归纳法，对高年级学生宜采用演绎法），详细揭示策略的运用过程，尽可能多地选择恰当实例说明其应用的多种可能性。选择的实例应利于学生接受。其次，教师通过实例说明策略运用的过程时，要尽可能地详尽展示内隐思维过程的具体步骤。最后，教师让学生对策略的运用进行复述与自我解释。复述有利于学生进一步理清思路，自我解释可帮助学生弄明白为什么要这样做、这样做为什么有效，从而加强对策略的理解与记忆。

（3）策略运用。要让学生掌握所学习的策略，教师必须提供练习这些策略的机会。在策略的运用阶段，教师应设计或精选习题，呈现的习题应尽可能丰富化、多样化，促使学生从不同角度进行尝试，形成概括性的认识。通过本阶段的练习，学生能切实掌握策略并运用于日常的学习中。

（4）策略评价，包括学生对策略使用效果的自评与教师的矫正性评价。策略使用是否得当，需要评价反馈。

（5）策略反思。策略反思是策略教学必不可少的阶段，包括：策略运用的过程是怎样的，策略运用的关键地方在哪里，策略运用的有效性如何，策略还可运用在其他什么地方。刘电芝和黄希庭（2002）明确指出，在教学中要求学生反省和评价策略的有效性，使学生明确策略为什么有用，为什么使用策略比不使用策略更有效，可以激发学生使用策略的积极性。

二、学习策略的教学方法

学习策略的教学方法与知识的教学方法一样，多种多样，归纳起来主要有以下几种。

（一）讲授式

讲授式指教师系统讲解和阐述策略，是一种最常用的教学方法。其优点是信息容量大，适合大班教学，易于操作，便于学生系统学习。讲授式可分为演绎式和归纳式两种。归纳式指从个别到一般，即先举各种各样的例子，在学生获得一定感性知识基础上，最后给出定义，得到概括性的结论。归纳式适合年龄较小或理解能力较弱的学习者。演绎式指从一般到个别，即先定义，后举例说明。演绎式适合年龄较大或理解能力较强的学习者。

（二）观察与模仿式

观察与模仿式以班杜拉的观察学习理论为基础，指学生观察教师、同伴在问题情境中运用策略的全过程，从而习得策略，并在随后的类似情境中运用策略。例如，让缺乏策略的学生多次反复地倾听和观摩教师或优秀学生的解题过程。教师或优秀学生大声地说出自己的解题过程，即怎么想的，从哪里得到启发，遇到困难是如何调整的，怎样总结所解答的问题的特征与解题思路。经过这样多次的观摩和倾听，缺乏策略的学生也会有较大的进步。观察与模仿式有利于学生直观地感知策略运用的具体步骤，并可通过示范者的情绪感染间接体会策略的效用和价值。

（三）探究式

探究式是指把科学探究引进策略教学，这样可以充分调动学生学习的积极性和思考的主动性，使学生获得积极的情感体验。根据学生的能力和实际情况，设计能激起学生想探究和能探究的具体活动或任务是探究式教学的关键。例如，对于凑整简算策略的教学，教师呈现例题 275 + 299 = ？后，通过一系列的问题引导学生探究：（1）怎样计算这道题？（2）不列竖式能计算出来吗？还有更简便的计算方法吗？……（3）（在学生自己发现了凑整简算策略后）该策略有什么特点？（4）该策略叫什么名字合适？

（四）合作学习式

合作学习式指以异质的个人为单位组成小组，共同讨论、解决问题，最终掌握策略。合作学习式的优势不仅在于学生之间的互动可以激活思维，使学生获得更多更深刻的知识，还能培养学生的合作意识与技能，促进学生良好的非认知心理品质的形成，达成其智能与社会化的同步发展。

合作学习需要小组成员共同参与和深入交流才能达到效果，因此必须要有足够的时间保证。这就决定了在课堂教学过程中，教师不可能频繁地或不加选择地组织合作学习，否则将适得其反，流于形式。因此，教师必须考虑哪些内容适合进行合作学习。（1）在突破策略重点、难点和疑点时采用合作学习。重点、难点和疑点是教学的关键，对这类问题组织合作学习可促使思维的碰撞，激活静默的大脑。（2）在需要发散思维时采用合作学习。当可使用多个策略时，个人的思考往往会有局限。教师针对这类内容组织合作学习，为学生提供了各抒己见的空间和场所，利于学生互相启发和取长补短，这对学生学会全面地思考问题、克服思维的片面性、提高思维的品质都大有助益。（3）在需要资源共享时采用合作学习。例如，每个人讲出自己所选用的策略，相互比较，找出适合当前任务的最佳策略。在合作和互动的学习过程中，学生可加深对自己所占有资源的理解，使知识之间产生意义联系。（4）任务便于分解时采用合作学习。当目标任务便于分解时，每个学生在合作学习中职责明确，这样既能有效地避免责任扩散效应，又能使学生产生积极的个人价值感。

教师在组织学生进行合作学习时，应注意以下几点：（1）在组织合作学习前对学生提出独立思考的要求。学生只有在自己独立思考的基础上合作，才能进行深入的交流。（2）就小组合作学习的质量进行监督和指导。在学生合作学习过程中，教师要巡视课堂，全方位把握学生合作学习的状况。对偏离讨论主题的小组给予及时指导，对未积极参与合作学习的个体给予提示。当个别学生有问题请教时，不给予个别辅导，而是将辅导的“特权”下放给合作小组，让小组其他成员对其进行帮助。（3）对小组合作学习的效果进行检查和评价。提问是教师最常用的检查学生合作学习效果的方式，例如：你们小组的观点是什么？在对小组评价的基础上，再随机提问个人，以考察个人参与合作学习的程度。

合作学习式可以营造民主和谐的课堂氛围，增强师生之间、生生之间的交流与互动，能够培养学生多方面的能力，是当前备受关注的一种策略教学方法。

（五）同伴介入式

同伴介入式是一种特殊的合作学习式，即两人为一组，以你讲我听或你听我讲的方式进行学习。在学习过程中，两人要交换角色，每人都要承担讲和听的任务，特别是听者不能被动地听，要能提出讲述者的不足及改进的建议。这样无论是听还是讲，学习者都处于一种积极主动的学习状态。

（六）综合式

任何一种教学方法都有其长，亦有其短。因此，一堂课应根据不同的教学内容和教学阶段选择不同的教学方法。一般来说，讲授式多用在策略剖析阶段，合作学习式和同伴介入式多用在半独立的策略应用阶段，探究式往往用在学生有一定基础的策略教学上。

无论采用何种教学方法，教师都应该做到以下几点：（1）激发学生对于策略的认识需要;（2）选择有效的策略;（3）让学生明确意识到策略使用的有效性，即策略为什么有用，以及使用策略比不使用策略更有效，以激发他们自发使用策略的积极性。

第三节　学习策略有效教学的条件

根据已有的研究及本团队的多年实践，我们总结出以下保障策略教学有效性的条件。

一、策略教学应具体化

要使学生顺利掌握策略，策略教学应具体化。例如，教学凑整百的简算策略时，展示 275 + 299 = ？例题，策略剖析分四步进行:（1）观察。观察数字特征，看哪个数接近整百。（2）凑整。把接近整百的数 299 凑成 300。（3）计算。275 + 300 = 575。（4）纠正假设。由于把 299 看成 300 计算，多加了 1，所以要减 1，从而得到正确答案 574。依次连贯的“看、凑、算、纠”四步使学生有明晰的轨迹可依，能比较容易地一步一步掌握所教策略。

二、策略教学需外显化

许多策略是内隐的，不是靠眼睛能观察到的，所以教师须尽量把策略外显化，使学生能切身感受到、体验到。比如全脑阅读策略，其目的是激活学生的右脑，与左脑配合参与阅读活动，以提高阅读的效果。那么，怎样才算右脑活动？如何调动右脑活动？教师必须通过示范或启发学生，才能使学生领会。例如，对《小鞋匠》一文进行全脑阅读策略教学时，教师问：通过第一段话，你看到了什么？学生回答：小鞋匠在焦急地等一个人。实际上，这时学生的右脑并没有真正地活动起来，教师应进一步启发学生：你看到的是一个什么样的人，是瘦的、胖的还是高的、矮的？如果是瘦的，是怎样的瘦？教师通过这样的提问，才会逐渐激活学生的右脑，形成一个完整的画面。

三、策略教学要条件化

策略的使用不是万能的，总是有一定的前提条件。如整十、整百凑整简算策略，其条件化知识是：如果算式题中有接近整十的数，则可以运用整十凑整策略；如果算式题中有接近整百的数，则可以运用整百凑整策略。学生只有掌握了条件化知识，才能迅速、正确地选择合适的策略。因此，突出条件化知识是策略有效教学的重要一环。

四、策略教学应主体化

策略教学中的主体化是指通过尝试应用而获得关于具体策略的情感、价值、态度等方面的体验与内心认同，它是沟通策略与问题情境的中介桥梁，是主体能动性的体现。再高效的策略，缺少了主体体验，也难以内化到主体认知结构中成为具有个人价值意味的智慧能力。

由于主体体验具有内隐性，难以观察、检测，所以人们有意或无意地忽视了它在策略教学过程中的存在。教师往往也只重视策略本身的讲解，而缺乏对主体情感的激发。学生缺乏主体体验，策略的学习就会停留在简单的尝试、演练阶段，难以向运用与迁移和新策略生成等高级阶段推进，策略教学的有效性就不可能充分发挥出来。

主体体验应该指学与教两个方面。从教的方面来说，教师如果缺乏主体体验，就难以领会策略的价值，更难以把策略内蕴展开、外显，使之形象化、情境化。如讲全脑阅读策略，教师自己的右脑如果都不能启动起来，学生的右脑怎么可能充分调动。从学的方面来讲，学生如果缺乏主体体验，就难以把外部的指导转为自己的内部需要。

第四节　学习策略课堂教学的特征

策略教学与知识教学有不同之处，策略教学能否有效取决于策略的选择、策略的教学要素及诸多需要注意的方面。

一、应教哪些策略

策略如同知识一样难以穷尽。在有限的课堂教学中，该教哪些策略？这涉及策略的选择问题。根据我们团队的已有研究，策略的选择可遵循以下三个原则：（1）择用最普遍的策略，使学习效应能迅速显现；（2）最有效的策略，使学生容易体会到策略使用的效果；（3）容易学的策略，这是出于经济原则的考虑。能满足这三个原则的策略，是最值得教学选用的策略；如果只能满足第一个或第二个原则，也是可以考虑的。

二、学习策略的教学要素

怎样教才能发挥策略教学的有效性？这涉及策略的教学要素。布朗等人（Brown et al.，1981；Brown & Palincsar，1982）认为策略教学应包括三要素：一是学习策略；二是自我执行与监控策略的使用；三是了解策略的价值及策略使用的范围。加涅（E. D. Gagné）认为策略有效学习的要素包括：（1）对教学最重要信息给予选择性注意；（2）对新材料进行有效编码，以便日后易于提取；（3）知道在何种条件下使用何种策略；（4）检查自己拥有策略的有效性。

本团队在长期研究中，总结出策略教学剖析阶段的五要素：（1）给策略命名，名字要尽可能简短、新颖（如手舞足蹈背诵策略、提取公因式阅读策略）；（2）说明怎样做，即具体展示策略的实施步骤；（3）解释为什么这样做，使学生知其所以然；（4）讲清什么条件下这样做，使学生能迅速地、恰当地选择符合当前任务的策略；（5）反思策略的有效性，推测策略还可用在什么地方。

三、策略教学应注意的问题

众多研究表明，并不是进行了策略教学，学生就能掌握策略。我们在策略教学的实践中，总结出以下需注意的方面。

（一）策略的安排要科学

策略教学往往涉及多个策略，策略的安排要遵循两个原则：一是从易到难，循序渐进；二是从一般到特殊，即先教使用范围广的策略，再教在特殊领域和个别领域使用的策略。

（二）一次只教少量策略

为保证策略的教学效果，通常一节课只教一个策略，否则贪多嚼不烂，欲速则不达。

（三）要求学生及时复述策略的使用

复述是外部指导内化的重要一步。在策略教学后，教师引导学生及时复述，一方面可帮助学生理清、回顾思路，另一方面可获得反馈。

（四）引导学生对策略进行自我解释

自我解释是学生在学习过程中向自己解释学习内容的获得过程。齐等人（Chi et al.，1994）认为，自我解释是学习者经常用来帮助自己理解，并以“问题”或“判断”等各种形式呈现的信息加工过程，是一种由自我产生并指向自我的知识建构活动。

引导学生进行自我解释的方式有两种。（1）单向指导，即教师提问，学生回答，教师对答案给予反馈。（2）双向指导，即教师与学生交互作用：教师提问，学生回答；学生提问，教师回答。研究（Chi et al.，1994）表明，单向指导对促进学生自我解释的作用不明显，而双向指导则能促进学生自我解释的产生，能加深学生对材料的理解。我们也发现，在策略的教学过程中，增加自我解释环节，可加强学生对策略的内化。

（五）策略教学的内容及目标应符合学生现有的知识与能力

策略教学也同一般知识教学一样，必须考虑学生的可接受性。研究（朱燕，1996）表明，影响学习策略掌握的一个主要因素是材料的难度，如学习人工合成配对词组，材料难度不仅决定了记忆策略的使用效率，也决定了记忆成绩的高低。对于与专业知识密切相关的学科学习策略的教学而言，更应考虑学生的原有知识基础。

（六）训练不能密集进行

大量策略训练的实践证实，训练不能密集进行，不能在短时间内采用大量练习的突击办法。本团队曾进行对比实验，训练内容相同，时间相同，只是训练的间隔有差异。一种是集中训练，每周训练 4 次，每次 1 课时；另一种是分散训练，每周只训练 1 次，每次 1 课时。结果表明，集中训练的效果不明显，分散训练的效果显著。训练比较有效的方法是：（1）适当地延长训练内容的间隔，使学习者有充分的消化、理解的时间；（2）策略的学习如同知识的学习一样是一个持续的过程，学习者在一定程度上掌握某种策略后，训练既不能马上停止，也不能简单地重复，可以安排相关的习题，使学过的策略不断地得到运用和巩固。

策略学习的目的，不仅仅在于掌握策略本身，更重要的是学生通过策略的学习，能提高学习策略的意识，能有意识地自我总结、反思，乃至生成新的策略。

参考文献

鲍红梅，喻平．完善中学生CPFS结构的生长教学策略研究[J]．数学教育学报，2006(1)：49-53．

蔡旻君，张筱兰．大学生认知风格、学习方式与学习策略的关系研究[J]．电化教育研究，2007(8)：52-57．

蔡敏．小学生数学学习情感评价的研究[J]．教育科学，2010，26(1)：26-31．

曹华清．初中生语文学习策略的应用特点及影响策略择用的主要心理因素研究[D]．重庆：西南师范大学，2003．

曹华清，刘电芝．语文学习策略探析：学习策略系列讲座之三[J]．中小学教材教学，2004(26)：42-45．

陈桦，张益芳．中国儿童英语词汇记忆策略探究[J]．外语学刊，2001(4)：100-106．

陈玲．初中生写作策略培养[J]．中学语文教学，2004(8)：45-46．

陈思清．从图式理论来看阅读的心理过程[M]//桂诗春．中国学生英语学习心理．长沙：湖南教育出版社，1992：148-159．

陈新妹．初中毕业生英语学习策略使用现状调查[J]．中小学外语教学(中学)，2004，27(7)：19-22．

陈英和，王明怡．儿童执行功能与算术认知策略的关系[J]．心理科学，2009(1)：34-37．

成茂芳，张荣华，袁艳芳，等．英语学习策略发展研究的回顾与展望[J]．贵州师范大学学报(社会科学版)，2007(4)：133-136．

程静英．英语写作教学分析[J]．外语教学与研究，1994(2)：12-18．

程素萍．解决物理力学问题的元认知训练研究[J]．心理科学，1999（4）：365-366．

褚勇杰，刘电芝，杨会会．内隐学习策略的存在及其外显转化[J]．心理学探新，2011（1）：29-35．

崔冠宇．大学生学习时间管理策略的应用特点及其影响因素[D]．开封：河南大学，2007：63-64．

邓今朝．情感倾向和情绪智力对工作行为选择的影响[J]．人类工效学，2009，15（1）：35-38．

丁艳云，李梅．中学生元认知策略的研究现状及展望[J]．黑龙江史志，2008（12）：87-88．

丁怡．外语善学者和不善学者英语词汇学习策略对比研究[J]．外语研究，2006（6）：47-50．

杜晓新．15—17岁少年元记忆实验研究[J]．心理科学，1992（4）：17-23．

杜艳芳，张琴琴．学习策略对小学生学业成绩的影响研究[J]．现代中小学教育，2013（3）：86-89．

范春林，张大均．学习动机研究的特点、问题及走向[J]．教育研究，2007（7）：71-77．

方建移，邵瑞珍．中学生英语词汇记忆的策略训练研究[J]．应用心理学，1996（2）：3-9．

方平，郭春彦，汪玲，等．数学学习策略的实验研究[J]．心理发展与教育，2000（4）：43-47．

冯刚．浅谈解题策略意识的培养[J]．天府数学，1998，6（1）：12-14．

甘诺．中学生学习策略的发展趋势及其与学习动机、学习成绩的相关研究[D]．南京：南京师范大学，2002：48．

高丙成，刘儒德．初中生社会支持的类型及其对学习的影响[J]．心理科学，2011，34（3）：608-612．

高荣涛，刘文宇．元认知策略培训对中国学生英语写作影响的元分析研究

[J]．外语教学，2011，32（2）：65-68．

高吾兰．怎样引导学生掌握学习策略[J]．内蒙古教育，1994（5）：36-37．

葛明贵，晋玉．中学生英语学习策略水平及其与英语学业成绩的相关研究[J]．心理科学，2005，28（2）：451-453．

龚德英，刘电芝，张大均．元认知监控活动对认知负荷和多媒体学习的影响[J]．心理科学，2008，31（4）：880-882．

龚少英．我国学习策略研究的现状与问题[J]．心理科学，2003，26（1）：163-164．

谷生华，辛涛，李荟．初中学习归因、学习策略与学习成绩关系的研究[J]．心理发展与教育，1998（2）：21-25．

顾海根．心理差异与教育学[M]．上海：学林出版社，2002：4-10．

关文信，马宝元，张向葵．学习策略与小学生语文能力的培养[J]．现代中小学教育，1998（1）：42-45．

郭文斌．学习困难学生自主学习策略研究[J]．中国特殊教育，2006（3）：79-83．

郝宁．我国学习策略研究进展及发展趋势[J]．宁波大学学报（教育科学版），2007（29）：16-20．

何华，李凌云，刘电芝．小学五年级儿童执行功能特点研究[J]．心理科学，2008，31（2）：353-355．

何进军，刘华山．10—14岁优差生的认知策略及发展研究[J]．心理科学，1996（3）：189-191．

何开容．提高高中数学课前自助学习的有效性初探[J]．考试，2012（17）：105．

何木叶．促进学习策略生成的教育对策：基于自传和访谈的分析[J]．当代教育理论与实践，2011，3（10）：24-26．

何木叶，张荣华，刘电芝，等．学习策略生成的自传作品和访谈研究[J]．宁波大学学报（教育科学版），2014，36（5）：68-74．

洪显利，张荣华，冉瑞兵．组块构建记忆策略训练：提高高一学生英语词汇学习质量的实验研究[J]．西南师范大学学报（人文社会科学版），2003，29（6）：40-45．

胡桂英，许百华．初中生学习归因、学习自我效能感、学习策略和学业成就关系的研究[J]．心理科学，2002，25（6）：757-758．

胡象岭，赵文廷，屈克英．高中物理学业成就归因研究[J]．课程·教材·教法，2005，25（2）：42-46．

黄春露，刘电芝．体感策略促进语言学习[N]．中国社会科学报，2017-09-25．

黄东有．成人学习动机、学习策略与自我效能感的关系研究[J]．成人教育，2016，36（3）：16-21．

贾小娟，胡卫平，武宝军．小学生学习动机的培养：五年追踪研究[J]．心理发展与教育，2012（2）：184-192．

金黛茜．语篇体感阅读策略：手的具身作用[D]．苏州：苏州大学，2017：53-54．

金刚玉，高金金，陈毅文．学习策略、自我效能感在不同情境下对成绩的影响[J]．浙江大学学报（理学版），2012，39（2）：231-238．

金莉．高中生英语学习策略的性别差异研究[J]．浙江师范大学学报（社会科学版），2003（增刊）：85-88．

雷雳，侯志瑾，白学军．不同年级高师学生的学习动机与学习策略[J]．心理发展与教育，1997，13（4）：18-22．

雷雳，汪玲，T. Culjak．优生与差生自我调节学习的对比研究[J]．心理发展与教育，2002，18（2）：6-11．

李爱华．不要让合作学习只流于形式[J]．教育革新，2008（5）：20．

李宏．策略使用有效性与意识程度相关关系研究[D]．大连：辽宁师范大学，2005：52-54．

李其维．“认知革命”与“第二代认知科学”刍议[J]．心理学报，2008，40

(12)：1306-1327.

李为，王泽农. 中学物理课程与教学论[M]. 长春：东北师范大学出版社，2006：34-56.

林崇德. 发展心理学[M]. 杭州：浙江教育出版社，2000：363-397.

林崇德. 发展心理学[M]. 北京：人民教育出版社，2009：270-271.

林立，曹敏. 中学英语学习策略研究[J]. 首都师范大学学报（社会科学版），1999（增刊）：99-101.

刘电芝. 解题思维策略训练提高小学生解题能力的实验研究[J]. 心理科学通讯，1989（5）：3-12.

刘电芝. 开发智力的新途径：思维策略训练的崛起与发展[J]. 西南师范大学学报（人文社会科学版），1992（1）：52-55.

刘电芝. 学习策略（一）[J]. 学科教育，1997（1）：34-36.

刘电芝. 学习策略的实质[J]. 宁波大学学报（教育科学版），2000（2）：18-20.

刘电芝. 小学数学学与教的策略[M]. 重庆：西南师范大学出版社，2001：1-24.

刘电芝. 小学儿童数学学习策略的发展与加工机制研究[D]. 重庆：西南师范大学，2003：72-74.

刘电芝. 学科学习策略与学科发展：理论与实证[M]. 长春：吉林人民出版社，2006：322-324.

刘电芝，成茂芳. 策略发展中的“利用性缺陷”及其防止[J]. 宁波大学学报（教育科学版），2008（4）：47-50.

刘电芝，戴惠，惠晓红. 初中生物理学习策略的掌握现状与特征分析[J]. 教育科学研究，2013（10）：46-50.

刘电芝，傅玉蓉. 课堂教学中的学习策略指导[J]. 西南师范大学学报（人文社会科学版），2003，29（6）：36-39.

刘电芝，高岚，钱建国，等. 小学数学学习策略掌握现状分析[J]. 数学教育学报，2013，22（6）：27-31.

刘电芝，黄希庭．学习策略研究概述[J]．教育研究，2002（2）：78-82.

刘电芝，黄希庭．小学生数学学习策略的运用与发展特点[J]．心理科学，2005，28（2）：272-276.

刘电芝，黄希庭．小学四年级儿童简算策略获得的认知过程研究[J]．心理科学，2007，30（2）：264-267.

刘电芝，黄希庭．简算策略教学提高小学四年级儿童的计算水平及延迟效应[J]．心理学报，2008（1）：47-53.

刘电芝，孙泽军．说明文形式图式阅读策略训练提高初中生阅读水平的实验研究[J]．心理科学，2004，27（6）：1410-1413.

刘电芝，王德清．学习策略（十一）：影响学习策略掌握和运用的因素[J]．学科教育，1997（11）：42-45.

刘电芝，严慧一，樊枫，等．小学英语学习策略掌握现状与发展特点：以苏南地区为例[J]．课程·教材·教法，2013，33（5）：102-104.

刘电芝，杨会会．几种策略选择模型的发展轨迹与比较[J]．心理科学，2008，31（1）：156-159.

刘电芝，张荣华．学习策略教学的类型、阶段与特点[J]．课程·教材·教法，2004（6）：17-19.

刘电芝，张荣华．学科学习策略的教学与运用[J]．西南师范大学学报（人文社会科学版），2005，31（4），26-29.

刘电芝，邹泓，钱铭怡，等．儿童心理十万个为什么[M]．北京：科学出版社，2018：220-222.

刘辉平．引导学生体验学习策略[J]．语文教学与研究，2004（25）：25-27.

刘儒德．论学习策略的实质[J]．心理科学，1997，21（2）：179-181.

刘志华，郭占基．初中生的学业成就动机、学习策略与学业成绩关系研究[J]．心理科学，1993，16（4）：198-204.

罗乐，鲁朋举，余林．学业情绪及其相关研究[J]．教育与教学研究，2009，

23（6）：27-29.

孟昭兰．情绪心理学[M]．北京：北京大学出版社，2005：3-8.

莫雷．阅读预期对快速阅读理解的影响的实验研究[J]．心理科学，1999（3）：197-201.

莫秀锋，刘电芝．初中生数学学习策略的可控心理影响机制[J]．心理与行为研究，2005（4）：286-290.

莫秀锋，刘电芝．初中生数学学习策略的个体差异研究[J]．数学教育学报，2007（4）：56-58.

牛卫华，张梅林．学困生和优秀生解应用题策略的对比研究[J]．心理科学，1998，21（6）：566-567.

潘黎萍．ESL阅读元认知策略意识对阅读效果影响的实证研究[J]．杭州师范大学学报（社会科学版），2012（3）：118-122.

潘颖秋，刘善循，龚志宇．北京地区中学生学习策略水平的调查研究[J]．心理科学，2000，23（6）：694-698.

庞维国．90年代以来国外自主学习研究的若干进展[J]．心理学动态，2000，8（4）：12-16.

庞维国．论学生的自主学习[J]．华东师范大学学报（教育科学版），2001，20（2）：78-83.

彭杜宏，刘电芝．中学生口语交际策略的培养内容及要求：学习策略系列讲座之二[J]．中小学教材教学，2004（23）：46-48.

彭文波，刘电芝．高新技术专业大学生学习状况、发展目标及影响因素的性别差异研究[J]．西南师范大学学报（自然科学版），2005，30（1）：158-162.

彭雪卿．经典诗文诵读策略研究与实践[J]．语文教研，2007（3）：37-39.

皮连生．论智力的知识观[J]．华东师范大学学报（教育科学版），1997（3）：52-58.

戚焱，陈玲．初中生英语学习动机、观念与策略的研究与分析[J]．扬州教育学院学报，2003（4）：86-89.

齐冰，宋耀武，白学军．数学优差生任务转换中的准备效应[J]．心理科学，2009（3）：623-625．

秦安兰，刘电芝．小学一年级儿童简算策略发现的意识性研究[J]．心理科学，2011（2）：381-385．

单朝阳．语文综合性学习的教学策略[J]．文学教育（下），2010（10）：65．

单志艳．613名小学生自我效能感状况及其与自主学习策略的关系研究[J]．中国特殊教育，2007（7）：78-82．

沈建民．高中物理学习策略及其教学对策浅探[J]．教育科学研究，2002（5）：32-34．

史耀芳．二十世纪国内外学习策略研究概述[J]．心理科学，2001，24（5）：586-590．

司继伟．小学儿童估算能力研究[D]．重庆：西南师范大学，1999：96-98．

司继伟，张庆林．自我监控策略的培养[J]．教育学报，1999（2）：48-50．

孙芳萍，陈传峰．学业情绪与学业成绩的关系及其影响因素[J]．心理科学，2010，33（1）：204-206．

孙明蓓，卢国华．中学生学习策略、非智力因素的调查与分析[J]．中国健康心理学杂志，2012，20（6）：869-871．

汤服成，乔连全．中学生数学学习元认知水平的调查分析[J]．数学教育学报，2000，9（4）：41-44．

唐炜．学习者语言能力的关键因素：认知与元认知策略[J]．宁夏大学学报（人文社会科学版），2005，27（2）：85-88．

田彩霞．小学生合作意识方面存在的问题及对策[J]．教育理论与实践，2009（11）：47-48．

田良臣，刘电芝．表象思维训练：提高小学低段语文教学质量的实验研究[J]．课程·教材·教法，2002a（10）：30-34．

田良臣，刘电芝．试论学习策略教学过程中的主体体验[J]．西南师范大学学报（人文社会科学版），2002b，28（4）：35-38．

万云英．文章结构分析的不同策略对理解水平影响的研究[J]．心理科学，1993（5）：24-29．

汪琴．学习者心理倾向、学习成绩对学习策略使用的影响研究[J]．内蒙古师范大学学报（教育科学版），2013（1）：55-59．

王初明．应用心理语言学：外语学习心理研究[M]．长沙：湖南教育出版社，1990：128．

王恩国，阴国恩，吕勇．初中生学习策略发展研究[J]．心理与行为研究，2007，5（3）：183-187．

王桂云，沈自飞．关于高职生数学学习策略的研究与思考[J]．数学教育学报，2005（2）：101-103．

王静琼，张卫，朱祖德，等．大学生自主学习影响因素的中介效应模型[J]．心理学报，2010，42（2）：262-270．

王小萍．外语学习策略的研究述评[J]．广东工商管理干部学院学报，2000（2）：47-51．

王晓平．通过思维教学培养儿童智力的实验研究[J]．心理学报，1987（1）：25-33．

王筱枚．中学生学习情感策略的应用特点及其对学业成绩的影响[D]．开封：河南大学，2008：72-75．

王英华，刘电芝．数学认知策略模型述评[J]．宁波大学学报（教育科学版），2005，27（2）：22-26．

王有智．西北地区小学生学习动机发展特点研究[J]．心理发展与教育，2003（1）：20-24．

王媛媛．训练学生使用补偿策略提高口语能力及交际能力的实验研究[J]．广东青年干部学院学报，2008，22（3）：71-76．

王振宏，刘萍．学习动机的自我理论与研究[J]．山东师范大学学报（人文社会科学版），2002，47（2）：89-93．

温忠麟，侯杰泰，张雷．调节效应与中介效应的比较和应用[J]．心理学报，2005，37（2）：268-274.

温忠麟，张雷，侯杰泰，等．中介效应检验程序及其应用[J]．心理学报，2004，36（5）：614-620.

文秋芳．传统和非传统学习方法与英语成绩的关系[J]．现代外语，1996（1）：37-43.

文秋芳．英语学习者动机、观念、策略的变化规律与特点[J]．外语教学与研究，2001，33（2）：105-110.

吴甸起．论新课改背景中的合作学习[J]．青年教师，2007（2）：6-8.

吴晓玮，葛明贵．我国学习策略研究的特点与趋势分析[J]．江西教育科研，2007（2）：92-97.

辛涛，李茵，王雨晴．年级、学业成绩与学习策略关系的研究[J]．心理发展与教育，1998，14（4）：42-45.

徐建奇．中小学学科学习策略训练提高学生学习能力水平的实验[J]．乐山师范学院学报，2004，19（10）：97-100.

徐健，杜丽娟．关于学生物理学习策略的研究[J]．长春师范学院学报（自然科学版），2006，25（3）：117-119.

徐速．儿童学业情绪的领域特殊性研究[J]．心理科学，2011，34（4）：856-862.

颜小娜．学习策略性别差异和四级成绩的关系研究[J]．外语艺术教育研究，2011，12（4）：4-9.

杨海波，戴惠，刘电芝．初中化学学习策略运用现状及其因果分析[J]．化学教育，2014，35（13）：56-58.

姚梅林．当前外语词汇学习策略的教学研究趋向[J]．北京师范大学学报（人文社会科学版），2000（5）：123-129.

姚梅林，吴建民，庞晖．初中生英语词汇记忆策略的研究[J]．心理科学，2000，23（6）：682-685.

叶浩生．有关具身认知思潮的理论心理学思考[J]．心理学报，2011，43

（5）：589-598.

叶霞．高三学生自我调节数学学习策略的调查研究[D]．上海：华东师范大学，2011：60-62.

殷明，刘电芝．身心融合学习：具身认知及其教育意蕴[J]．课程·教材·教法，2015（7）：57-65.

殷明，陶玲霞，刘电芝．学习策略选择、执行与转换的影响因素探析[J]．苏州大学学报（教育科学版），2018（1）：47-56.

余欣欣．中学生学习策略发展的研究[J]．广西师范大学学报（哲学社会科学版），2001，37（1）：61-65.

俞国良，董妍．情绪对学习不良青少年选择性注意和持续性注意的影响[J]．心理学报，2007，39（4）：679-687.

袁晓琳，刘畅，王惠萍，等．大学生的语言学习观念与英语学习策略研究[J]．心理与行为研究，2006，4（2）：154-159.

张海军．开卷六步骤自主学语文：新课标七年级语文阅读的学习策略[J]．中小学教学研究，2003（6）：35.

张宏武，张大均．记忆组织策略训练对提高中学生记忆英语单词效果的实验研究[J]．心理科学，2002，25（4）：501-503.

张锦坤，连榕．初二学生解几何应用题策略类型的研究[J]．心理科学，2007，30（2）：320-324.

张丽，周小兵．英、汉儿童二语教材中人际智能活动的对比分析[J]．华文教学与研究，2012（1）：15-24.

张林，张向葵．中学生学习策略运用、学习效能感、学习坚持性与学业成就关系的研究[J]．心理科学，2003，26（4）：603-607.

张林，张向葵．中学生学习策略的结构与使用特点[J]．心理科学，2006，29（1）：98-102.

张履祥，钱含芬．小学生学习策略训练效应的实验研究[J]．心理科学，2000（1）：103-104.

张庆林，刘电芝，连庸华．平面几何解题思维策略训练的实验研究[J]．西南师范大学学报（哲学社会科学版），1997（3）：41-45．

张庆宗．外语学习观念对学习策略选择的影响[J]．外语教学，2008，29（2）：43-45．

张荣华，康璇，彭文波，等．大学生英语学习策略使用特点及发展趋势研究[J]．心理发展与教育，2008，24（3）：94-99．

张荣华，刘电芝．高效学习：学习策略的生成和掌握[J]．课程·教材·教法，2012，32（4）：21-26．

张荣华，席斌，张辰毅．大学英语有效学习策略的调查分析[J]．苏州大学学报（哲学社会科学版），2010（6）：155-157．

张素敏．语料、情感和策略对英语自主学习能力的作用研究[J]．河北师范大学学报（教育科学版），2010，12（12）：64-70．

张向葵，关文信，孙树勇．图式理论在语文阅读理解中的应用[J]．心理发展与教育，1997，13（4）：27-60．

张向葵，张林，王颖．中学生学习策略应用特点的研究[J]．心理与行为研究，2003，1（2）：110-115．

张悦群．关于语文学习策略的教学探讨[J]．语文教学通讯，1997（12）：2-4．

赵浩，张灵聪．女大学生学习自控力的影响因素：自我效能感、学习动机与学习策略的多重中介效应[J]．人类工效学，2018，24（3）：21-26．

周朝．八年级学生数学认知水平的性别差异[J]．数学教育学报，2011，20（3）：59-62．

周国韬，郭忠银．初中生语文阅读精加工策略的训练研究[J]．心理科学，1998（2）：172-173．

周国韬，张林．中学生学习策略量表编制的研究[J]．心理学探新，2002，22（3）：48-52．

周国韬，张平，李丽萍，等．初中生在方程学习中学习能力感、学习策略与学业成就关系的研究[J]．心理科学，1997，7（14）：324-328．

周龙兴．小学生阅读策略发展及教学研究报告[J]．教育理论与实践，1999，19（3）：47-53．

周榕，何广铿．对初中毕业生英语学习策略和情感态度的现状调查[J]．中小学外语教学，2004，27（2）：1-4．

周少贤，王福兴，徐菲菲，等．小学3～6年级儿童数运算策略的获得及策略应用无效性[J]．心理发展与教育，2010（5）：465-472．

周炎根，桑青松．学习策略教学促进学生自主学习能力发展[J]．教育理论研究，2006（1）：63-64．

周琰，王学臣．小学生数学观、数学学习策略与学业成绩的关系研究[J]．内蒙古师范大学学报（教育科学版），2007（6）：109-112．

周永垒，张奇，韩玉昌，等．初中生学习策略问卷的编制[J]．中国行为医学科学，2005，14（9）：853-855．

周勇，董奇．学习动机、归因、自我效能感与学生自我监控学习行为的关系研究[J]．心理发展与教育，1994（3）：30-33．

朱燕．配对词组的难度对策略使用效果的影响[J]．心理科学，1996（1）：23-27．

Ainley M, Corrigan M, Richardson N. Students, tasks and emotions: identifying the contribution of emotions to students' reading of popular culture and popular science texts [J]. Learning and instruction, 2005, 15(5): 433-447.

Ardiale E, Lemaire P. Within-item strategy switching: an age comparative study in adults [J]. Psychology and aging, 2012, 27 (4) : 1138-1151.

Ardiale E, Lemaire P. Effects of execution duration on within-item strategy switching in young and older adults [J]. Journal of cognitive psychology, 2013, 25 (4) : 464-472.

Atputhasamy L, Aun T K. Association between motivation and self-reported use of learning strategies by trainee teachers [J]. The international journal of creativity & problem solving, 2006, 16 (1) : 39-51.

Baker L A. Dimensions of children's motivation for reading and their relations to reading activity and reading achievement [J]. Reading research quarterly, 1999, 34: 452-477.

Barsalou L W, Simmons W K, Barbey A K, et al. Grounding conceptual knowledge in modality-specific systems [J]. Trends in cognitive sciences, 2003, 7 (2) : 84-91.

Belk S S, Smell W E. Bliefs about women: components and correlates [J]. Personality and social psychology bulletin, 1986, 12: 403-413.

Berger J L, Karabenick S A. Motivation and students' use of learning strategies: evidence of unidirectional effects in mathematics classrooms [J]. Learning & instruction, 2011, 21 (3) : 416-428.

Biggs J B, Kirby J R. Differentiation of learning processes within ability groups [J]. Educational psychology, 1984, 4 (1) : 21-39.

Bjorklund D F, Miller P H, Coyle T R, et al. Instructing children to use memory strategies: evidence of utilization deficiencies in memory training studies [J]. Developmental review, 1997, 17 (4) : 411-441.

Bjorklund D F, Schneider W, Cassel W S, et al. Training and extension of a memory strategy: evidence for utilization deficiencies in the acquisition of an organizational strategy in high- and low-IQ children [J]. Child development, 2010, 65 (3) : 951-965.

Bransford J. Teaching thinking and problem solving [J]. American psychologist, 1986, 41 (10) : 1078-1090.

Broaders S C, Cook S W, Mitchell Z, et al. Making children gesture brings out implicit knowledge and leads to learning [J]. Journal of experimental psychology: general, 2007, 136 (4) : 539-550.

Brown A L, Campione J C, Day J D. Learning to learn: on training students to learn from texts [J]. Educational researcher, 1981, 10 (2) : 14–21.

Brown A L, Day J D. Macrorules for summarizing texts: the development of expertise [J]. Journal of verbal learning & verbal behavior, 1983, 22 (1): 1–14.

Brown A L, Palincsar A S. Inducing strategic leaning from texts by means of informed, self-control training [J]. Topics in learning & learning disabilities, 1982 (2) : 1–17.

Callender A A, Mcdaniel M A. The limited benefits of rereading educational texts [J]. Contemporary educational psychology, 2009, 34 (1) : 30–41.

Cassel W S, Bjorklund D F. Developmental patterns of eyewitness memory and suggestibility [J]. Law & human behavior, 1995, 19 (5) : 507–532.

Chemero A. Radical embodied cognitive science [J]. Review of general psychology, 2013, 17 (2): 145–150.

Cheng H, Wu G, Gao L, et al. Research on status and characteristics of the mastery of students' mathematical learning strategies in Chinese junior high schools [J]. Procedia-social and behavioral sciences, 2014, 116: 3218–3225.

Chi M T H, Leeuw N D, Chiu M H, et al. Eliciting self-explanations improves understanding [J]. Cognitive science, 1994, 18 (3) : 439–477.

Cohen A D. Strategies in learning and using a second language [M]. London and New York: Longman, 1998: 21.

Cohen R L, Peterson M, Mantini-Atkinson T. Interment differences in event memory: why are some events more recallable than others? [J]. Memory & cognition, 1987, 15 (2) : 109–118.

Cook S W, Mitchell Z, Goldin-Meadow S. Gesturing makes learning last [J].

Cognition, 2008, 106 (2) : 1047–1058.

Coyle T R, Bjorklund D F. The development of strategic memory: a modified microgenetic assessment of utilization deficiencies [J]. Cognitive development, 1996, 11 (2) : 295–314.

Crowley K, Shrager J, Siegler R S. Strategy discovery as a competitive negotiation between metacognitive and associative mechanisms [J]. Developmental review, 1997, 17 (4) : 462–489.

Crowley K, Siegler R S. Explanation and generalization in young children's strategy learning [J]. Child development, 1999, 70: 304–316.

Denis M, Engelkamp J, Mohr G. Memory of imagined actions: imagining oneself or another person [J]. Psychological research, 1991, 53 (3) : 246–250.

Eisenberg N, Lennon R. Sex differences in empathy and related capacities [M]. Psychological bulletin, 1983, 94: 701–778.

Flavell J H. Metacognitive aspects of problem solving [M]// Resnick L B. The nature of intelligence. Hillsdale, NJ: Erlbaum, 1976: 231–236.

Fredrickson B L. The role of positive motions in positive psychology: the broaden-and-build theory of positive emotions [J]. American psychologist, 2001, 56 (3) : 218–226.

Frick-Horbury D. The effects of hand gestures on verbal recall as a function of high- and low-verbal-skill levels [J]. The journal of general psychology, 2002a, 129 (2) : 137–147.

Frick-Horbury D. The use of hand gestures as self-generated cues for recall of verbally associated targets [J]. The American journal of psychology, 2002b, 115 (1) : 1–20.

Gaultney J F, Kipp K, Kirk G. Utilization deficiency and working memory capacity in adult memory performance: not just for children anymore [J]. Cognitive development, 2005, 20 (2) : 205–213.

Geary D C, Burlingham-Dubree M. External validation of the strategy choice model for addition [J]. Journal of experimental child psychology, 1989, 47 (2) : 175–192.

Glenberg A M, Gutierrez T, Levin J R, et al. Activity and imagined activity can enhance young children's reading comprehension [J]. Journal of educational psychology, 2004, 96 (3) : 424–436.

Goetz T, Frenzel A C, Hall N C, et al. Antecedents of academic emotions: testing the internal/external frame of reference model for academic enjoyment [J]. Contemporary educational psychology, 2008, 33 (1) : 9–33.

Goh C. Metacognitive instruction for second language listening development: theory, practice and research implications [J]. RELC journal, 2008, 39 (2) : 188–213.

Goldin-Meadow S, Singer M A. From children's hands to adults' ears: gesture's role in the learning process [J]. Developmental psychology, 2003, 39 (3) : 509–520.

Graham T, Perry M. Indexing transitional knowledge [J]. Developmental psychology, 1993, 29 (4) : 779–788.

Green J M, Oxford R L. A closer look at learning strategies, L2 proficiency, and gender [J]. TESOL quarterly, 1995, 29: 261–297.

Hodzik S, Lemaire P. Inhibition and shifting capacities mediate adults' age-related differences in strategy selection and repertoire [J]. Acts psychology, 2011, 137 (3) : 335–344.

Kalyuga S, Ayres P, Chandler P, et al. The expertise reversal effect [J]. Educational psychologist, 2003, 38 (1) : 23–31.

Karmiloff-Smith A. Micro- and macrodevelopmental changes in language acquisition and other representational systems [J]. Cognitive science, 1979, 3 (2) : 91–118.

Kim S H, Kim W K, Kang M H. Relationships between milk consumption and academic performance, learning motivation and strategy, and personality in Korean adolescents [J]. Nutrition research & practice, 2016, 10 (2) : 198-205.

Koriat, A. The feeling of knowing: some metatheoretical implications for consciousness and control [J]. Consciousness & cognition, 2000, 9 (2) : 149-171.

Krashen S D. Second language acquisition and second language learning [M]. New York: Pergamon Press, 1981: 100–127.

Kroenke K M, Kraft I, Regenbrecht F, et al. Lexical learning in mild aphasia: gesture benefit depends on patholinguistic profile and lesion pattern [J]. Cortex, 2013, 49 (10) : 2637–2649.

Kuhn D. Cognitive development [M]//Bornstein M H, Lame M E. Developmental psychology: an advanced textbook. Hillsdale, NJ: Lawrence Erlbaum Associates, 1984: 133–180.

Larsen R J, Kasimatis M, Frey K. Facilitating the furrowed brow: an unobtrusive test of the facial feedback hypothesis applied to unpleasant affect [J]. Cognition & emotion, 1992, 6 (5) : 321–338.

Lemaire P, Arnaud L, Lecacheur M. Adults’ age-related differences in adaptivity of strategy choices: evidence from computational estimation [J]. Psychology and aging, 2004, 19 (3) : 467–481.

Lemaire P, Lecacheur M. Strategy switch costs in arithmetic problem solving [J]. Memory & cognition, 2010, 38 (3) : 322–332.

Lovett M C, Anderson J R. History of success and current context in problem solving: combined influences on operator selection [J]. Cognitive psychology, 1996, 31 (2) : 168–217.

Lovett M C, Schunn C D. Task representations, strategy variability, and base-rate neglect [J]. Journal of experimental psychology: general, 1999, 128 (2) : 107–130.

Lowson M J, Chinnappan M. Generative activity during geometry problem solving: comparison of the performance or high-achieving high-school students [J]. Cognition and instruction, 1994, 12 (1) : 61–93.

Luo W, Liu D, He W, et al. Dissociated brain potentials for two calculation strategies [J]. Neuroreport, 2009, 20 (4) : 360–364.

Macedonia M, Klimesch W. Long-term effects of gestures on memory for foreign language words trained in the classroom [J]. Mind, brain, and education, 2014, 8 (2) : 74–88.

Macedonia M, Kriegstein K V. Gestures enhance foreign language learning [J]. Biolinguistics, 2012, 6 (3) : 393–416.

Machida K, Carlson J. Effects of a verbal mediation strategy on cognitive processes in mathematics learning [J]. Journal of educational psychology, 1984, 76 (6) : 1382–1385.

Mäkinen J, Olkinuora E.University students' situational reaction tendencies: reflections on general study orientations, learning strategies, and study success [J]. Scandinavian journal of educational research, 2004, 48 (5) : 477–491.

Marewski J N, Schooler L J. Cognitive niches: an ecological model of strategy selection [J]. Psychological review, 2011, 118 (3) : 393–437.

McKeachie W J, Pintrich P R, Lin Y-G, et al. Teaching and Learning in the college classroom: a review of the research literature [Z]. Ann Arbor: University of Michigan, 1990.

Meadows S. The child as a thinker: the development and acquisition of cognition in childhood [M]. New York: Routledge, 1996.

Miller P H. The development of strategies of selective attention [M]//

Bjorklund D F. Children's strategies: contemporary views of cognitive development. Hillsdale, NJ: Erlbaum, 1990: 157–184.

Miller P H, Seier W L. Strategy utilization deficiencies in children: when, where, and why [J]. Advances in child development & behavior, 1994, 25: 107–156.

Miller R B. Goals and perceived ability: impact on student valuing self-regulation and persistence [J]. Contemporary educational psychology, 1993, 18 (1) : 2–14.

Mulligan N W, Hornstein S L. Memory for actions: self-performed tasks and the reenactment effect [J]. Memory & cognition, 2003, 31 (3) : 412–421.

Nilsson L G, Nyberg L, Klingberg T, et al. Activity in motor areas while remembering action events [J]. Neuroreport, 2000, 11 (10) : 2199–2201.

Nolen S B. Why study? How reasons for learning influence strategy selection [J]. Educational psychology review, 1996, 8 (4) : 335–355.

Novack M A, Congdon E L, Hemani-Lopez N, et al. From action to abstraction: using the hands to learn math [J]. Psychological science, 2014, 25 (4) : 903–910.

O'Malley J M, Chamot A U. Learning strategies in second language acquisition [M]. Cambridge: Cambridge University Press, 1990.

O'Neill G, Miller P H. A show of hands: relations between young children's gesturing and executive function [J]. Developmental psychology, 2013, 49 (8) : 1517–1528.

Oxford R L. Language learning strategies: what every teacher should know. New York: Newbury House, 1990: 14.

Oxford R L. Instructional implications of gender differences in second/ foreign language learning styles and strategies [J]. Applied language learning, 1993, 4: 65–94.

Oxford R, Nyikos M. Variables affecting choice of language learning strategies by university students [J]. The modern language journal, 1989, 73 (3) : 291–300.

Ozsoy G, Ataman A. The effect of metacognitive strategy training on mathematical problem solving achievement [J]. International electronic journal of elementary education, 2009, 1 (2) : 68–83.

Paas F, Renkl A, Sweller J. Cognitive load theory and instructional design: recent developments [J]. Educational psychologist, 2003, 38(1): 1–4.

Payne J W, Bettman J R, Johnson E J. The adaptive decision maker. Cambridge: Cambridge University Press, 1993.

Pekrun R, Goetz T, Titz W, et al. Academic emotions in students' self-regulated learning and achievement: a program of qualitative and quantitative research [J]. Educational psychologist, 2002, 37 (2) : 91–105.

Ping R, Goldin-Meadow S. Gesturing saves cognitive resources when talking about nonpresent objects [J]. Cognitive science, 2010, 34 (4) : 602–619.

Pintrich P R, De Groot E V. Motivational and self-regulated learning components of classroom academic performance [J]. Journal of educational psychology, 1990, 82 (1) : 33–40.

Pintrich P R, Zusho A. The development of academic self-regulation: the role of cognitive and motivational factors [M]//Wigfield A, Eccles J S. Development of achievement motivation. San Diego, CA: Academic, 2002, 249–284.

Politzer R. An exploratory study of self-reported language learning behaviors and their relation to achievement [J]. Studies in second language acquisition, 1983, 6: 54–65.

Reder L M, Ritter F E. What determines initial feeling of knowing? Familiarity with question terms, not with the answer [J]. Journal of experimental psychology: learning, memory, and cognition, 1992, 18 (3) : 435—451.

Rieskamp J, Otto P E. SSL: a theory of how people learn to select strategies [J]. Journal of experimental psychology: general, 2006, 135 (2) : 207—236.

Roveecollier C. The memory system of prelinguistic infants [J]. Annals of the New York academy of sciences, 2010, 608 (1) : 517—542.

Schneider W. Development trends in the meta memory-memory behavior relationship: an integrative review [M]//Forrest-Pressley D L, MacKinnon G E, Waller T G. Cognition, metacognition and human performance. New York: Academic Press, 1985: 57—109.

Schunk D H, Ertmer P A. Self-regulation and academic learning: self-efficacy enhancing interventions [M]//Boekaerts M, Pintrich P R, Zeidner M. Handbook of self-regulation. San Diego: Academic Press, 2000: 631—649.

Shrager J, Siegler R S. SCADS: a model of children's strategy choices and strategy discoveries [J]. Psychological science, 1998, 9 (5) : 405—410.

Siegler R S. Individual differences in strategy choices: good students, not-so-good students, and perfectionists [J]. Child development, 1988, 59: 833—851.

Siegler R S. How does change occur: a microgenetic study of number conservation [J]. Cognitive psychology, 1995, 28 (3) : 225—273.

Siegler R S. Implications of cognitive science research for mathematics education [Z]//Kilpatrick J, Martin W G, Schifter D E. A research companion to principles and standards for school mathematics. Reston, VA: National Council of Teachers of Mathematics, 2003: 119—233.

Siegler R S. Children's learning[J]. American psychologist, 2005, 60(8): 769−778.

Siegler R S, Chen Z. Developmental differences in rule learning: a microgenetic analysis [J]. Cognitive psychology, 1998, 36 (3) : 273−310.

Siegler R S, Ebrary I. Emerging minds: the process of change in children's think [M]. New York: Oxford University Press, 1996: 123−127.

Siegler R S, Lemaire P. Older and younger adults' strategy choices in multiplication: testing predictions of ASCM using the choice/no-choice method [J]. Journal of experimental psychology: general, 1997, 126 (1) : 71−92.

Siegler R S, Shrager J. SCADS: A model of children's strategy choices and strategy discoveries [J]. Psychological science, 1998 (9) : 405−410.

Siegler R S, Stern E. Conscious and unconscious strategy discoveries: a microgenetic analysis [J]. Journal of experimental psychology: general, 1998, 127 (4) : 377−397.

Star J R, Rittle−Johnson B, Lynch K, et al. The role of prior knowledge in the development of strategy flexibility: the case of computational estimation [J]. ZDM, 2009, 41 (5) : 569−579.

Strack F, Martin L L, Stepper S. Inhibiting and facilitating conditions of the human smile: a nonobtrusive test of the facial feedback hypothesis [J]. Journal of personality and social psychology, 1988, 54 (5) : 768−777.

Sweller J. Cognitive load during problem solving: effects on learning [J]. Cognitive science, 1988, 12: 257−285.

Taillan J, Ardiale E, Leonore P. Relationships between strategy switching and strategy switch costs in young and older adults: a study in arithmetic problem solving [J]. Experimental aging research, 2015, 41 (2) : 136−156.

Tavakolizadeh J, Ebrahimi-Qavam S. Effect of teaching of self-regulated learning strategies on self-efficacy in students [J]. Procedia-social and behavioral sciences, 2011, 29: 1096–1104.

Uittenhove K, Lemaire P. Sequential difficulty effects during strategy execution: a study in arithmetic [J]. Experimental psychology, 2012, 59: 295–301.

Valcke M. Cognitive load: updating the theory? [J]. Learning & instruction, 2002, 12 (1): 147–154.

Vroom V H. Work and motivation [M]. New York: Wiley, 1964.

Weinstein C E. LASSI user's manual [M]. Florida: H & H Publishing Inc., 1987.

Welch-Ross M K, Miller P H. Relations between children's theory of mind and a selective attention strategy [J]. Journal of cognition and development, 2000, 1 (3): 281–303.

Winograd P, Paris S G. A cognitive and motivational agenda for reading instruction [J]. Educational leadership, 1989, 46 (4): 30–36.

Yaniv I, Meyer D E. Activation and metacognition of inaccessible stored information: potential bases for incubation effects in problem solving [J]. Journal of experimental psychology: learning memory & cognition, 1987, 13 (2): 187–205.

Zimmerman B J. A social cognitive view of self-regulated academic learning [J]. Journal of educational psychology, 1989, 81 (3): 329–339.

Zimmerman B J. Attaining self-regulation: a social cognitive perspective [M]//Boekaerts M, Pintrich P R, Zeidner M. Handbook of self-regulation. San Diego, CA: Academic, 2000: 13–39.

Zimmerman B J, Martinez-Pons M. Student differences in self-regulated learning: relating grade, sex, and giftedness to self-efficacy and strategy use [J]. Journal of educational psychology, 1990, 82 (1): 51–59.